# 胭脂江山

东篱子 编著

历史因她们而生动
历史因她们而传奇

中国华侨出版社

图书在版编目（CIP）数据

脂点江山：那些影响中国历史的传奇女人/东篱子编著.
—北京：中国华侨出版社，2012.5（2014.10修订版）
ISBN 978－7－5113－2311－8

Ⅰ.①脂… Ⅱ.①东… Ⅲ.①女性－名人－生平事迹－中国
Ⅳ.①K828.5

中国版本图书馆CIP数据核字（2012）第073214号

● 脂点江山：那些影响中国历史的传奇女人

编　　著/东篱子
责任编辑/李　晨
封面设计/智杰轩
经　　销/新华书店
开　　本/710×1000毫米　1/16　印张16　字数210千字
印　　刷/北京一鑫印务有限责任公司
版　　次/2012年5月第1版　2019年8月第3次印刷
书　　号/ISBN 978－7－5113－2311－8
定　　价/32.80元

中国华侨出版社　北京朝阳区静安里26号通成达大厦3层　邮编100028
法律顾问/陈鹰律师事务所
编辑部：（010）64443056　　64443979
发行部：（010）64443051　　传真：64439708
网　　址：www.oveaschin.com
e-mail：oveaschin@sina.com

# 前言

在历史的长河中，正是因为有了那些千娇百媚的女性美丽而生动的身影，历史才具有了知性的美感与理性的资鉴。当我们对美丽回眸时，蓦然发现一切历史脉络因她们温柔的力度而清晰可见。历史因她们而生动，历史因她们而传奇。

在君权与夫权并重的特殊时代，那些佳丽们只是作为男人的附庸而存在，成为叱咤风云的历史人物的陪衬。但她们离奇跌宕的身世和不可复制的命运，又无不是一个时代历史的精彩缩影。可惜的是除了那些跻身政坛的皇后嫔妃在史传中占了一点篇幅，且是惜墨如金，更多的美女佳人都只是在笔记、野史、小说、传奇、民间故事中才能搜罗出一点点传闻逸事，有的已变得面目全非。

本书写了中国历代五十位美女的悲欢离合，她们中大多数是香名赫赫的倾城佳丽。有宠极一时的皇后嫔妃，有独守孤灯的深宫怨女，有才华横溢的多情才女，有侠肝义胆的巾帼英雄，有落入风尘但又绰约不俗的风尘女子，有名不见经传的民间女子。她们各有各的风采，各有各的人生，各有各的悲剧，在历史舞台上都有过一番独特的表演。

在中国古代专制皇权社会，达官贵人可以三妻四妾，皇帝可有三宫六院，历代留下芳名的美女首先被集中选入后宫，五十位美女中皇后、嫔妃占了多数自然也在情理之中。妹喜、妲己、褒姒、赵飞燕、阴丽华、武则天、杨贵妃等莫不如此。

　　本书不是史传，不以考证为脉络，但力求真实，追求一种内在的历史真实。演绎史料也罢，沿用传闻也罢，都只求以现代人的眼光审视古人，给读者一种消遣，一种或深或浅的启迪。

# 目录

## 巾帼不让须眉——豪情篇

> 中国女性的吃苦耐劳是世界闻名的，但是她们的英雄事迹却很少为世人所知。在国难当头时，她们巾帼不让须眉，指挥千军万马，驰骋在刀光剑影的疆场，勇气可钦可敬，事迹可歌可泣。正如近代革命志士秋瑾诗中所说的"休言女子非英物，夜夜龙泉壁上鸣"！她们的命运充满了传奇色彩，她们的感情演绎出曲折的故事，她们的人生像一部情节跌宕起伏的电影……

冼夫人——巾帼英雄第一人 ................................. 2
花木兰——代父从军的巾帼英雄 ............................. 7
吕母——最早的农民起义女领袖 ............................. 10
穆桂英——勇冠三军的女英雄 ............................... 13
柳如是——出身红尘的"女侠名姝" ......................... 18

# 一石激起千层浪——政治篇

> 在中国历史上,女性参政的并不少见,但能做出好结果的却并不多见,本篇收录的几位是历史上公认的女政治家,她们在非常的时代靠非常的手段取得了非常的权力。武则天、慈禧……这些"至尊红颜"执政一代王朝,在幕后或台前指点江山。从此,中国的历史上留下她们的痕迹。

钟无盐——貌丑才高封为后 ………………………………………… 26

吕雉——第一位独掌朝纲的女人 ………………………………… 29

窦太后——"文景之治"的幕后女杰 …………………………… 36

武则天——中国历史上唯一一位女皇帝 ………………………… 41

慈禧——大清帝国的最后掘墓人 ………………………………… 53

# 兰馨竹语皓月知——义胆篇

> 在一般人的眼中,战争仿佛只是男人们的事情。然而,分别有"沉鱼落雁、闭月羞花"之貌的西施、王昭君和貂蝉,她们绵里藏针,在没有硝烟的战场上,出色的完成了男人们无法完成的任务。

西施——归宿成谜的越国美人 …………………………………… 62

王昭君——最能代表民族团结的女性 …………………………… 67

貂蝉——中国史上最著名的"女间谍" …………………………… 71

秦良玉——唯一登录正史的巾帼英雄 …………………………… 77
文成公主——最成功的和亲大使 ……………………………… 85
萧绰——大辽女英雄 …………………………………………… 91

## 母鸡啼，国必亡——乱政篇

> 红颜祸国，倾覆一代王朝，历史在她们面前拐了一个弯。朝政的兴亡，难道真的一切皆因女人？中国历史上有几个朝代的灭亡，都归罪于美女，把美女当做祸国殃民的红颜祸水，果真是这样吗？事实一再证明，女人们在历史兴衰、王朝更迭面前承担了过重的罪名。

妹喜——红颜祸水的夏朝女人 ………………………………… 102
妲己——助纣为虐者 …………………………………………… 107
褒姒——骊山烽火灭宗周的女人 ……………………………… 112
骊姬——让晋国陷入十年内乱的女人 ………………………… 118
杨玉环——关乎大唐盛衰的女人 ……………………………… 121

## 史笔有千秋名垂自千古——才智篇

> 本篇收录的几位女性是中国古代妇女智慧与美丽兼具的代表，她们在各领域发挥自己的聪明才干，或涉足政治、外交，或抒写诗词，使两千年后的我们还有机会在历史故事和美丽的诗句中，欣赏封建社会中独存的才女。

班昭——第一位参与正史创作的女性 ………………………… 128

蔡文姬——中国历史上第一位女音乐家……………………131

上官婉儿——巾帼权要第一人………………………………137

李清照——最有才华的女词人………………………………143

黄道婆——最著名的纺织革新家……………………………149

## 回廊一寸相思地——悲情篇

在封建社会，一个美貌的女子仅凭长相甚至就可以改变她们的一生，或一生荣华，或一世骂名，也有像本篇收录的几位一样令人扼腕叹息。虞姬、独孤皇后、珍妃……穿越历史时空，一路追忆这些悲情中的女人，静静品味她们的传奇人生。凄美绝唱的背后，让人看懂封建社会痴情女子的悲凉。

虞姬——饮剑楚梦中的情义女子……………………………156

赵飞燕——宠辱两重天的宫廷舞蹈家………………………162

陈圆圆——让历史瞬间改写的女人…………………………168

独孤皇后——挑战纳妾制度第一人…………………………173

珍妃——命丧金井的贤德良妃………………………………179

## 深知身在情长在——奇情篇

在历史上，历代柔弱美女中不乏性情刚烈的女中豪杰，她们堪称巾帼不让须眉的奇女子。如女扮男装、侠肝义胆的红拂女，气节凛然的卓文君等，她们都是历史上女人中的奇葩。

冯嫽——随主西行游说乌就屠 …………………………… 186

阴丽华——娶妻当娶阴丽华 …………………………… 189

二乔——江南美女配英雄 ……………………………… 192

红拂女——侠女慧眼识英雄 …………………………… 197

卓文君——才女私奔嫁相如 …………………………… 202

紫薇夫人——知音帅府救罕郎 ………………………… 209

## 莫道女子无才德——权谋篇

中国历代有"女子无才便是德"的观念，这限制了女性受教育的权利，使得知书达理、秀外慧中的才女得不到发挥。而能在这种观念下崭露头角，并最终干出一番惊天政世的女子，千百年来被烙出历史的痕迹，成为善权谋的杰出女性。

妇好——中国最早的女统帅 …………………………… 214

贾南风——貌丑而性妒的女权谋家 …………………… 219

孝元皇后——一手成就了王莽的女政治家 …………… 225

长孙皇后——君主背后最贤惠的女人 ………………… 232

孝庄皇后——奠定清朝百年基业的国母 ……………… 238

# 巾帼不让须眉——豪情篇

中国女性的吃苦耐劳是世界闻名的,但是她们的英雄事迹却很少为世人所知。在国难当头时,她们巾帼不让须眉,指挥千军万马,驰骋在刀光剑影的疆场,勇气可钦可敬,事迹可歌可泣。正如近代革命志士秋瑾诗中所说的『休言女子非英物,夜夜龙泉壁上鸣!』她们的命运都充满了传奇色彩,她们的感情都演绎出曲折的故事,她们的人生都像一部情节跌宕起伏的电影……

# 冼夫人——巾帼英雄第一人

## ❖ 名人档案

冼夫人（约公元512—590年），名英，南北朝时高凉郡（今茂名市境内）人，高凉太守冯宝之妻。冼夫人生活于梁、陈、隋三个朝代，她一生致力于维护祖国统一和民族团结，反对叛乱掠夺和贪暴，高瞻远瞩，有勇有谋，是一位卓越的女政治家和军事首领。

## ❖ 历史背景

少年时代，冼夫人就得到远近部落的拥护，她率领俚僚1000余峒（包括黎族祖先）以及岭南其它越人，先请命于梁朝，后又归属于隋朝。约公元535年，她与汉人高凉太守冯宝联姻，协助冯宝处理政务，并在部落中大力推行法治，改造俚人旧俗，"人莫敢违"。梁太清三年（549），高州刺史李迁仕暗通侯景叛乱，冼夫人果断发兵协助平息。冯宝死后，岭南大乱，冼夫人利用自己的威望劝服各部落首领，维护了社会安定。

陈朝太建二年（570），广州刺史欧阳绝挟持冼夫人之孙冯仆叛乱，冼夫人亲自率兵与陈朝军队合力击败叛军，以功高封高凉郡夫人。

公元589年，隋灭陈，岭南局势混乱，邻近州县推选冼夫人为主，尊为"圣母"，保境安民。冼夫人审时度势、顾全大局，迎接隋军进入岭南，让岭南归入隋的版图。

其后，番禺王仲宣起兵反隋，"诸州跟叛"，冼夫人出兵平叛，"所到之处，闻风归顺"，岭南得以重新统一和安定。

## 生平大事记

### 俚族少女，助夫冯宝

"冯冼古烈妇，翁媪国于兹。策勋梁武后，开府隋文时。三世更险易，一心无磷缁。"这是北宋大文学家苏轼过高州时，为冼夫人题的一首诗。诗意是说冼夫人是自古以来的烈女，一生都在为国出力，从梁武帝时一直到隋文帝的岭南地区（岭南地区，指五岭以南的地区。五岭是大庾、骑田、萌诸、都庞、越城五座山岭，在湖南、江西、广西、广东等省区的边境）。她出生的时候，正处在南北朝时期。冼夫人年轻时精明能干，有计谋，会领兵打仗，又经常劝自己的亲族做好事，因此俚族人都愿意听她指挥。父亲也非常疼爱她。冼夫人的哥哥冼挺在南朝的梁朝做南梁州刺史，依仗富强，常去攻打抢掠邻近的郡县。冼夫人总是劝阻他不要去抢掠。冼夫人的名声在岭南一带广为传颂。那时候，在罗州（今广东化县一带）做刺史的汉族人冯融，听说冼夫人聪明能干，就派人到冼家为自己的儿子冯宝求亲。冯宝当时是高凉的太守。冼家答应了这门亲事。公元531年，冼夫人和冯宝结婚，年约十八岁。

冯家原是北方人，虽然几代为官，但俚族首领不大听从他们的号令。自从冼夫人嫁给冯宝以后，就约束本族，嘱咐他们服从地方政府的命令，不许违法扰民。她亲自和冯宝一起审理案件，哪怕是亲族犯罪，也要依法处理。从此，俚族首领也都遵守法令了。

### 岭南圣母，深明大义

梁朝末年，统治阶级内部发生了"侯景之乱"。侯景到处烧杀掠夺，长江下游地区受到极大破坏。一些地方官也乘机想要割据称雄。高州

（今广东阳江西）刺史李迁仕就积极招兵买马，准备叛乱。他派人召冯宝前去，想利用冯宝的力量。不过，这个诡计瞒不住冼夫人。当冯宝正准备出发时，冼夫人对他说："刺史无缘无故不会召你去，一定是骗你和他一起反叛朝廷。"冯宝说："你怎么知道呢？"冼夫人分析道："梁朝召刺史去救援都城建康（今江苏南京），刺史称病不去，却打造兵器，集合人马，而且叫你去。如果你去了，他就会留你做人质，调拨你的部队。这不是明摆着的事吗？你还是不忙走，看看形势的发展再说。"

过了几天，李迁仕果然反叛了。他派大将杜平虏领兵北上，想截阻梁朝始兴（今广东韶关东）太守（一郡行政最高长官）陈霸先支持建康的部队。冯宝得到消息，立即告诉了冼夫人。冼夫人又为他出主意说："杜平虏是员勇将，他走了一时回不来。李迁仕是个无能的人，干不了什么大事。不如乘机消灭他。不过若是你亲自去，必然会打起来。倒不如派人送去厚礼，说你一时离不开，让我代你去参见。他听了一定高兴，就不会有防备。"冯宝依计而行。

冼夫人带领一千多人挑着担子声言去高州送礼。李迁仕听说，非常高兴，派人来侦察，果然都是挑担子的，就不设防了。冼夫人的人马进了城，立即袭击了李迁仕的官府。李迁仕仓皇应战，大败而逃。那时，杜平虏也被陈霸先击败，冼夫人乘胜同陈霸先会师。回来后，她对冯宝说："陈霸先不是寻常人，很得众心。我看他一定能平息叛乱，你要好好地从物资上支持他。"不久，陈霸先抓住了李迁仕。到557年，陈霸先称帝，建立了南朝最后一个朝代——陈朝。

陈朝建立的第二年，即558年，冯宝死了，岭南地区的各少数民族的首领纷纷起兵割据，烽火遍地，人民不得安宁。陈朝也无力出兵。冼夫人跑了好几个州，说服起兵的俚族首领停止割据活动，许多州又安定下来。她还派9岁的儿子冯仆带着俚族的首领去朝见陈霸先，陈霸先封冯仆为阳春（今广东阳江西北）太守，并表示对冼夫人的问候。

陈朝的时候，岭南的广州刺史欧阳纥势力很大。569年，他发动叛乱。为了争取俚族的支持,他派人召来冯仆,要冯仆共同起兵。冯仆急忙把这个消息告诉了母亲。冼夫人不顾儿子的险境,坚定地表示:"我为国忠贞,已经两代,不能为儿子就负了国家。"她立即发兵保卫边境以抵挡叛军的进攻。同时率领俚族的首领们前去迎接朝廷派来讨伐叛乱的将军章昭达。章昭达得到冼夫人的支持,内外夹攻,很快击溃了叛军。欧阳纥被活捉,冼夫人从狱中救出了儿子。冯仆因冼夫人的功劳被封为信都侯,官至中郎将,转任石龙(今广东化县东北)太守。陈朝又派使者册封冼夫人为中郎将,石龙太夫人。

  589年,隋朝灭掉陈朝,南北重新统一。不过隋军的力量一时还达不到岭南。岭南地区的几个郡就共举冼夫人为领袖,号称"圣母",保境安民。不久,隋文帝的儿子杨广,让陈朝的最后一个皇帝陈后主写信给冼夫人,告诉她陈朝已经灭亡,要她投降隋朝。冼夫人接信后,召集俚族的首领,将此事告诉他们。这时冯仆已经死了,冼夫人随即就让孙子冯魂,迎接隋朝派来安抚岭南的韦洸进广州,岭南地区就成了隋的统治范围。隋朝封冯魂为仪同兰司(仪同三司,原意指非三公——垂相、大尉、御史大夫,而给予三公同等的待遇(隋朝时为高级散官),封冼夫人为宋康郡夫人。

  韦洸到达广州的第二年,番禺(今广东番禺)的少数民族首领王仲宣起兵反隋,岭南的各族首领大部分响应。他们围困了广州城,韦洸战死。隋朝又派裴矩来安抚岭南。冼夫人听说后,立即派孙子冯暄带兵去救援。冯暄和王仲宣的部将陈佛智是好朋友,就故意拖延不出兵。冼夫人知道了大怒,派人把冯暄抓了起来。又派人出兵讨伐陈佛智,进兵到广州城郊,同隋朝的援兵会合,共同打败了王仲宣。冼夫人亲自披着铠甲,骑着高头大马,打着锦伞,率领骑兵,护卫裴矩巡抚岭南各州。各州的少数民族首领都前来拜见冼夫人和裴矩,岭南重又安定下来。那时冼夫人已有七十多岁了。隋文帝听说冼夫人的事迹,又惊又喜,就封冯盎为高州刺史;赦免了冯暄,封他为罗州刺史;还追赠冯宝为广州总管、谯国公；册封冼夫人为谯国夫人，并设置谯国夫人将军府和将军府的官吏，给她印绶，如有紧急情况，可以调动所辖地区的六州兵马，不必等待朝廷的命令。隋文帝表彰她的功绩说："夫人一心为国，深明大义，令孙冯盎又斩获陈佛智，击败叛军，立了大功"，还送给她许多丝织品。隋文帝的皇后也送她许多首饰和宴会服装。冼夫人把这些礼物都放在一个金匣子里，连同梁朝、陈朝皇帝送她的东西，分别藏在库房里。每到过年过节，她都把这些礼物陈列出来，对她的子孙进行教育："你们要尽心为国，我经历了三朝，都是以好心对待汉家朝廷，这些礼品就是我忠心报国的证明。希望你们睹物思人，也都这样做才好。"

后来，隋朝派到番州（今广东广州）的总管（地方高级军政长官）赵讷为人贪财暴戾，拼命压榨百姓。俚族等各族人民活不下去，纷纷反抗逃亡。冼夫人派人到长安去见隋文帝，指出赵讷的罪状，并说派这种人到番州为官是不能团结好少数民族的。隋文帝立即派人调查，查出赵讷许多贪赃受贿的财物，将他依法处死。隋文帝又令冼夫人安抚各族人民。冼夫人拿着诏书自称使者，亲临十几个州巡视，宣布隋朝对各少数民族的安抚慰问。俚族人民重又归附了隋朝。隋文帝高兴地又一次嘉奖了她。那时冼夫人已经八十多岁了。隋文帝晚年，冼夫人逝世。隋朝赐予许多丝织品为她送葬，谥她为"诚敬夫人"。两广地区包括海南岛在内，在她去世后都建立了冼夫人庙，有些地方，一个县就有十几到二十几处。人们以此来缅怀冼夫人为维护国家统一和民族团结建立的功业。

## ❖ 读史话女人

作为南北朝时期岭南地区俚人领袖，冼夫人历经梁、陈、隋三代，一生致力于维护祖国统一，协助朝廷剪除地方割据势力；坚持民族团结，促进汉俚民族融合；坚决革除社会陋习，推动俚人社会的文明进程；协助朝廷治理岭南，惩治贪官暴吏，极大地推动岭南社会、经济、文化的发展。这位杰出的政治家和军事家文武双全，韬略高超。在中央王朝

（自汉元帝始）放弃了对海南岛的实际统治权五百余年之后，冼夫人奏请梁武帝在海南设立崖州，恢复对海南岛的实际统治，并接受皇帝任命，亲自主持海南岛归属中央政权的重建工作。虽历经三代，她维护国家统一、民族团结的决心不曾改变。从冼夫人建议设立崖州到她的孙子冯盎总管海南3州12县止，将近百余时间，海南政局稳定，经济繁荣。

# 花木兰——代父从军的巾帼英雄

## ❖ 名人档案

花木兰的故事流传广远，一千多年以来有口皆碑，但对于她的姓氏、里居、出生年代，仍然众说纷纭，莫衷一是。

关于她的姓氏，有人说是姓朱，有人说是复姓木兰，有人说是姓魏，明代的徐渭在《四声猿传奇》中说她是姓花，名木兰，父亲花弧（一说朱文禄）是一个后备役军官，大姐花木莲，幼弟花雄，母亲姓袁，一家五口，这是至今仍为大家所接受的一种说法。

隋恭帝义宁年间，突厥犯边，木兰女扮男装，代父从军，征战疆场多载，屡建功勋。花木兰的事迹流传至今，主要应归功于《木兰诗》这一方北朝民歌的绝唱，这是一篇由宋代郭茂倩编的长篇叙事诗歌，歌颂了花木兰女扮男装替父从军的传奇故事。

《木兰诗》原文

唧唧复唧唧，木兰当户织。不闻机杼声，惟闻女叹息。问女何所思，问女何所忆。女亦无所思，女亦无所忆。昨夜见军帖，可汗大点兵。军书十二卷，卷卷有爷名。阿爷无大儿，木兰无长兄。愿为市鞍马，从此替爷征。

东市买骏马，西市买鞍鞯。南市买辔头，北市买长鞭。旦辞爷娘去，暮宿黄河边。不闻爷娘唤女声，但闻黄河流水鸣溅溅。旦辞黄河去，暮至黑山头。不闻爷娘唤女声，但闻燕山胡骑鸣啾啾。

万里赴戎机，关山度若飞。朔气传金柝，寒光照铁衣。将军百战死，壮士十年归。

归来见天子，天子坐明堂。策勋十二转，赏赐百千强。可汗问所欲，木兰不用尚书郎。愿驰千里足，送儿还故乡。

爷娘闻女来，出郭相扶将；阿姊闻妹来，当户理红妆；小弟闻姊来，磨刀霍霍向猪羊。开我东阁门，坐我西阁床，脱我战时袍，著我旧时裳，当窗理云鬓，对镜贴花黄。出门看火伴，火伴皆惊忙：同行十二年，不知木兰是女郎。

雄兔脚扑朔，雌兔眼迷离；双兔傍地走，安能辨我是雄雌？

## ❖ 历史背景

北魏为鲜卑族拓跋部所建立，西晋末年曾被封为代王，后为苻坚所灭。苻坚在淝水之战中失败，拓跋氏复国，改国号为"魏"，经过56年的征战，北魏结束了"五胡乱华"的十国时代，统一了黄河流域。经过五位皇帝，北魏政权传到了孝文帝。孝文帝崇尚中原汉族文化，迁都洛阳，实行汉化政策。当时承平日久，在孝文帝均田令政策下，社会经济平稳发展。

然而，此时北方游牧大国蠕蠕（柔然）不断南侵，北魏政权不得不多次"车驾出东道，向黑山"，"北度燕然山，南北三千里"，与柔然展开大战。

## ❖ 生平大事记

## 爱红妆更爱武装

"可汗大点兵","军书十二卷",《木兰诗》开头就表现了当时紧急的军情。然而此时花木兰家中除了年迈的父母,就是年幼的弟弟,衰老的父亲怎能去远征杀敌,可是祖国的召唤又义不容辞,面对这双重的考验,木兰挺身而出:"愿为市鞍马,从此替爷征。"木兰替父从军的意志,实为对父亲的爱心与对祖国的忠心的凝聚,是巾帼英雄本色的表现。

花木兰即将出征,她"东市买骏马,西市买鞍鞯,南市买辔头,北市买长鞭"。行动急促紧张,但士气却很激昂。由于军情紧张,行军紧急,她早晨告别爷娘,晚上就宿在了黄河岸边。"黄河流水鸣溅溅","燕山胡骑鸣啾啾",暮色苍茫中,一个女战士枕戈待旦,这是何等荒凉而悲壮的情景!

"将军百战死,壮士十年归。"战事频繁,岁月漫长,许多将军喋血疆场,花木兰能活着回来实属不易。

残酷而艰辛的战争终于结束,花木兰回来了,她凯旋而归。历经艰苦的征战,花木兰更加珍视生命的可贵,更加懂得家庭的温暖。她拒绝了天子的赏赐,也不愿在朝为官,她将荣华富贵轻轻地抛下,只愿驰骋千里,早日回到故乡。

花木兰到家了,年迈的父母互相搀扶着出来迎她,姐姐理妆相迎,弟弟磨刀霍霍朝向猪羊,全家老少兴高采烈地迎接花木兰的归来。看到这一切,花木兰由衷地高兴,她感到12年沙场的出生入死,12年的乔装不露痕迹,都为这一刻的到来。

日子安定下来后,过去的伙伴又来看她。刚刚对镜梳理好的木兰面对惊讶的伙伴,突然昂首挺胸,粗里粗气地说:怎么样!没想到和兄弟们一道血战沙场，不做尚书郎的人是个女孩子吧！

## 英雄之歌，悲壮史诗

花木兰的故事是一支英雄的歌，一首悲壮的诗。多年以来，木兰的事迹和形象被搬上舞台，长演不衰。在保卫国家的战斗中，她的精神激励着成千上万的中华儿女。《木兰诗》被选入中小学课本，被千千万万的青年学生所诵颂。

### ❖ 读史话女人

花木兰既有女儿情怀，更有英雄气概，她忠孝两全，机智勇敢，淳厚质朴，不慕荣华富贵，甘过普通百姓生活，当真为古代杰出巾帼英雄的代表。《木兰诗》清楚地表达出了花木兰的这些品格，如文中"愿为市鞍马"的"愿"字就表达出花木兰勇敢坚毅，甘于奉献，忠于国家，孝顺父母的精神品质。花木兰的事迹和精神将同绝唱《木兰诗》一起流传下去。

# 吕母——最早的农民起义女领袖

### ❖ 名人档案

吕母生辰年份不详，女，琅邪海曲（今日照）人，是一个财产巨丰的富户。她曾经率领大军破县城，杀贪官，是西汉末年最早反抗王莽统治的农民起义领袖之一，也是我国历史上第一个农民起义的女领袖。

公元17年，琅邪海曲妇女吕母，因儿子吕育被残暴的县官无端杀害，久蓄心头的对统治阶级的仇恨迸发而出。她挺身而出，聚众起义，贫苦农民纷纷响应，积极参加。队伍很快壮大到数千人。同年，吕母登上奎山西麓的土台祭天，自称"将军"，率领起义大军浩浩荡荡杀向海曲城。经过一番激战，活捉县宰，将其处死。从此，吕母声名大振，远近贫苦农民纷纷投奔于她。不久，起义军发展到上万人。

天凤五年，吕母病故，其部卒大部分参加了赤眉军，其余部分分别投奔到青犊和铜马等农民起义军中。

❖ **历史背景**

西汉末年，土地高度集中，封建地主阶级残酷剥削压榨农民，农民被迫流离失所，生产遭到严重破坏。王莽掌权后，"托古改制"，朝令夕改，增加捐税和徭役，更加造成社会经济的大混乱，进一步激化了阶级矛盾。

❖ **生平大事记**

## 潜伏三年，广布恩惠

吕母的独生儿子吕育任县游徼，掌一方巡察缉捕。王莽新朝天凤元年，吕育因没按县宰的吩咐去惩罚那些交纳不起捐税的百姓，被县宰杀害。这件事激起了民众的愤怒。失去儿子的吕母更是悲愤万分，决意暗中联络勇士，为子报仇。为此，她把数百万家产拿出来，开酒店，买刀剑，救济贫穷的百姓。有些青年来买酒，手头没钱，吕母便赊给他们，如果有困难，吕母就借衣服、粮食给他们。贫苦农民于心不忍，便成帮结队到吕母面前,问她有什么事情需要大家帮助。吕母说:"既然你们闲不住,就把奎山脚下的那条小河沟开挖一下吧!记住,要把挖的土堆积到一块儿!"人们听了吕母的话,拿锨扛撅,抬筐运土,把河道挖深加宽了。他们把挖的泥堆到一块,筑成了一个大土台,叫固子,这就是后来吕母起义的点将台。旁边的小河也叫做岗河了。

几年后,吕母的家产消耗殆尽。时值中秋佳节,受惠的贫穷农民相聚议论后,凑起钱财衣物偿还吕母。吕母不收,哭诉道:"多次救助你们,并非为了求利发财,只为县宰不公道枉杀我儿性命,我想报仇雪恨!诸位壮士,你们能助我一臂之力吗?"本来就被王莽的残暴统治激怒的农民,异口同声地答应,坚决跟官府拼个死活,为吕母的儿子报仇雪恨。经过一番周密策划,吕母很快组织了一支数百人的起义队伍。起义军在固河两岸,大海之上,神出鬼没地打击官兵,抗捐抗税。有时则避入海岛,四处招兵,扩大实力。当时,连年发生水、旱、蝗灾,再加上捐税沉重,大量农民破产。一些流亡的农民纷纷前来参加起义军。不久,起义军即有数千之众。

经过三年准备,天凤四年,吕母登上奎山西麓的土台祭天,自称"将军",点兵遣将,亲率勇士三千,浩浩荡荡地杀奔海曲城。经过一场激战,起义军一举攻破海曲城,活捉了县宰。县里的一些官吏跪地向吕母连连叩头,为县宰请求饶命。吕母义正词严地斥责道:"我儿不该处死,却被县宰冤杀。杀人者当死,罪有应得!你们何必替他求情呢?"起义军立即将县宰当众问斩,并拿他的首级到吕育坟前祭奠。为此,吕母声名大振。

消息传到琅邪郡后,郡太守发兵海曲县,镇压起义军。在大兵压境之际,吕母沉着地指挥起义军。他们部分乘船顺固河南撤,部分沿着尚河两岸步行撤离。然后,他们一起到海岛上聚居。当时,王莽"托古改制"失败,正加重剥削,穷兵黩武。附近的贫苦农民不堪其苦,纷纷前来投奔吕母。一年之内,起义军发展到上万人。他们在海岛上开荒种地，下海捕鱼，省吃俭用，艰苦度日。这支队伍，陆上、海上，飘忽不定，只要时机有利，就上岸攻打官兵。

吕母起义的英勇斗争，引起了王莽的极大不安。王莽看派兵镇压不成，便派出"使者"，劝说起义军投降，企图瓦解这支农民起义军队伍，但没有见效。吕母起义，点燃了反抗王莽反动统治的火炬，并很快形成席卷全国的燎原之势。

天凤五年，吕母病故。同年，琅邪人樊崇在莒县境内率众起义。吕母的部卒重返大陆，其主要部分参加了樊崇领导的赤眉军。其余部分，分别投奔到青犊和铜马等农民起义军。赤眉军同绿林军并肩作战，终于推翻了王莽的反动统治。

### ❖ 读史话女人

吕母身上体现了古代妇女英勇抗暴的大无畏精神和杰出的斗争精神。吕母既是农民战争史上的英雄，也是中国妇女的骄傲。如今，日照境内奎山西麓的崮河崖上，吕母起义的点将台犹存，后来称作"吕母崮"，成为中国第一个农民起义领袖的纪念地。

# 穆桂英——勇冠三军的女英雄

### ❖ 名人档案

穆桂英，北宋名将。座驾：桃花马；兵器：梨花枪；经典之战：大破天门阵。原为穆柯寨穆羽之女。穆桂英是我国历史上最有名的一位女将军，也是杨门女将中最出彩的女英雄。她武艺超群，机智勇敢，为了大宋的和平，多次出征，驰骋沙场，立下汗马功劳。她的大名，让一直对大宋虎视眈眈的辽军，闻风丧胆。穆桂英挂帅，不仅表现了过人的英勇本领，更显示了她的才识和胆略。她的大将风度，让皇帝也大为佩服。在她大破天门阵之后，宋朝皇帝打破了封侯不封女性的先例，封她为"浑天侯"。

### ❖ 历史背景

北宋年间，外敌入侵不断，杨令公率杨门虎将大杀四方，令敌人闻风丧胆。然而，由于奸人陷害，最终大数战死沙场。这便引出了杨门女将的故事。而其中，勇冠三军的穆桂英更是独树一帜。

### ❖ 生平大事记

## 英姿飒爽展风采

穆桂英的父亲穆羽，河东人氏，原是宋朝一员武将，曾任汝州兵马统制。穆羽早年亡妻，后未续纳，只有个独生女儿，便是穆桂英。

穆羽生性耿直，不善于逢迎拍马一套，因此不被重用。后被人陷害，栽赃了个"亏空军饷"的罪名，就要被抄查拿问。穆羽想到朝廷昏庸，小人当道，于是起义。父女两个聚齐部兵，揭起义旗，连夜反出了汝州，辗转来到山东穆柯寨，插旗聚众，占山为王。

穆羽因上了年纪，又因女儿出类拔萃，智勇兼备，就把山寨大事，交付她掌管；穆桂英这时正当英年，做了一寨之主！她胆识过人，敢作敢为；又兼她待人宽厚，赏罚分明，为此山上众人心悦诚服。很快，山寨就兴旺起来，穆桂英的大名威震山东！

忽有一日，穆桂英闻报：有一人要闯山寨。她一听火往上蹿，当即领人来到山门。穆桂英把马一勒，对来人问道："你是哪里军汉？为何闯我山寨？"只见来人说道："我非别人，乃是宋营上将孟良孟伯昌，只为要破辽邦天门阵，特来借你山上的降龙木做兵刃；你若献出降龙木，将来破阵之后，少不了有你一份功劳！"

原来，这年辽邦大动干戈，派令公韩延寿为监军，拜萧天左为大将，颜洞宾为军师，率领人马三十万——号称五十万，侵犯宋境，在九龙谷摆了一个险恶的阵势。韩延寿直逼关前挑战，单点抗辽名将杨六郎（延昭）出马！还扬言：破不了此阵，辽邦要在汴梁东京金明池歇马；二要割让雁门等十六地；三要杨家将弃甲抛戈，北面降辽！

杨六郎乃杨继业的第六子，忠勇报国，无奈他却不认得此阵，十分着急。他一方面派大将孟良去京城请佘太君识阵出策；另一方面派大将焦赞去五台山请五郎延德下山助一臂之力。

很快，佘太君、杨五郎均已请来。佘太君征战一生，自然识得此阵乃是天门阵。可惜五郎一身武艺，却无好兵刃。那柄劈过无数上将的金雕宝斧，把子坏了。要造这斧把子，金银铜铁使不得，必须要用降龙木，而此木别处不产，只有山东穆柯寨才有。而且全山只得两棵，长在寨门左右，是穆柯寨的镇山之宝。这次孟良前来山寨，就是为降龙木之事。弄清来意之后，穆桂英哪里肯依。一个是志在必取，一个是执意不从，两人立时厮杀起来。孟良虽然勇猛，可他哪是穆桂英的对手，不出几招，便大败而逃。

孟良一肚子气，出了山口，来到大路，正巧遇见去山东押解粮草的杨宗保。这杨宗保是六郎之子，他生在将门，把那兵马战阵之事看惯了，加上武艺超群，因此成年后又成为杨家一员虎将。杨宗保本来就年少气盛，巴不得早一天破阵立功，听说孟良被一女响马打败，心中着实不平。于是，当下把人马分成两部，命行军副使陈琳押粮草回三关交令，自己带一部人马径直向穆柯寨杀来。没想到一交手，反倒被穆桂英擒了过去，押回山寨。

穆桂英回到山寨之后，心情倒不平静了。阵前与杨宗保的一通厮杀，使她打心眼里喜欢上了他，他武艺高强，又兼名将后代，倒不如与他结了百年之好，砍了降龙木，前去宋营共破天门阵。而杨宗保也对穆桂英颇有好感，观她很识大体，就答应了这门亲事。

几日之后，杨宗保辞别下山，返回宋营。哪料想，杨六郎得知山寨招亲之后，心中虽有几分欢喜，但身为统帅，执法必须严明，把杨宗保痛斥一顿："你违我节度，冒险轻进，况又临阵招亲，目无军法！帐前武士，快与我推去斩了！"左右刀斧手一拥而上，把宗保推出辕门去了。焦赞、孟良见势头不好，慌忙都来求情，六郎哪里肯依。焦赞、孟良赶紧搬来朝廷派来的八王赵德芳，出面讲情，六郎以不能"坏了军法"予以驳回。最后，佘太君亲自求饶，六郎都执意不从。

眼看杨宗保性命不保，六郎骑虎难下，欲罢不能，正在这时，忽听军士来报："投营女将穆桂英前来参谒！"

原来，宗保走后，桂英放心不下，于是聚齐人马，带了降龙木，前来宋营，不想正碰上六郎辕门斩子！桂英心急如焚，径直到帅帐，为杨宗保求情。见穆桂英来得及时，六郎连连点头。他的一腔心事，到这时才告了结。这个人情，别人来求，不好准许；但换了桂英，就另当别论了，因为这对攻打天门阵大有好处。此时不赦，更待何时？急取一支令箭，对桂英说："这个人情，准给你了！"焦赞、孟良要来效劳，桂英却比他们手快，早已接令在手，喜冲冲跑出辕门去了。

宋营得了穆桂英人马之后，更加兵强马壮。加上一段时间的刺探，对于破阵已是稳操胜券了。不料，恰在这时，大元帅杨延昭病倒，无法领兵破阵，只好把帅印交给穆桂英，她一个青年女将竟做了三军司令！这件事，若无六郎虚心荐贤，固然办不到；但穆桂英若非打虎手，敢挂壮士牌？

这一天，新元帅初次升帐点卯，辕门外三通鼓罢，将士一个个盔明甲亮，在阶下侍立。女帅打开军册，一一点将，唯有点到先行官却不见答应。桂英愤怒，喝令值堂吏："快用红旗招来！"这位先行官，不是旁人，正是杨宗保。他认为元帅乃是自己夫人，妻子再大，也大不过她丈夫，何必认真呢？早到迟到，都无所谓！及至慢悠悠地走到辕门，碰见红旗来招，他才吃了一惊，慌忙入辕参谒，一时把那些丈夫架子、少年脾气都收卷起来了。桂英连正眼也不看，说："你身为先行，却不识法度，小瞧本帅。军法司，拿他下去，先打八十军棍，再来回话！"亏得众将士苦苦求情，宗保才免受皮肉之苦。

这一来，三关军威大震，将士们对穆桂英元帅心悦诚服。这以后，穆桂英率领宋朝兵士冲锋陷阵，天门阵大破辽兵，以排山倒海之势歼灭辽兵四十万！20年后，辽兵又来犯境，穆桂英壮心不已，她亲自挂帅，率领杨家兵将，克三关再显神威，把辽兵杀了个人仰马翻。这正是：

巾帼英雄留名姓，

至今犹说穆桂英。

## ❖ 读史话女人

穆桂英的赫赫战功，让人敬佩；但她追求爱情的勇气，更让人称赞。如果不是她大胆表白，她可能与一生的幸福失之交臂，充其量只是一个威震彼时彼地的女山寨王，也就更不会有后面彪炳青史的成就了。至情至性的穆桂英，不仅深明大义，在边关吃紧时不忍袖手旁观；还能冲破种种封建礼教的束缚，在一见钟情后恩威并重许配终身，她的这种豪情万丈，古代女子中除了穆桂英能有几人？

# 柳如是——出身红尘的"女侠名姝"

## ❖ 名人档案

柳如是（1618—1664）本姓杨，名爱，改姓柳，名隐，字如是，号河东君，又号靡芜君。盛泽镇人，秦淮名妓之首。明崇祯十四年（1641），柳如是与东林领袖、常熟钱谦益以忘年之交喜结秦晋之好。晚年她推动钱谦益投身抗清斗争，被后世史学家称为"女侠名姝"。柳如是传世之作有《戊寅卓》、《柳如是诗》、《尺牍》等。她的墓在常熟虞山脚下钱谦益墓西，墓碑文"河东君之墓"。

## ❖ 历史背景

柳如是幼年被卖到盛泽归家院名妓徐佛家为养女。受徐佛教养，她的诗擅长近体七言，分题步韵，而作书深得虞世南、褚遂良的笔法。

年龄稍大时，柳如是流落青楼。在松江，她以绝世才貌，与复社、几社、东林党人相交往，常着儒服男装，与许多文人纵谈时势，诗歌唱和。

明崇祯十四年（1641），东林领袖、常熟钱谦益与柳如是结为秦晋之好。两人同居绛云楼，读书论诗相对甚欢。钱谦益戏称柳如为"柳儒士"。

晚年，柳如是推动钱谦益投身抗清斗争，明亡，她劝钱殉节，在刀、绳、水三种死法中选一。钱谦益面有难色，她奋身跳入荷花池，身殉未遂。

钱谦益重病去世（1664）后，钱氏家族乘机向柳如是逼索钱财，柳如是投缳自尽。

## ❖ 生平大事记

## "女侠名姝" 结好东林领袖

清朝文人徐訇曾经歌咏七绝《题河东君像》：夫婿才名冠九州，龚吴鼎足峙千秋。谁能地老天荒后，大节从容问女流。

柳如是幼时即聪慧好学，但由于家贫，从小就被掠卖到吴江为婢，妙龄时坠入章台，易名柳隐，在乱世风尘中往来于江浙金陵之间。由于她美艳绝代，才气过人，遂成秦淮名妓。她留下了不少值得传颂的逸事佳话和颇有文采的诗稿：《湖上草》、《戊寅卓》与《尺牍》。柳如是后来嫁给了江南名士钱谦益，关于他们终成眷属的经过，有一段颇富传奇意味的故事。

明崇祯十三年（1640）冬天，原朝廷礼部侍郎钱谦益削籍归乡已有两年。闲居家乡，百无聊赖，一日钱谦益忽然听见柳如是来访，他欣然迎上。钱谦益知晓柳如是乃女子之身，可来人虽脚着弓鞋，但头戴幅巾，身着男装，神情落落洒脱。钱谦益再看手中名刺，分明是柳如是，他顿时明白这是女扮男装。两人走入屋内，畅言把酒，相见恨晚，流连相伴。柳如是兴致高昂，挥笔写就七律一首：《庚辰仲冬访牧斋于半野堂奉赠长句》：

声名真似汉扶风，妙理玄规更不同。一室茶香开澹黯，千行墨妙破冥濛。竺西瓶拂因缘在，江左风流物论雄。今日沾沾诚御李，东山葱岭莫辞从。

柳如是以东汉扶风茂陵人马融喻钱谦益，钱谦益年近耳顺，竟受红颜知己夸赞，喜出望外。他早已闻知柳如是择婿要求颇高，但想自己学识渊博，如今又是美人亲访，不妨大胆一试芳心。便也题了一首诗《次韵奉答》：

文君放诞想流风，脸际眉间讶许同。枉自梦刀思燕婉，还将扪虱问鸿蒙。沾花丈室何曾染，折柳章台也自雄。但似王昌消息好，履箱擎了便相从。

钱谦益以汉朝同司马相如私奔的卓文君喻柳如是，聪明如柳如是岂有不明之理？她敬佩钱谦益的才识，钱谦益又怜爱柳如是如莲花般出淤泥而不染，一敬一爱，柳如是找到了如意郎君。为了纪念这一次相会，钱谦益以柳如是尾联"东山"二字，命名自己从庚辰十一月至癸未年初的诗集，以表深情。

半年之后，钱谦益准备以嫡聘之礼迎娶柳如是，他为柳如是取了一个号——"河东君"。这既取柳如是的郡望，也巧用了《玉台新咏》中"河东之水向东流，洛阳女儿名莫愁"的名句。钱谦益向柳如是吟咏："人生富贵何所望，恨不嫁与东家王。"柳如是见钱谦益得意之色溢满脸庞，她也心知，钱谦益晚年寂寞，忽然遇到她，好像天降奇宝。他以莫愁女喻柳如是，柳如是甚为喜悦，自此以后，柳如是又有"河东君"的雅号。

当地缙绅得知他们在松江茸城芙蓉舫上结为连理后，一时哗然，甚至喜谈风月的人也认为这是妖孽姻缘，亵渎朝廷，有伤风化。举行婚礼之时，岸上站了一层又一层的人观看，虽热闹非凡，可他们手中不停拿着瓦砾朝画舫扔去。婚礼完毕之后,他们满载一船瓦砾而归,柳如是见钱谦益面无愧色,怡然自得,才安下心来,以为终身有托。

成婚之后,他们又于十一月偕游苏州等地,展拜南宋抗金名将韩世忠与梁红玉的坟墓,又到京口,吊唁梁红玉金山擂鼓的战场。柳如是向钱谦益述说平生最佩服的女子唯有梁红玉,她双眸晶晶望着钱谦益,钱谦益忽然想到柳如是赠他的诗句:声名真似汉扶风。他认为这不仅是恭维自己的话,也是柳如是的平生所愿,即希图自己在晚明乱世中也像韩世忠那样立下一番伟业。

钱谦益晚年得红颜知己,爱心炽盛,他不惜花费巨资在半野堂之后建造绛云楼。为了筹得资金,他将自己千金购得并已收藏20余年的宋版前、后《汉书》,减损二百金卖给情敌谢三宾。绛云楼中藏有晋唐宋元以来书法与宋刻书数万卷,还有许多名瓷、奇石充塞其中。柳如是与钱谦益日日相伴在绛云楼中煮沉水、斗旗枪、写青山、临墨妙,考异订讹,仿佛李清照在赵明诚家。钱谦益写文章时,时常有所检勘,这时柳如是就帮忙寻阅。虽然书架上万卷书册,但某册某卷,需要时柳如是立时翻点,百无一失,这深得钱谦益的敬服。

## 推夫抗清,殉节未遂

虽然钱谦益早有一妻二妾,但自从得柳如是后,对她尊敬有加。柳如是拥有极大自由,婚后也经常穿儒服,出厅接待四方宾客,谈吐慷慨,钱谦益常在人前呼她为柳儒士。豪士李待问曾与柳如是有深交,他们分别之时李待问曾赠送柳如是玉篆"问郎"一印作纪念。有一年,钱谦益在南京大宴宾客,柳如是听说李待问在座,取出那枚珍藏已久的玉印，让侍女送还给李待问。柳如是了断了这一段情缘，却不料这竟是永生之别。

晚明局势动荡，崇祯十七年三月十九日，李自成攻破北京城，崇祯帝手刃骨肉，在煤山自缢而亡。国君虽殇，拥立新君为当务之急，南京作为明朝的陪都，拥立新君的活动就在这里展开了。崇祯帝的三个儿子都随着北京沦陷而下落不明，地位较为尊贵的几个藩王之中，惠王、桂王和瑞王都远在西南，只有福王和潞王近在咫尺。钱谦益自思平生所学实不下那些官员，他耐不住寂寞，想有一番作为，极力前往。

钱谦益急于求成，先暗中推举潞王，与拥戴福王的马士英不和，到福王朱由崧做了小皇帝时，他又为了保命，上疏颂扬马士英的功劳，马士英这才引荐钱谦益为礼部尚书。钱谦益又推荐阮大铖，阮大铖遂被提为兵部侍郎。得意的钱谦益携着柳如是前往南京就职。柳如是冠插锥羽，身穿戎服骑马入国门，钱谦益自谓："好一幅昭君出塞图矣。"

偏安一隅的南明弘光小朝廷诸臣或沉湎酒色、醉生梦死，或争权夺利、互相倾轧。柳如是旧日情人陈子龙也被弘光朝廷招用，他曾上书防江之计，但未被采用。清兵扫荡江浙，弘光朝很快覆灭。柳如是听到此消息后，痛苦不已，又想起梁红玉，认为自己这一生定不能像梁红玉一般擂鼓助阵了。她感到绝望，想以死殉节。当晚，柳如是在家中水池边设一酒席，邀请钱谦益。酒过半晌，她手指池水，举杯向钱谦益说："此时应当取义全节，以负盛名。"钱谦益听到年轻的夫人从容不迫地说出此话，面有难色，犹豫地说："水太冷，奈何。"柳如是本想钱谦益应与她心意相通，但看到钱谦益举棋不定，深感绝望。未曾叹息，她毅然转身朝水池投去。钱谦益没有料到妻子竟真的投水，心慌意乱中幸好及时拉住了柳如是，柳如是没有死成。

清兵攻陷南京以后，松江陷落之时，李待问守城，城破而李待问不屈，终被清兵杀害。陈子龙也在松江，但因为祖母尚在，为了躲避清兵的追杀，他躲到嘉兴水月庵为僧。明亡后，钱谦益与陈子龙率先迎降清师。柳如是看着钱谦益喜色融融，心冷如死灰。钱谦益忙着准备行装到北京觐见新主，听候任命，他本想携柳如是一同前往，但柳如是冷然拒绝，不愿随君北上做降臣之命妇。钱谦益到了北京，清王朝也只复原他在崇祯朝的官职，命以礼部侍郎管秘书院事，充修《明史》副总裁。钱谦益做了半年，实在难以忍受做降臣的羞愧滋味，终以疾病告假，从京师回到家乡。

柳如是对待已别半载的钱谦益非常冷淡，昔日的欢声笑语、幸福时光再也不曾出现，钱谦益自知有愧，也不敢发怒。有时想到半生失意之时，钱谦益自恨道："要死，要死。"柳如是听说，立刻叱道："君不死于乙酉之变，而死于今天，太晚了。"钱谦益无言以对，低头不敢看柳如是。不久，钱谦益邀柳如是到苏州游玩，那时恰是春天，佛水山庄的池水清澈可爱，钱谦益兴致来时，想脱鞋洗脚，柳如是站在一边看见此举，冷笑道："你以为这是秦淮河的水吗？"钱谦益又羞又窘。

明虽亡了，但陈子龙依然为复明奔波。他在松江一带联络志士，但不幸为清兵俘获，而后被押往南京受审。途经松江时，陈子龙投水而死，年仅40岁。柳如是听到噩耗，身心俱碎。她承受不住国家破亡夫君变节，不久生了大病，卧床不起。谁料此时，已回到常熟家中的钱谦益又被牵连到黄毓棋抗清复明的案件中，被带入南京狱中。柳如是闻知此事，虽不知钱谦益为何被牵涉，但她毅然不顾病体，冒死赶到南京。她一面上书代钱谦益死，否则从死，一面四处奔波，寻找在清廷中有势力的官员。钱谦益在狱中40天就被放出。出狱后，看到面容憔悴但精神尚好的妻子，钱谦益流下眼泪，大叹一声："恸哭临江无壮子，徒行赴难有贤妻"，白发萧萧的钱谦益握住青发如丝的柳如是的双手，感激之情永怀心中。

柳如是在30岁那年生下一女，隔年钱谦益的儿子生下一子，他们晚年得女、得孙，儿孙承欢膝下之时，柳如是不忘劝告夫君为复明奔走。钱谦益也自觉有愧，晚年更积极联络郑成功和南明永历势力共商抗清大业，虽然都以失败告终，但世人也逐渐原谅了他。

## 不堪屈辱，寂寞而终

1650年，绛云楼突遭失火，藏于楼中的数万卷藏书、名瓷奇石全部毁于大火，钱家财产损失巨大。1664年，钱谦益重病去世，终年83岁。他死后，钱家的族人钱朝鼎指使钱曾等人向柳如是逼索钱财三千两，但经过绛云楼失火后，钱家的财力大减，甚至钱谦益重病时服药都向药铺赊账，柳如是根本无力交付。想到这些人与钱谦益生前都有善交，如今竟如此欺诈她，柳如是悔恨当日乙酉之变时，不曾殉节，令今日自取其辱。

钱谦益死后53天，柳如是走向家中荣木楼，一条白练系上了她的脖子。死前她留给女儿一封遗书，有言："我来汝家二十五年，从不曾受人之气，今日竟当面凌辱。我不得不死，但我死之后，汝视兄嫂，如视父母。我之冤仇，汝当同哥哥出头露面，拜求汝父相知。"

### ❖ 读史话女人

柳如是去世时年仅47岁，一代才女如此寂寂而终。纵观其一生，生活历经坎坷，情感几经波折，但她在文艺上的成就有目共睹，而其晚年推动钱谦益投身抗清斗争的事迹，也让后人扼腕默叹。柳如是不愧被后世史学家称为"女侠名姝"。

# 一石激起千层浪——政治篇

在中国历史上,女性参政的并不少见,但能做出好结果的却并不多见,本篇收录的几位是历史上公认的女政治家,她们在非常的时代靠非常的手段取得了非常的权力。武则天、慈禧……这些『至尊红颜』执政一代王朝,在幕后或台前指点江山。从此,中国的历史上留下她们的痕迹。

# 钟无盐——貌丑才高封为后

## ❖ 名人档案

钟无盐,复姓钟离,名春,河北无盐人,世称钟无盐,是齐宣王的皇后。由于貌丑,钟无盐到40岁还未出嫁。但钟无盐武术高强,天生聪慧,才智过人,是位很有才干的女政治家。齐宣王敬佩她的奇才高艺,立其为皇后。

## ❖ 历史背景

当齐国面临危险时,钟无盐站了出来,给了齐宣王当头一棒,诤诤谏言使齐宣王翻然醒悟;她尽心尽力的辅佐使齐国国力大增,一时成为"千乘之国"。在她的辅佐下,齐宣王从此罢宴乐,除佞臣,富兵马,强国库,使齐国强盛一时。

## ❖ 生平大事记

### 钟离春自荐齐王妃

春秋战国时代,兼并侵扰,此起彼落,各国"民本思想"都十分盛行,甚至普通黎民百姓,也可以毫无顾忌地求见国君,陈述自己的愿望,对国家施政方针提出建议。

有一天，钟离春也鼓足勇气，前往临淄求见齐宣王。钟离春见到齐宣王，大言不惭地说："倾慕大王美德，愿执箕帚，听从差遣！"齐宣王后宫国色天香的佳丽比比皆是，更不缺执役人等，听了钟离春的话，看着眼前这个丑陋的女人竟然异想天开，不自量力，禁不住发声大笑。不料钟离春却镇定自若，一本正经地说："危险啊！危险啊！"齐宣王半是玩笑半是认真地说："你说危险，那是什么意思？愿听其详。"于是，钟离春慢条斯理，侃侃道来："秦楚环伺齐国，虎视眈眈，而齐国内政不修，忠奸不辨，太子不立，众子不教。齐王你专务嬉戏，声色犬马，这是第一件可忧虑的事情；兴筑渐台，高耸入云，饰以彩缎丝绢，缀以黄金珠宝，玩物丧志，利令智昏，这是第二件可忧虑的事情；贤良逃匿山林，阿谀环伺左右，谏者不得通入，说论难得听闻，这是第三件可忧虑的事情；花天酒地，夜以继日，女乐绊优，充斥宫掖，外不修诸侯之礼，内不秉国家之治，这是第四件可忧虑的事情。危机四伏，已是危险之至！"齐宣王起先还是爱听不听，听着听着便渐渐地目瞪口呆了，待钟离春说完之后许久他才虔敬地说道："得聆教言，犹如暮鼓晨钟，如果我今后还有一点点进步，皆君所赐。"由此，齐宣王一惊而悟，即刻下令拆除渐台，罢去女乐，斥退谄俊，摒弃浮华，决心励精图治，重整国风。

## 无盐女收复鄄邑

当时，齐国的鄄邑已被赵国侵占，钟离春毅然挺身而出，请命与赵军决一高下，齐王当即答应，照明钟离春为无盐将军，淳于髡为监军，率无盐邑守军与钟离春的三百姐妹，组成无盐军，前往收复鄄邑。齐王诏下，钟离春没有立即接诏，而是反问道："若破赵军，民女入宫之事将怎么说？"齐王一怔："若破赵军，寡人自有安排。"钟离春接诏，与淳于髡出宫组建无盐军去了。

据说这一天，赵军鄄邑守将白元正在与参军对弈，忽闻探马来报："齐国无盐将军率兵来夺鄄城。"白元听报，根本就没把齐军放在心上，说："无盐，无名小辈，白来送命。"探马又说："听说此人是一女子，隐语谏齐王得官。"白元一听，更加轻视她："凭唇舌得官，不会有什么真本事。告诉她，不用交手，能在棋盘上胜我，本将军便向她交付鄄城。"

无盐得报要在棋盘上分高低，心中暗喜，遂命小军在阵前筑起高台，摆好棋盘，然后发给白元请柬。白元收到请柬于次日未时来到了棋台上，没想到无盐将军着便衣素装，身边只有四名便衣使女，都未带武器；下观齐军，列队百步之外，倒也严整。他为了不示弱，把贴身卫士只留了两名站在身边，其余全下台归队，以示其大量。两人隔棋盘坐下，无盐再次申明对方承诺："白元若输棋，就要让出鄄城。"白元承诺："绝不食言。"

两人遂举手开局。跳马、出车、拨炮、拱卒，来回不下十个回合，白元渐占上风，再走几步，无盐败势已露。无盐不慌，似早有准备，巧施法术，棋盘上棋子移动，瞬间白元转于劣势，白元似有所察觉，站起来说："棋势不是这样。"说着伸手腰间抽刀。无盐早已看在眼里，迅速抄起棋盘朝白元头上打去。因为这棋盘是铁制的，白元措手不及，一拍下去，就脑浆迸裂了。无盐身边四名侍女乘机杀了白元的卫士。淳于凳见无盐手举棋盘发出信号，遂指挥齐军掩杀过去，赵军无将，各自逃命，齐军一举夺回了鄄城。

无盐班师凯旋临淄，齐王亲迎城郊，赐酒贺功。无盐没有接酒，淳于凳心中明白，提醒齐王说："大王不会失信于将军。"齐王猛醒，执酒道："无盐将军文能匡君，武能安邦，寡人封你为王后。"无盐接杯一饮而尽，众官同贺，在鼓乐声中进了齐宫。从此，齐国国势蒸蒸日上，临淄地区则流传开了一则谚语："无盐娘娘生得丑，保着齐王坐江山。"

亘古至今，皇帝的妻子都是美貌绝伦的，而钟无盐恰恰是古代著名丑女之一。有人认为虽然她是齐国的治国功臣，还是齐宣王的贤内助、老师、臣子，独独不会是情人，因此无盐并不一定快乐。但是，既然先天美貌不足，就只有靠后天的智慧实现抱负。正是因为她，齐宣王从一个不理朝政、花天酒地、败坏国家的昏君开始转变；正是因为有了她，齐宣王才没有继续地堕落下去，齐国也没有过早地衰落。

### ❖ 读史话女人

罢宴乐，除佞臣，强兵马，富国库，使齐国强盛一时，这些功劳同一个女人的名字分不开，她叫钟无盐。

# 吕雉——第一位独掌朝纲的女人

### ❖ 名人档案

吕雉字娥姁，名雉，又称吕后，汉高祖刘邦的妻子，秦朝时单父县（今山东单县）人。她先后掌权达16年，是中国历史上三大女性统治者的第一个。吕后足智多谋，性格残忍，她帮助刘邦清除了许多异姓王；她拉拢大臣，保住儿子刘盈的太子地位，并且残忍地迫害刘邦的宠姬。吕后在惠帝死后，临朝称制，让侄子做王，滥用亲信掌权，把持朝政。不过在吕后称制的八年中，人民生活比较安定，社会经济也得以恢复。

### ❖ 历史背景

秦朝末年，爆发了大规模的农民起义，陈胜牺牲以后，项羽和刘邦两大集团成为反秦武装的主力。秦二世三年,项羽经破釜沉舟一役,大败秦军主力40余万,注定秦朝的覆灭。秦二世四年,刘邦、项羽相继率兵入关,推翻了秦王朝。自此,项羽与刘邦之间的争斗演绎到了极致。最后以项羽败亡,刘邦建立西汉王朝而告终。刘邦的正妻吕雉是个很有权谋的女人,刘邦在世时,她便兵不血刃地助夫除掉了韩信、英布、彭越三个异姓王,令刘邦也对其佩服有加。刘邦死后,吕雉大肆夺权,屠戮功臣,在朝中安插亲信。她对匈奴人畏如虎,对朝中大臣视如粪土。后来,她的亲生儿子汉惠帝实在看不过,悲愤无奈之下,纵情酒色,英年早夭。从此,吕后更加肆无忌惮。

### ❖ 生平大事记

## 巩固政权,诛杀异己

诛杀异姓诸侯王是汉初历史上的一件大事,它和吕后关系颇深。汉高祖刘邦在争夺天下的时候,曾经分封了八个异姓诸侯王:韩王信,赵王张耳,齐王韩信(后改为楚王),梁王彭越,淮南王黥布,燕王臧荼,燕王卢绾,长沙王吴芮。在八王之中,韩信的功劳和威望最高。鉴于此,刘邦对他最不放心,时刻都想把他除掉。汉高祖六年,刘邦以"人告公反"为借口,把韩信从楚王降为淮阴侯。面对再度被夺爵削地,韩信内心非常不愉快。汉高祖十一年,他与陈豨准备两人里应外合,发动一场政变。但当一切安排妥当之后,不料竟被人告发,刘邦亲自率部队前去攻打陈豨。此时,守在都城的韩信便准备组织并联合一批宫廷苦役、劳工,攻打吕后和太子。在十万火急的情况下,吕后找萧何商量对策。萧何献策让吕后编造一个理由,谎称刘邦已把陈豨打败,要求韩信等人都到宫里参加庆贺,然后趁此时机抓捕韩信。吕后听从了萧何的计策,果然顺利将韩信抓捕。由于高祖曾与韩信有约"三不杀",

即见天不杀，见地不杀，见铁器不杀。吕后在不违背刘邦约定的前提下，把韩信用布兜起来，用竹签刺死，杀他个不见天，不见地，不见铁器。《史记》记载，汉高祖听到韩信被吕氏杀死后的心情是"且喜且哀之"，这句话道出了背后的隐情，刘邦自己不忍杀戮功臣，而妻子却十分了解自己心中的疙瘩，自然不免思潮起伏，感慨万千。

据《史书》记载，诛杀彭越也得力于吕后。彭越是梁王，在平定陈豨叛乱的时候，由于彭越出兵稍慢，刘邦就很不满意。之后，刘邦找了一个借口，把他贬为庶人，发配到四川。彭越走到"郑"地时，正好遇到从长安到洛阳来的吕后。彭越非常委屈，希望吕后代为求饶，请求刘邦从轻处罚，发配其到自己家乡。吕后假装同意，将彭越骗到了洛阳。随后，吕后立刻面见刘邦，告诫说彭越这种人绝不能放，放了必是后患。在吕后的鼓噪下，彭越也被诛杀。

史书上说："吕后为人刚毅，佐高祖定天下，所诛大臣多吕后力。"即是说汉初剿灭诸侯王的运动中，吕后所参与的不只他们俩，还有很多人遭其迫害。汉初是中央集权和地方割据势力斗争十分激烈的一个时期，此时地方势力的强大势必要威胁到中央集权。

所以，吕后协助刘邦消灭这些诸侯王，说明她是一个非常有政治头脑的女人。

## 女主称制，分封吕氏

汉高祖刘邦杀马立誓："非刘氏而王者，天下共击之"之后，病情逐渐恶化，吕后为其找了很有名气的医生。但是，高祖却不愿接受治疗，他认为自己已经不行了，即使是神医下凡，也治不好他的病。于是，他迅速着手安排后事。吕后早有野心，见高祖就要命归西天，便问："陛下百年之后，如果承相萧何也死了，谁能接替他？"刘邦想了想说："曹参可以。"吕后又接着问："曹参以后谁可接替呢？"刘邦说："王陵能接替，不过他这个人忠厚正直却有些愚笨，可以让陈平来协助他。陈平很有智谋，但他不能够独当一面。周勃这个人虽说没多少文化，但他办事稳重，为人厚道，将来安定刘家天下的必定是他，可以让他做太尉。"不久，刘邦去世。

刘邦一死，为争夺权力，吕后开始四处活动起来。她偷偷地和自己的亲信审食其商量，企图杀害功臣。她对审食其说："朝廷中的大将，当年和高祖一样，都是平民百姓，后来对着皇帝称臣，现在又要他们来辅助年轻的皇帝，他们怎么会甘心呢？我看不如把他们一个个除掉，也免得以后生些麻烦。"有人听到这个消息后，立即跑去告诉大将郦商。郦商对审食其说："我听说陛下已经驾崩4天了，你们却打算杀害功臣，这不是给天下制造危险吗？陈平和灌婴带着10万兵马驻守在荥阳，樊哙和周勃率领20万兵马在平定燕代，如果他们听说陛下已经去世，朝廷又想杀害他们，那他们联合起来造反不就坏事了吗？"审食其把这话转告吕后，吕后也觉得不能轻举妄动，就把太子刘盈立为皇帝，是为汉惠帝。

汉惠帝刚满17岁，天生软弱无能，身体又不太好，吕后自然掌握了朝中大权。此时，为巩固政权，报复仇敌，她准备对刘氏子孙痛下毒手。平日，吕后最恨深受高祖宠爱的戚姬和其子刘如意，于是她残忍地杀害了他们。不久，汉惠帝去世，吕后装模作样地哭了一场，但是眼里没有一滴眼泪。这时，张良的儿子张辟疆看出了吕后假哭的秘密，就对承相陈平说："太后哭惠帝，却没有眼泪，因为她很怕你们这些功臣。如果你请太后的子侄掌握大权，太后就放心了，你们这些人就不会有危险了。"陈平听从了他的意见，吕后真的高兴了，再哭也有眼泪了。

汉惠帝的张皇后没有生儿子，吕后命人从宫中抱来一个美人生的婴儿作为皇位继承人，并把那个美人给杀了。这个婴儿当了皇帝，历史上称为少帝。与此同时，拥有朝中大权的吕后希望封吕家的人为王，但她又怕大臣们反对，于是就征求右丞王陵的意见。

王陵是个直心肠，他当时就表示反对，对吕后说："不行！高祖在世的时候，曾经杀白马订盟约，规定不是刘家的人不得封王，没有功劳的人不得封侯，谁不遵守这个盟约，天下人共同讨伐他！如今您要封吕家的人为王，这是违背盟约的，我不能同意！"吕后听了这话，面现不悦。陈平和周勃见她神色有变，偷偷交换眼色后，互相微微点头，齐声说道："高祖皇帝平定天下，曾封子弟为王，今太后掌管朝政，分封吕氏子弟又有什么不可呢？"吕后听了这番话后，立即转怒为喜。

　　不久，吕后耍了个"明升实降"的政治手腕，免掉了王陵右丞相的职务，令他去做少帝的老师。王陵很生气，假说自己有病，告假回乡。这正中吕后的心意，她立即把左丞相陈平升为右丞相，把亲信审食其提升为左丞相。紧随其后，吕后又向大臣们放出口风，极力鼓吹自己的侄子吕台，希望大臣们出来保封吕台为王。自从王陵告病还乡，朝中正直的大臣也常托病在家，没有人再敢违背吕后的意思，因此，大臣们顺从了吕后的意见，为吕台请封，吕后把吕台封为吕王，把济南郡作为他的封国。不久，吕台死了，他的儿子吕嘉继为吕王。由于朝中无人直接公开反对，吕后越发放开手脚，又封了几个王侯，其中封吕产为梁王，吕禄为赵王，吕台的儿子吕通为燕王，此外还封了六个吕家的人做列侯。

　　由于吕后的专权，吕氏子侄都被破格提拔，吕后恐怕刘吕两姓互相争斗，就想出了一条亲上加亲的政策。她把吕禄的女儿嫁给齐王齐肥的二儿子朱虚侯刘章，又让赵王刘友、梁王刘恢娶了吕氏妻子，希望可以使刘吕两姓相处无事。结果，刘友的妻子到长安告密，说刘友造反，吕后立即把刘友抓住，活活地把他折磨死了。梁王刘恢也很快就自杀了。

　　待少帝渐渐长大，懂得一点儿人情世故后，听说张皇后不是他的母亲，吕后不是他的祖母，他的亲生母亲已经被害死了，就愤愤不平地说："太后怎么杀了我的母亲？我现在还小，将来长大了，一定要替我母亲报仇！"这话很快就传到吕后那里，她哪里能够容忍？于是，她把少帝偷偷杀害，又找一个名叫刘弘的小孩子来做皇帝，也称少帝。刘弘没有年号，不过是吕后手中的玩具。到这时候，吕太后和她的侄子侄孙们，已经把刘氏的天下篡夺了。

## 废立之祸

由于争宠和定立太子等问题，吕后平日最嫉恨深受高祖宠爱、疼爱的戚姬和刘如意。高祖刘邦死后，吕后命人剃光戚姬的头发，用铁链锁住她的双脚，又给她穿了一身破烂的衣服，关在一间潮湿阴暗、破烂不堪的屋子里。更有甚者，吕后还迫使戚姬一天到晚舂米，舂不到一定数量的米，就不给其食物。与此同时，吕后又把戚姬的儿子越王刘如意从封地上召到京城里，准备杀害他。汉惠帝听说母亲吕后把刘如意召来，知道吕后想要下毒手，便赶紧派人把刘如意接到皇宫里，吃饭休息都跟他在一起。两人从小一起玩耍长大，惠帝对这个弟弟非常疼爱，所以就尽自己最大的力量保护他。吕后虽然气得咬牙切齿，但有好几个月都没有机会对刘如意下手。这一天，汉惠帝清早起来出去打猎，刘如意由于睡懒觉，没有跟着去。吕后终于找到了可乘之机，她派人送去毒酒，把刘如意害死了。汉惠帝打猎回来发现刘如意被毒死后，抱着这位少弟的尸体大哭了一场。刘如意死后，吕后让人砍掉戚夫人的手脚，挖掉眼珠，弄聋耳朵，又灌了哑药，将其叫作"人彘"，放在厕所里面。过了不久，吕后又叫汉惠帝来看"人彘"，惠帝认出这个没了手脚、又瞎又聋又哑的"人彘"是戚夫人后，悲伤得大哭了一场，病了一年多。他在病中对吕后说："把人折磨成这个样子，这哪里是人的行为？我作为您的儿子，没有脸再治理这个国家了。"从此，他天天喝酒作乐，也不再管理国家大事，到他即位的第七年就在忧伤里死去了。

回顾楚汉战争打了4年之久，吕氏一直被囚在楚军之中做人质，受尽了折磨和凌辱，身心受到严重打击，也造成了日后多疑与缺乏安全感的后遗症，变得心胸狭隘，阴狠毒辣。除此之外，造成她这种性格的缘由主要还是"权势"的作用。在最高权力中心——皇宫，权力之争常常是你死我活，即使不是心甘情愿，形势也逼迫你去争、去做，更何况吕氏本身就是一个权力欲十分强烈的女人。

## 是非功过任评说

由于吕后的专权和吕氏家族的过分膨胀严重损害了刘氏和元老派的利益，在吕后病笃并仍手握权柄时，刘家子孙和一班元老重臣已容不得她继续放肆，朱虚侯刘璋和周勃、陈平等人联合起来先发制人，发动兵变。吕后不曾料想，她的兄弟、侄子吕禄、吕产等人虽手握重兵，却不堪一击，最终她在惊吓中黯然死去。

吕后个性刚毅阴狠、不甘雌伏。然而早年她并非如此，她为刘邦历尽艰辛，九死一生，还称得上是贤惠的女人。吕后最为后世垢病的缺点是妒心太重，私心太重，手段过于残酷，一心想以吕氏来代替刘氏千辛万苦得来的江山，终至败亡。吕后死后，薄姬的儿子代王刘恒被迎立为帝，即历史上有名的汉文帝，从此历史上有了"文景之治"的盛世。吕后独立掌政25年，虽然满手血腥，但是她也有一些为人称道的政绩，先是辅助高祖划谋定策，争夺天下，后来又减轻百姓负担，导正社会风气，废除许多繁苛的法令，尤以废除"三族罪"和"妖言令"为百姓所称道。《史记》和《汉书》都称赞她："高后女主，制政不出闺阁，而天下晏然，刑法罕用，罪人是希，民务稼穑，衣食滋殖。"

❖ **读史话女人**

吕后是中国古代专制主义中央集权建立以后第一位当政的女政治家。她的一生非常复杂，充满了传奇色彩。西汉的大史学家司马迁，在他所著的《史记》当中，没有给汉惠帝立本纪，而是给吕后立了本纪。可见这个人在中国历史上占有重要的地位。经过楚汉相争战火洗礼的吕雉巾帼不让须眉，在历史上第一个站出来向皇位男性传统格局叫板，勇于在男人垄断的政权世界里角逐争锋，斩韩信，削彭越，临朝称制，开外戚专权先河，变刘家江山为吕氏天下，呼风唤雨，让男人们低下高贵的头颅，拜倒在自己的石榴裙下。她俯视众须眉，雌威伏万民，无为治天下，成为中国历史上第一个执掌国家大权、政绩有成的巾帼枭雄。

# 窦太后——"文景之治"的幕后女杰

## ❖ 名人档案

窦太后（前205—前135）名漪，河北清河郡人，汉文帝妻，在武帝前期成为西汉的实际决策者，笃信黄老之学，也是中华帝国最后一位拥附"黄老思想"的统治者。在她的影响下，西汉政权继续实行"以民生息"、"无为而治"的精神，把汉王朝推上了强盛的高峰。去世后，与文帝合葬霸陵。

## ❖ 历史背景

文帝即位不久，于前元元年（前180）三月封窦姬为皇后。文帝去世后，景帝刘启即位，窦后成为皇太后。

窦太后信奉黄老之学，要求景帝和窦姓宗族以黄老思想治国。

武帝即位，窦太后成为太皇太后，她听闻武帝好儒家思想，大为不然，常出面干预朝政。所有朝廷政事，都需经其过目和定夺。

## ❖ 生平大事记

## 出身不幸，涉世难测

　　窦后从小失去母亲，秦朝末年战乱期间，父亲又不幸去世，留下窦后和一个哥哥，一个弟弟。哥哥叫窦建国，字长君；弟弟叫窦广国，字少君。三人孤苦伶仃，相依为命，艰难度日，生活十分悲惨。秦末汉初兵荒马乱，狼烟四起，百姓流离失所，民不聊生，窦氏与兄弟二人，几乎不能自存。一年初秋，家里的粮食全部吃光了，小窦漪一看没有米下锅了，突然"哇哇"大哭起来。大哥窦建国先是把妹妹的头揽在怀里，一番安慰，然后跑出家门，把地里原本可以长到比拳头还大，等到秋后才能成熟，现在刚刚长到手指大小的红薯挖了回来。小窦漪一看，也跑到地里，把哥哥刚才拔出的红薯秧捡回家。红薯当干粮，秧子当菜，吃着吃着，同时大笑起来。几天的工夫，他们就把地里的红薯吃得精光。这可是成熟以后他们全家一年的口粮呀！

　　这时，朝廷在民间挑选宫女进宫，正好来到这个村，窦漪便去应选。挑选的官看小窦漪虽然面黄肌瘦，但是透露着天资聪明的贵人之相，因此被选入汉宫。

　　汉初吕氏执政时期，窦漪被选入宫，做了一名普通的宫女。进宫之后，生活自然比以前好了很多，不仅有吃的，宫里还统一着装，发了衣服。窦漪认为，这和从前比，真是有天壤之别。日子一天天过去，窦漪原本以为会在长安宫中默默无闻地度过自己的一生。她没想到，这时吕氏挑选宫中的宫女赏赐给当时的诸侯王，各地的诸侯王每人可以得到五个宫女，窦漪的名字也在选送名册之列。因为窦漪的老家在河北清河，当时属于赵国，所以远离家乡的窦漪就特别想借这次机会被分到赵国，这样就可以离家近点。其实，离老家远近已经没有必要考虑，因为父母早亡，两个兄弟在她离家的同时，也一起逃荒到了外地。

可是，窦漪还是这么想，似乎离家近了就亲切，就安心。于是窦漪就央求主管分配的宦官，说："请你把我分配到赵国吧！"当时，负责分配的宦官也答应了。可是在分配时，负责的宦官就偏偏忘了窦漪的嘱咐，将窦漪的名字写到了分配去代国的名册中。

窦漪不愿意到代国，因为当时的代国邻近匈奴，在今天的山西，这样窦漪不是离家近了，而是离家更远了。然而，这一切已经决定，不可改变了。从那天起，窦漪痛哭流涕，以泪洗面，心里一万个不愿意，但还是在执行官吏强行逼迫下，心不甘、情不愿地踏上了去代国的道路。

窦漪等五名宫女分到代国后，只有窦漪得到代王刘恒的宠幸。没过多久窦漪生了一个女儿刘嫖；生了长子刘启，也就是后来的汉景帝；后又生了儿子刘武，就是后来的梁孝王。代王刘恒，也就是后来的汉文帝。文帝即位后，立刘启为太子。母凭子贵，窦姬也被立为皇后。

## 立储之争

窦后干预朝政体现在她干涉景帝立储这件事上。梁王刘武是窦后的幼子，即汉景帝的弟弟。窦后非常疼爱刘武，认为刘武不仅谦德谨让，孝道为先，而且有雄才大略，以后能安邦定国，因此非常希望景帝能同意其百年之后由弟弟梁王继承皇位。

景帝即位头三年没有立太子，迫于母亲的愿望，一天宴饮时景帝对梁孝王说，我死后由你来即位，梁孝王表面辞谢，心里很高兴，窦太后当然更是喜欢。可是在座的太后堂侄窦婴说："天下者，高祖天下，父子相传，此汉之约也，上何以擅传梁王？"表示反对，把窦后气得不认他为亲戚，但他的话打动了景帝的心，遂于公元前153年立儿子刘荣为皇太子，封另一个儿子刘彻（即后来的汉武帝）为胶东王。但在三年后,又把皇太子刘荣废了。窦后一见机会来了,又劝景帝立梁王为储。

一日,窦太后召宴景帝、梁孝王兄弟,太后说殷朝兄终弟及,周朝父子相继,道理是一样的,景帝千秋后,让梁孝王来继承。景帝只得答应,于宴会后向大臣袁盎征求意见,袁盎说:"太后的意思还是立梁王为储,我认为大错特错。春秋时代宋国哥哥把皇位传给弟弟,最终酿成内乱,我们要引以为戒呀!"景帝听了,却不能表决。袁盎就亲自拜见窦后,问窦太后,若梁孝王死了,再立谁?回答立景帝的儿子。袁盎说那样国家就会出乱子,太后这才没话可说,景帝遂立刘彻为太子。梁孝王也不敢再让太后给他说话,就归国了。

但他对此事没有死心,派人刺杀反对立他的朝臣袁盎等人未果,反而暴露了阴谋,引起景帝的怨恨。梁王十分害怕,通过姐姐馆陶长公主向母后说情,取得窦太后、景帝的谅解,让他入朝。他听从谋士的建议,入关后轻车简从,躲进馆陶长公主的园子里。景帝派人出关迎接,只见车骑不见梁孝王,事情传到宫内,窦太后大急,以为景帝把梁孝王暗杀了,大哭大闹。景帝受此冤屈,又不知弟弟在哪里,也着实焦急恐惧。但是梁孝王突然负斧至圈下请罪,太后、景帝见到了非常高兴,相对痛哭,和好了。但景帝对弟弟演出的这场闹剧不满意,感情上回不过来,不再像以前出入同辇了。待到后来梁孝王死,窦太后悲伤到了极点,不吃饭,说皇帝果然把我儿子杀了。景帝见母亲绝食,既难过又害怕,同姐姐馆陶长公主商量,决定把梁国分为五国,给梁孝王的五个儿子,另给他五个女儿汤沐邑,窦太后这才高兴,恢复了饮食。

## 力尊"黄老",排抑儒术

窦漪从一个贫苦无依的宫女,成为母仪天下的汉朝皇后、皇太后、太皇太后。纵观窦漪的成功背后,其主要得益于:

一、中国古代社会"子以母贵,母以子贵"的传统。窦后的绝对优势在于其他的妃子没有生子,只有她生下两儿一女。她一直恪守妇德,谦恭贤淑,失宠后地位也没动摇。

二、以"黄老"治国,排除儒术,干预政治,打击政敌,把政权牢牢掌握在自己的手里。

三、汉朝是个忠孝的朝代,"汉家旧典,尊崇母氏"。汉代统治者十分注重"以孝治天下",认为孝是做人之本,礼之始。

所以,无论儿子,还是孙子,都非常尊重她的政治主张和政治策略。

窦后的一生尊贵无比,汉朝朝廷内外无人敢违背她的意愿,窦后也得以频频干涉政务。她的政治主张和政治策略是以"黄老"治国,与儿子汉景帝、孙子汉武帝的儒家思想发生冲突,但当时的儒术不得不屈尊"黄老"。汉朝建立以后,以前朝为戒,积极吸取秦灭亡的教训,推行"休养生息、黄老无为"的思想,这对促进汉初经济恢复,社会发展有重要作用。窦后是"黄老"思想的坚决贯彻落实者,也是继承发展者,她主张在清静无为的环境中恢复和发展经济。景帝和太子时期的刘彻,以及窦氏外戚在窦后活着时都不得不读"黄老"的书籍,窦后亲自找来"黄老"的大量书籍,让儿子汉景帝、孙子汉武帝以及外戚们通读。她有时要检查他们的读书情况,看他们是否读懂了,是否领悟了,是否理论联系实际了等。所以,汉朝当时是在独尊"黄老"之术的政治高压下发展经济的。但是,当汉朝经历几十年的恢复和振兴,情况已经和汉初有所不同时,独尊黄老之术显然是不合时宜了。

有这么一件事,窦后喜好老子的书,爱不释手,经常彻夜通读。景帝时期,窦后把博士儒生辕固生找来,问他:"老子的思想博大精深,其书精辟,妙不可言,先生你认为如何?"辕固生知道窦后让他赞扬老子的思想,但辕固生不屑一顾,颇为轻视地说:"此是家人言耳。"窦后听了大怒:"真是连猪都不如腐儒。来人,把辕固生扔到野猪圈里喂野猪!"于是,命人将辕固生与野猪关在一起,想让野猪咬死辕固生。

景帝知道了，立即让人拿锋利的兵器给他。辕固生也技艺高超，见野猪向他猛扑过来，他拿出利刃，一下子就刺中野猪的心脏，把野猪刺死。窦后见辕固生没有被野猪咬死，也没有办法，不再继续加害辕固生，只是罢免了辕固生的官职。

　　景帝时，因为窦太后好黄老，而阻碍了许多儒生的进仕之路，也扼杀了儒家的思想。汉景帝和汉武帝都是一代有名的政治家，都不满足于现状，都很想有所作为，通过改革发展社会经济。特别是在武帝统治初期，因为武帝欣赏儒家，锐意进取，大胆改革，与尊崇"黄老"的祖母窦后曾经直接发生冲突。这种冲突关系到国家的前途和命运，最终还是以窦后的胜利而告终。汉武帝一生，雄才大略，性格极为张扬。但在早年，却得不到大权在握的祖母的认可和支持，不得不屈服于祖母窦后的权威。窦后死后，汉武帝提出"罢黜百家，独尊儒术"的治国策略，汉武雄风的大旗才正式树起。

### ❖ 读史话女人

　　窦后是一位拥附"黄老思想"的统治者，在她的影响下，西汉政权能继续由刘邦时期定下的"以民生息"、"无为而治"的精神，把汉王朝推上了强盛的高峰。自她之后，没有一位中华帝国的统治者能像她一样真正地以"黄老思想"来"无为而治"。

# 武则天——中国历史上唯一一位女皇帝

### ❖ 名人档案

　　武则天，唐高宗李治的皇后，本名武照，称帝后改为武曌。祖籍初

脂点江山：那些影响
中国历史的传奇女人

唐并州文水（今山西文水县）。她生于唐高祖武德七年（624）正月，卒于中宗神龙元年（705）十一月。出身庶族，生母是武士彟的续妻，陇右大士族、隋朝宰相、遂宁公杨达之女。武则天生性巧慧，多权术，由于高宗庸懦，武后参预朝政，与高宗并称"二圣"。高宗死后不久她即掌握国家大权，废黜中宗、睿宗。690年，自立为皇帝，改国号为周，成为中国历史上唯一一位女皇帝。

## ❖ 历史背景

655年10月，高宗下诏废王皇后册立武则天为皇后。

690年，武则天自立为皇帝，改国号为周，成为中国历史上唯一一位女皇帝。

称帝后，武则天大开科举，破格用人；奖励农桑，发展经济；知人善任，容人纳谏。在她掌理朝政的近半个世纪，社会稳定，经济发展，为后来"开元盛世"打下了基础。

与此同时，武则天大封武氏诸王，重用酷吏，严刑峻法，冤狱丛生，受到历史的谴责。705年，宰相张柬之乘武则天年老病危，拥立中宗复位，尊武氏为"则天大圣皇帝"。同年冬，武氏死，享年82岁，遗诏"去帝号，称则天大圣皇后"。李白把武则天列为唐朝"七圣"之一。

## ❖ 生平大事记

## 皇后之路，昼漫漫终有期

武则天自幼聪慧敏俐，极善表达，胆识超人。父亲深感她是可造人才，遂教她读书识字，使她通晓事理。史载，武则天十三四岁时，已是博览群书，博闻强识，诗词歌赋也都有了一定基础，而且长于书法，字态卓尔不群。

唐太宗贞观十年，太宗的皇后长孙氏病逝，第二年，14岁的武则天以长相俊美，入选宫中，受封"才人"。入宫之后，武则天行事干练，善解人意，再加上姿色娇艳，颇得太宗欢心，遂赐号"媚娘"。时日既久，太宗又发现她学识尚好，且懂礼仪，便把她从侍穿衣者的行列，调入御书房侍候文墨。这一变故使武则天开始接触皇家公文，了解了一些宫廷大事，并能读到许多不易得见的书籍典章，这让她眼界顿阔，日渐通晓官场政治和权术。但可能由于性格倔强，不善施展女人的温柔手段，武则天并不甚受太宗的宠爱。因此，进宫12年她也没有为太宗生育一男半女，才人的地位也没有得到提升。

贞观二十三年，太宗去世，按照惯例，没有生育过的嫔妃们要出家做尼姑，生育过的则要打入冷宫，为死去的皇帝守寡。武则天被发送长安感业寺削发为尼。然而，武则天的转机来自于太宗的儿子李治，即后来的高宗。太宗九子李治唐高宗即位后，因早先与武则天暗通款曲，对她极有兴趣，遂经常往来于感业寺，并于两三年后重召则天入宫，晋封为"昭仪"，进号宸妃。

武则天这次再入宫也和宫中的斗争也有关，当时的王皇后为了和萧淑妃争宠，鼓动高宗接武则天进宫，她还自己做主让武则天先蓄发，然后再入宫。王皇后没有想到自己在引狼入室。入宫后，武则天很感激王皇后的照顾。她对王皇后非常尊敬，侍奉得也很周到，这使高宗也很高兴。武则天的嫔妃地位被升到了昭仪。

此时，高宗只宠爱武则天一人。她前后生下4男2女，而高宗总共才有12个子女，后边的6个都是武则天所生。武则天的性格决定了她不甘居人之下，她的目标是皇后。等到地位稳固之后，她便开始别有心计地去活动。武则天首先联合王皇后打击萧淑妃，等高宗把萧淑妃废成庶人后，武则天便开始对王皇后痛下杀手。武则天生下的第二胎是个女孩，非常可爱，王皇后也很喜欢且经常去看望。一次，王皇后因回避高宗探视这个女儿，知趣地先行离开。武则天为了皇后之位，竟利用这个机会对亲生女儿下了毒手。她趁皇后刚走，就将女儿掐死，然后盖好被子，伪装好。高宗来了，她假装笑脸相迎。等再看到女儿时，武则天痛哭失声。高宗听说刚才王皇后来过，而王皇后也一直未曾生育，大怒之下认定这必是王皇后所为，下决心要废掉她。

极受高宗宠幸的武则天，在内宫的斗争中稳操胜券，并日促高宗立己为后。然而，在封建社会中，皇后的废立乃国之大事，须与重臣们商定。当高宗把废皇后王氏，立武则天为皇后的打算向褚遂良、长孙无忌等元老重臣说明后，立即遭到他们强烈的反对。他们认为武氏出身卑微，不宜为后。但是，高宗的主张也得到武则天的同谋许敬忠以及李义府、徐世绩等一些朝中要员的支持。在他们的帮助下，永徽六年，高宗正式立武则天为皇后。自此，皇家内宫大权全部落入武氏之手。然而，武则天对王皇后、萧淑妃还是没有放过，最终将二人各责打了一百杖，然后残忍地砍去双脚，泡在酒瓮里活活折磨死。

武则天的毒辣性格和权力欲望同她的出身有很大关系。她出生在唐初新贵显宦之家，显赫的权势，豪奢的生活，滋养了她无限量的权力欲。然而，初唐极重士族的门阀之风盛行，而武氏庶族的门第，低微的出身，又使她饱受流俗的轻视，而不甘埋没。这一特殊的境遇，强烈地刺激着青年时代的武则天，养成了她狂妄地去追逐和攫取最高权力，以达唯我是从的欲望，以及冷酷而不择手段地去报复一切的心理。这一点不但在她漫漫皇后路上有所显现，在此后她参政乃至"南面称孤"的一系列政治斗争中，表现得尤为突出。

## 皇帝之路，汝辈谁与争锋

武则天登上皇后宝座后，机智精明，"通文史，多权谋"的长处，得到长足的发展，使高宗对她宠爱之余，另眼相看。她亦利用皇后的身份和皇上对己的宠爱，积极参与朝政，"百司奏事，时时令后决之"。从永徽六年到显庆四年的五年时间里，她设法清除政敌，贬尚书右仆射褚遂良，使其郁闷而死；黜同中书门下长孙无忌，逼其自缢；罢免朝中褚遂良、长孙无忌的支持者，巩固和扩大了自己的影响和权力，扫除了她参政道路上的障碍。

显庆五年，高宗李治因患风眩，目不能视，遂下诏委托武后协理政事。自此，武则天从参政步入执政，"黜陆生杀，决于其口，天子拱手而已"，人虽在幕后，却遥控了朝廷实权。后来，高宗后悔，图谋收回大权，并密令中书侍郎上官仪草诏废后。岂知机事不密，"谋泄不果"，武后心狠手辣，先下手为强，立将上官仪处死。高宗之举，功亏一篑，反使武后更为警觉。由于武后处理政务有章有法，不似高宗久诱不决，甚为群臣敬服。高宗虽厌其独行独断，许多国家大事又不能不倚重她。这样，就使武后逐渐从幕后走向前台，竟与高宗同临紫金殿，一起接受群臣朝拜。上元元年，高宗号天皇，皇后号天后，天下人谓之"二圣"。自此，高宗形同虚设，一国权柄，尽在武后掌握之中。

从上元元年，武则天以"天后"之尊开始执政，至天授元年正式称帝的16年中，武氏为当皇帝做了大量的长时间的准备，采取了多种有力有效的措施。首先，在王位的继承上，高宗本想禅位于长子李弘。武后则不念母子之情，将李弘毒死，立次子李贤为太子。李贤被高宗委以临国之任后，处理政务颇为精干，武后则废李贤为庶人，立三子李显为太子。弘道元年，高宗卒，中宗李显刚刚即位，武后则以皇太后名义临朝称制。一年后便废掉中宗，改封庐陵王，立四子李旦为帝，是为睿宗。李显、李旦都是昏庸无能之辈，在皇帝位上也是傀儡，处处受制于武后。

其次，她修改《贞观氏族志》为《姓氏录》，从传统上、舆论上打击和削弱一贯反对自己的士族官僚集团，扶植和依靠新兴的庶族地主阶级。这样使士族官僚不再有入仕做官的优越条件，也不能因出身高贵而为所欲为。而对庶族出身的官员，也不再因门第贫贱而受耻受辱于人。修成的《姓氏录》再也看不到士族贵族的特权，原来连《氏族志》都不能列入的武氏，在《姓氏录》中，却定为姓氏的第一等。

再次，她变更官名，改东都洛阳为神都，为自己登位称帝，建立新秩序，迈出重要的一步。武则天首先将东都洛阳改为神都，准备将来作都城用。她还把唐朝文武百官的名称进行了变动：尚书省改成文昌台，左右仆射改为左、右垂相，门下省改为鸾台，侍中改为纳言，中书省改为凤阁，这明显地是体现了女性特征，所以原来的宰相名称"同中书门下平章事"也改成了"同凤阁鸾台三品"。尚书省下属的六部也改了名称：吏部改成天官，户部成了地官，礼部是春官，兵部是夏官，刑部是秋官，工部是冬官。御史台分成了左肃政和右肃政两台，由左台负责监察朝廷，右台负责纠察地方郡县。武后的这些新政措施，很快遭到皇族李氏和许多士族官僚的反对。柳州刺史，唐初元勋徐世绩之后徐敬业，召十数万兵马率先于扬州发难，名著一时的《讨武曌檄》遍撒域中。宗室琅邪王李冲在博州，越王李贞在豫州也相继反武，举兵讨伐。则天武后对此毫不手软，坚决镇压，在她的直接指挥下，这些叛乱很快平息，徐敬业、李冲、李贞等主要发难者，或死于战场，或被捕杀，无一幸免。

公元690年，武则天认为亲临帝位的条件成熟，先借佛僧法明之口，广造舆论："武后为弥勒佛转生，当代唐为天子。"接着又一手导演了以唐睿宗为首的六万臣民上表劝进，请改国号的壮举。至此，水到渠成，在"上尊天示"、"顺从众议"的"万岁"声中，于公元690年的重阳节，即九月九日，年近古稀的武则天改元天授，正式建立了大周王朝，自称"圣神皇帝"。同时，将睿宗李旦降为皇嗣，皇太子李成器也降为皇太孙。武则天尊周武王姬发为始祖文皇帝，尊父亲为孝明高皇帝，侄子武承嗣等人也有封赏。

## 文治武功，史册生辉

　　武则天在称帝前三十余年参政执政的政治生涯中，已显示出惊人的政治谋略和手段。在称帝之后的十余年中，则更充分地显示了她在用人、处事、治国等各个方面杰出的政治才能和政治家的气魄。

　　首先，重视农桑，发展农业生产。从北魏时期开始实行的均田制土地政策，不但有利于农民的安居乐业，同时也保证了国家的税收。但是，唐朝建立之后，随着社会经济的进一步发展，开始有越来越多的豪门大户通过强制掠夺或者买卖的手段兼并农户的土地。结果贫苦的农户丧失了土地，财产典当殆尽，只好到处流浪，给社会的安定造成了很不好的影响，而国家的税收也没有了保证。武则天明令禁止土地兼并，保护农户的利益，并鼓励地方官加强对农业生产的管理，规定州县官境内"田畴垦辟，家有余粮"的，就予以提升和奖励；而"为政苛暴，户口流移"的就要解除职务，并加以惩罚。她还组织编写了名为《兆人本业记》的农书，颁行全国，发给各州县来京的朝集史。这部书主要对农时有比较准确的把握，因而对于农业生产的发展有一定的参考作用。在她执政的年代里，农业和手工业都得到较大的发展，人口不断增加。据当时统计，永徽时全国户数为380万户，到则天临终的神龙元年，渐增为600万户，几乎增长一倍。仅此一点即可看出这一时期的农业经济发展情况。

　　其次，广泛搜罗人才，重用庶族士人。武则天即位之后，摒弃以前以家世为标准的陋习，下令不拘资历深浅或者门第高低，任何人都可以推荐人才到朝廷做官，也可以毛遂自荐，经过考试之后，量才录用。科举制度从隋朝的时候开始，但是真正完善起来，却是在武则天时期。通过这个途径，那些出身贫寒的人可以凭借自身的才能获得官职。天授元年，武则天"策贡士于洛城殿，贡士殿试自此始"。长安二年，又开武举，选拔军事人才，一时间群贤毕集。她前后任用的主要宰相，如李昭德、魏元忠、杜景俭、狄仁杰、姚崇、张柬之等，以及边将如唐休、娄师德、郭元振等人，都堪称人杰。这些人对武则天时期的政治经济发展起到了很大的作用，甚至一度影响到此后的唐玄宗时代。

再次，恩威并用，巩固边防。很久以来，北方的游牧民族都对中原进行侵扰，尤其是气候状况不好的时候更是如此，历代统治者对此都很伤脑筋。秦朝的时候修筑了万里长城，为的就是抵御匈奴的掠夺。武则天时期，采取恩威并用的方式处理与北方游牧民族的关系，取得了很好的效果。吐蕃、突厥、契丹等少数民族时常南下掠夺，武则天命令采取募兵、发奴、就地组织团结兵等办法，解决了兵源。历代抗击少数民族的时候，粮食是一个大问题，由于边疆远离经济中心地区，所以常常由于粮食不济而最终失败。针对这一问题，武则天采取大兴屯田的政策，在边地设立屯田，实现了粮食的自给，这样一来，也就顺利地解决了粮源问题，解除了战争的后顾之忧。长寿元年，武则天利用吐蕃内乱之机，命武威军部管王孝杰进攻吐蕃，大获全胜，恢复和重建了龟兹、于阗、疏勒、碎叶四镇，巩固了唐帝国西部的边防，天山南北地区被纳入到了唐帝国的统治范围之内。由于这一地区的交通得到了疏导，一度中断的通向中亚西亚的商路得到了重新发展，从而促进了中外经济、文化交流。武则天还比较好地处理了唐与周边少数民族的关系，大胆起用少数民族的将领，对巩固统一的多民族的封建中央集权国家起到了积极的作用。

最后，重视文治，身体力行。武则天不但倚重武功，也重视文治，她还亲自倡导编撰重要的文集。她召集周思茂、范履冰、卫敬业等诸儒，于内禁殿撰《玄览》、《古今内范》各百卷，《青宫纪要》、《少阳正范》各30卷，《维城典训》、《凤楼新诫》、《孝子传》、《列女传》各20卷。武则天自己的文学修养也比较高，作有《垂拱集》上百卷和《金轮集》10卷，可惜现在已经失传。《全唐诗》等录有她的诗作58首，其中多数是庙堂祭奠时候的作品，但也有记游抒情的诗篇。

## 晚年酷吏政治

　　称帝后，为了稳固自己的统治，打击敌对势力，武则天不惜动用酷吏残酷镇压朝廷中胸怀异志、图谋不轨的人。当时有名的酷吏有索元礼、周兴、来俊臣、王弘义、丘神绩等，这些人善于罗织罪名，屡次兴大狱。武则天当时还在景丽门设立推事院，百姓称之为"新开门"，来俊臣任院主，掌管重大的案情。百姓都称：凡是被告入新开门的人，一百人中，难得一二人能保全性命。

　　来俊臣审问犯人，往往想出各种新奇的法子，令被审问者求生不能，求死不得。他还造了十号大枷，一名定百脉，二名喘不得，三名突地哮，四名著即承，五名失魂胆，六名实同反，七名反是实，八名死猪愁，九名求即死，十名求破家。十号大枷另配上铁笼头，犯人被枷压着，被铁笼闷着，即刻便死。每次有新罪犯带到的时候，只要让他在刑具前走一遍，犯人就会魂胆飞散，没有不含冤屈招的。

　　武则天为了巩固自己的权位、打击异己，还采纳侍御史鱼承晔儿子鱼保家的建议，在朝堂上设铜匦、铜巨共有四个，分别涂上了青、丹、白、黑四种颜色，分列于朝堂之上。其中的青随叫做"招恩"，放在东面；丹颐称"招谏"，放在南面；白巨叫"神随"，放在西边；黑哑叫"通玄"，放在北边。这些铜陋有专人守候专门负责接受全国的告密信，而且，对于进京告密的人，武则天还给予特殊的优待，她命令沿途各地州县必须认真照顾告密者，按照五品官待遇接待。对于告密的人，不分等级，一律接见，"使至行在，虽农夫樵人皆得召见"，如果经查情况属实就给予奖励，即使不真也不加追究。这样一来，告密的人整天络绎不绝。凡是被告的人，就交与酷吏审理，冤死的人不计其数。武则天在位期间，利用酷吏共杀李唐宗室数百人，大臣数百家，刺史郎将以下更是不可胜数。中宗即位之后，处理这些酷吏的时候列举了27名之多。

但是，武则天一方面任用酷吏，另一方面也比较重视收揽民心，当酷吏滥杀无辜的行为引起天下公愤的时候，武则天就会适当地诛杀一些酷吏来缓和紧张的形势。她称帝的第二年就杀了索元礼，流亡周兴到岭南，后又杀了来俊臣。来俊臣死的时候，其仇家争咬他尸体的肉。武则天看到群情激愤，即下诏书，历数来俊臣的罪恶，并且加以灭族罪，说是"以雪苍生之愤"，以显示自己的爱民之心。

其实酷吏只不过是武则天与李氏宗族进行斗争的时候所使用的工具而已，而酷吏政治也只是武则天的政治手段之一。一旦酷吏的使命完成，武则天便利用民愤，毫不留情地将这些"替罪羊"先后处死。虽然酷吏政治对武周政权的巩固起过一些作用，但其同样也搞得统治集团内部矛盾激化，人人自危，这必然影响国家的治理和生产的发展。

在个人生活方面，武则天比较腐化。她对先前皇帝有诸多后宫佳丽的事情耿耿于怀，认为既然男子做皇帝的时候可以有诸多的侍妾，那么现在自己做皇帝也就应该有诸多的男宠。所以武则天的男宠颇多，其中比较有名的有薛怀义、沈南、张易之、张昌宗等人。

按照史书的记载，唐高宗李治死的时候，武则天60岁。两年以后，开始宠幸薛怀义，从此至死20年间，武则天又先后宠幸太医沈南和张氏兄弟，此外再无记载。武则天男宠问题的记载大致如此，除此之外的传说多是流言。武则天也曾下令选天下美少年入宫，但被大臣谏止。

武则天虽然宠幸男宠，但是，并没有因此而影响对国家大事的裁决。清代著名史学家赵翼在《廿二史札记》中说："人主富有四海，妃嫔动千百，后既为女王，而所宠幸不过数人，固亦未足深怪，故后初不以为讳，而且不必讳也。"这应该算是比较公正的评论。

## 立储让位功过千秋

通过酷吏政治，武则天巩固了自己的权势和皇位，但在皇位继承问题上，她又左右为难。建立周王朝之后，他让侄子们做了宰相和将军，掌握朝政大权，大臣有了功劳也赐给武姓，而不是李姓。她还免掉了武姓的田赋，把自己的故乡文水县改为武兴县，从这些来看，武则天想把皇位传给武姓的侄子，这也促使她的侄子武承嗣等人公开对李旦的皇储地位提出挑战。公元693年，武则天在万象神宫即明堂里举行了祭典大礼，这次武则天出乎意料地让侄子武承嗣为亚献，武三思为终献，而正式的皇储李旦却被冷落到了一边，非常尴尬。武则天的行动无疑是对侄子们的公开鼓励。

但是，武则天的意愿遭到了宰相狄仁杰等人的激烈反对，这让武则天矛盾至极。如果把侄子立为皇储，虽然可以保住大周政权，但以后的即位人绝对不会把她供奉到祖庙里去的，因为她是武氏家族出嫁的女人，这在封建社会等于是外人了。如果立自己的儿子做皇储，将来继承皇位，她可以顺理成章地保住皇后的正统地位，和丈夫高宗一起享受儿孙们的供奉。但是，这样又要回到她已经打破的旧传统中去。

同时，宰相吉顼也在努力。他对武则天当时的男宠张易之和张昌宗兄弟俩说，你们俩因为受武则天的宠爱，蔑视群臣，被众大臣们嫉恨，如果要保住性命，现在只有为立储君出力，日后还能够将功赎罪。你们要利用自己接近武则天的有利条件，劝说她立庐陵王李显为太子。张氏兄弟听了吉顼的话，对武则天立李显为太子起了关键作用。

到公元698年，武则天将李显秘密接回了京城洛阳，当时的太子李旦聪明地请求退出，让母亲立哥哥为太子。这让武承嗣极为气恼，因为他的继承权完全被剥夺了，不久武承嗣便气闷而死。为了避免在自己死后侄子和儿子们相互残杀，武则天还处心积虑地把太子李显、相王李旦、太平公主、武姓的侄子们召集到了明堂，然后祭告天地，立下了铁券，把铁券收藏在史馆，以为佐证。从此以后，到武则天去世，终于有了较长的一段安定的日子。

公元7以年年末，武则天病倒在床上，几个月也不召见宰相，只有张氏兄弟俩侍奉左右，左右朝政大事，这使大臣们六神无主。宰相张柬之经过周密部署，在705年正月里发动了兵变，把张氏兄弟杀死，迫使病中的武则天让位，由中宗复位，重建唐朝。

正月二十五这天，武则天不情愿地离开了她做了15年女皇的宫殿，搬到了洛阳宫城西南的上阳宫。中宗给她上了尊号"则天大圣皇帝"。但没有了帝位的武则天心情很坏，精神的支柱没有了，本来就年老的身体很快垮了下来，在705年的十一月初二，虚岁82的武则天死于上阳宫的仙居殿。临终时她异常清醒，立下了遗嘱，包括去掉帝号，称则天大圣皇后，葬在干陵，和高宗合葬。只许为她立碑，不许立传，这就是武则天无字碑的来历。她还赦免王皇后、萧淑妃以及褚遂良等人的家属，而其他被酷吏迫害的人早在她被迫下台前已经赦免。706年的正月，武则天的灵柩运回了长安，和高宗合葬在干陵。

武则天死后，她的谥号变过几次，但儿孙们的尊敬态度没有变。睿宗第二次即位后，改称为"天后"，后来又先后改为"大圣天后"，尊为"天后皇帝"，改为"圣后"。唐玄宗即位后，改为"则天皇后"，比较客观。到了749年，最后把武则天的谥号定为"则天顺圣皇后"。

## ❖ 读史话女人

武则天一生功过参半。除任用酷吏，嗜好男宠外，她崇尚佛教，修建了大量的寺院、明堂，造天枢、铸九鼎，仅用钢铁就达200余万斤。她还耗费大量的人力物力开凿石窟（著名的龙门石窟就是那时候开凿的）。晚年的时候她好大喜功，生活奢靡，也耗费了大量的财资和劳力，这些都为后世所垢病。不过，这些错误和过失，毕竟是武则天政治生涯中的支流。作为中国历史上唯一的女皇帝，她能够排除万难，在统治长达半个世纪的年代中，形成强有力的中央集权，社会安定，经济发展；上承"贞观之治"，下启"开元盛世"，革除时弊，发展生产；完善科举，破除门阀观念，不拘一格任用贤才，顺应历史发展潮流，其历史功绩，昭昭于世。

# 慈禧——大清帝国的最后掘墓人

### ❖ 名人档案

慈禧，清文宗皇后叶赫那拉氏，满洲镶黄旗人，安徽徽宁池广太道惠征之女。同治即位后，慈禧与恭亲王等密谋杀肃顺，垂帘听政。光绪即位后，慈禧继续听政。光绪亲政后，因无实权，发动戊戌政变，被其挫败，将光绪囚于宫中。光绪三十四年，光绪卒，次日，统治中国长达近半个世纪的慈禧亦卒。

### ❖ 历史背景

1851年（咸丰元年）叶赫那拉氏入宫，封鼓贵人，咸丰六年生子载淳（同治帝），进鼓贵妃。1861年8月，载淳继承皇位，尊生母那拉氏为"圣母皇太后"。同年11月，那拉氏与恭亲王奕䜣发动政变，将八名"赞襄政务王大臣"分别革职或处死。改元同治，那拉氏实行垂帘听政，实际控制了国家大权。

### ❖ 生平大事记

## "老佛爷"的残忍与宽厚

出生于官宦之家的慈禧，从小聪明伶俐，并且十分好学。她对于一般女孩子看都不爱看的经史非常感兴趣，因此在学习经史方面花费了很

53

多精力。据说她在16岁时，已经"五经成诵，通满文，廿四史亦皆浏览"。慈禧的书法造诣也很深，其不少作品仍然流传于世。

慈禧用美貌吸引皇帝的同时，更是挖空心思争宠于咸丰帝。随着诞育皇子载淳，慈禧在咸丰帝心中的位置大大提高，咸丰帝对她的信任程度也与日俱增。咸丰帝在后宫难得见到会舞文弄墨的妃子，见慈禧会写一手漂亮的毛笔字，有时竟然让她替自己批奏折，当然，批阅的内容由咸丰决定。慈禧在咸丰帝左右批奏折的同时，知道了朝廷的很多情况，对大臣们有了一个大致的了解。咸丰十年（1860）八月，英、法联军进逼北京，咸丰帝带着后妃和权臣肃顺等人，逃亡热河行宫。第二年七月十六日，咸丰帝病逝热河。临终前，咸丰把权利交给"赞襄政务八大臣"和两宫皇太后，以求相互制衡。但是，八大臣和后妃的权力之争很快就进入了白热化。

1861年11月2日，慈禧在以奕䜣为首的贵族、官僚和帝国主义的支持下发动北京政变，从载垣、端华、肃顺等8位赞襄政务王大臣手中夺取政权，以垂帘听政的名义登上了统治者的宝座。但是，巩固政权比夺取政权要困难得多。为了赢得统治阶级和人民群众的支持，她作出了一系列重大的决策。其中，最值得注意的是对政敌的处理和清理狱讼。

北京政变后，载垣、端华、肃顺被革去爵职，送交宗人府。经大学士、九卿、翰、詹、科、道会同定拟罪名，应照大逆律凌迟处死。慈禧将载垣、端华两位亲王改为赐令自尽，端华之弟肃顺改为斩立决。其余5人，原拟革职，发往新疆效力赎罪。其中景寿因是道光皇帝的女婿，咸丰的妹夫，慈禧对他的处分改为革职，仍留公爵并额附品级，免其发遣。其他人除穆荫照原拟革职，发往军台效力赎罪外，匡源、杜翰、焦佑流均改为革职，免其发遣。

查办载垣、端华、肃顺党羽时，仅将尚书陈孚恩、侍郎刘现、黄宗汉、成琦、太仆寺卿德克津泰、候补京堂富绩6人革职。后来，从查抄肃顺家产中发现陈孚恩亲笔书信多封，并有暧昧不明之语。于是，朝廷查抄陈孚恩的家产，并照刑部所拟罪名，将陈孚恩发往新疆效力赎罪。但是，从查抄所得肃顺家产中发现的账目、书信来看，还涉及许多中央和地方官员，如果一一查办，势必株连甚众。为了表示自己"宽厚和平"，使这些官员放下包袱，慈禧谕令议政王、军机大臣，将此次查抄所得肃顺家产内的账目、书信"即在军机处公所公同监视焚毁，毋庸呈览"。总之，这一重大政变，处理得十分圆满。原8位顾命赞襄政务王大臣，处死3人，处分5人，与其关系密切的，处理了陈孚恩等6人，太监5人，共计19人。这与肃顺办理的戊午科场案动辄处分牵连数百人，不可同日而语。政变从发动到处理完毕，也只有一个月时间。时间之短促，也令人吃惊。以上事实说明，慈禧是宽厚的。但是，在另一方面，她又十分残忍。她依靠曾国藩的湘军，李鸿章的淮军，先后镇压了太平天国、捻军以及回民和苗民起义。1864年7月19日，湘军攻破太平天国首都天京（今南京）时，分段搜杀，三日之间，杀害太平军将士10余万人，"秦淮河尸首如麻"。所谓的"同治中兴"，是建立在对千百万起义人民残酷镇压的基础上的。

## "老佛爷"的守旧与革新

19世纪六十至九十年代，清王朝的一部分中央和地方官员主张学习西方近代的科学技术，训练新军，购买枪炮、军舰，发展中国的军事工业和民用工业，以达到富国强兵的目的。他们的代表人物在中央有奕䜣、文祥，在地方有曾国藩、李鸿章、左宗棠、张之洞。尽管他们的改革没有触及封建专制的政治制度和社会制度，但在顽固派看来，却是"用夷变夏"，违背了祖宗成法和圣贤古训。所以，洋务运动一开始，就遭到顽固派的坚决反对。在洋务派与顽固派的斗争中，慈禧虽然采取了平衡的策略，一方面，支持以奕䜣为首的洋务派；另一方面，又扶植顽固派以牵制洋务派。但是，洋务新政毕竟利于清王朝的统治。所以，在顽固派气焰嚣张的时候，慈禧又站在洋务派一边予以压制。

1866年12月，奕䜣奏请在同文馆内添设分馆，招收科举出身的人员学习天文、数学。大学士倭仁亲自出马，上书慈禧，坚决反对。他认为，让科举出身的人向外国人学习天文、数学是斯文扫地。他声称，中国之大，不愁没有人才，只要多方访求，一定可以找到精通天文、数学的人，为什么一定向外国人学习呢！于是慈禧让他保举几名精通天文、数学的人才，并由他负责选定地方办一个天文数学馆与同文馆分馆互相砥砺，他这才承认实无可保之人。慈禧又让他到主持洋务的总理事务衙门行走。倭仁一向痛恨洋务，现在要他去办洋务，感到这是对自己的侮辱，再三推辞，慈禧却不肯收回成命，弄得这位顽固派的代表人物十分难堪。他到上书房给同治帝讲课，有所感触，不禁流下了眼泪。倭仁最后以养病为理由，奏请开缺。经慈禧批准，免去他的一切职务。

由于慈禧的支持，洋务运动才得以冲破重重阻力向前发展，成为中国近代化的开端。中日甲午战争失败后，帝国主义掀起了瓜分中国的热潮，民族危机空前严重。在维新派的影响下，光绪锐意变法。变法和反变法的斗争非常激烈。1898年6月11日，慈禧面告光绪："前日御史杨深秀、学士徐致靖言国是未定，良是。今宜专讲西学，明白宣示。"于是，光绪发布了由翁同和起草的《定国是诏》，把讲求西学、变法自强，作为清王朝的国策，使维新运动取得了合法地位。但是，这次变法涉及了清王朝的政治体制，而慈禧的改革底线是祖宗之法不能变。随着变法的深入，慈禧和维新派的分歧越来越大。特别是康有为建议的仿先朝开愁勤殿，选举英才，并邀请东西洋专门政治家共议制度，将一切应革之事全盘筹算，然后施行，更是慈禧所不能接受的。当光绪向慈禧提出这一请求的时候，"太后不答，神色异常"。从慈禧的表情，光绪感到变法已出现危机。为了使变法能进行下去，康有为、谭嗣同等密谋策划，争取正在天津小站练兵的袁世凯以所部新建陆军入京，包围颐和园，逼迫慈禧退出政治舞台。然而顽固派势力强大，袁世凯又是一个投机分子，根本不可能站在维新派一边，这场自上而下的改革失败了。谭嗣同等6人被杀害，康有为、梁启超逃亡国外，一些参与或支持变法的官员，受到了降级、革职、流放的处分。一切新政全被废除。

## "老佛爷"的主战与求和

慈禧的一生，经历了从1840年至1900年帝国主义侵略中国的5次战争。第一次鸦片战争，她还是一个5岁的孩子。第二次鸦片战争，她已是咸丰皇帝的贵妃。以后的中法战争、中日甲午战争、八国联军入侵，她则是清王朝的最高决策者，从慈禧的主战与求和，可以看出慈禧与帝国主义关系的变化。

1860年9月21日，清军在八里桥之战中遭到失败，英法联军进逼北京，咸丰决定逃往热河避暑山庄。当咸丰即将出发的时候，彭贵妃极力谏阻，请求咸丰留在北京，继续抵抗。为此，她触怒咸丰，差一点引来杀身之祸。奕䜣与英法联军签订《北京条约》，鼓贵妃深以为耻，劝咸丰废约再战。但因为咸丰病危，只好作罢。中法战争爆发后，主战派和主和派的斗争非常激烈。慈禧将清军的接连失利归罪于奕䜣的"因循委靡"，免去他的一切职务，其他4位军机大臣也全部罢免。但是，清政府内部的"和战之争"并未停止。1884年8月23日，法国军舰向福建水师发动突然袭击，福建水师全军覆没。慈禧谕令对法宣战，并将继续坚持和议的张荫桓等6位总理衙门大臣革职。1885年2月，法军攻占谅山，慈禧转向主和。镇南关的失守，使慈禧更丧失了对战争胜利的信心。她授权中国海关驻伦敦办事处的英国人金登干到巴黎与法国外交部秘密议和。1885年4月4日，授权金登干与法国政府签订《巴黎停战协定》。6月9日，又授权李鸿章，在天津与法国驻华公使巴德诺签订《中法新约》。光绪二十年（1894）十月初十，是慈禧的60岁生日，她准备在颐和园大规模地进行庆祝。除了在颐和园大兴土木之外，还在从紫禁城西华门至颐和园东宫门道路所经分设60段景点，建设各种形式的龙棚、经坛、戏台、牌楼和亭座。正当清政府紧锣密鼓筹备太后六旬庆典的时候，中日战争爆发了。中外舆论认为，中国必胜。光绪主战，慈禧亦主战，"不准有弱语"。但是，当有人提出停止颐和园工程，停办景点，移作军费的时候，慈禧却非常生气，说"今天谁让我不高兴，我就要他一辈子不高兴"。后来，清军在朝鲜战场上接连失利，北洋水师在黄海之战中又遭受严重挫折。为了不影响自己的六旬庆典，慈禧希望外国出面干涉，尽快结束战争。她支持李鸿章避战求和的方针，以各种借口，打击以光绪为首的主战派。由于形势日益紧张，她不得不改变原来的计划，决定所有庆辰典礼，仍在宫中举行，颐和园受贺事宜，即行停办。在金州、大连相继陷落，旅顺万分危急的情况下，慈禧仍在紫禁城内的宁寿宫度过了她的60岁生日。

1895年2月7日，威海卫日舰及炮台夹攻刘公岛，北洋水师全军覆没。1895年4月17日，李鸿章与日本代表伊藤博文签订了丧权辱国的《马关条约》。当义和团运动刚刚在山东兴起，开展"灭洋仇教"的反帝斗争的时候，慈禧是主剿的。她多次谕令地方督抚"实力剿捕，毋得养痈贻患"。由于义和团迅猛发展并进入北京，各国驻华公使在照会清政府强烈要求镇压义和团之后，又不顾清政府的反对，坚持调兵进京，在使馆官员的指挥下，肆意抓捕、驱赶、枪杀甚至炮击义和团及中国居民。统治集团内部，以载漪、刚毅、徐桐为代表的顽固派，主张招抚义和团，抗击列强。而奕劻、王文韶、刘坤一、张之洞、袁世凯等中央和地方官员，则主张痛剿义和团，避免列强的武装侵略。因为"外国人欺我太甚"，慈禧早已耿耿于怀，对顽固派的意见非常欣赏。同时，她看到一份所谓的"洋人照会"，要勒令她归政，更是忍无可忍，决意宣战。就在这一天，八国联军已经攻占大沽口炮台了。6月21日，慈禧以光绪名义发布对各国宣战的诏书。但是，慈禧的决定遭到了刘坤一、张之洞等地方督抚的反对。他们联名电奏清廷，力主剿团乞和，并积极活动，与列强订立条约，实行"东南互保"。慈禧的决心开始动摇。她一方面要求各省将军督抚认真布置战守事宜，并继续利用义和团围攻使馆、抗击八国联军。另一方面，她令荣禄前往使馆慰问各国使臣，并于北玉河桥树立木牌，牌上大书"钦奉鼓旨，保护使馆"。同时她又分别致国书于俄、英、日、德、美、法等国国家元首，请他们出面"排难解纷"，"挽回时局"，并且将两广总督李鸿章调任直隶总督兼北洋大臣，准备与列强谈判。但是，八国联军并没有停止进攻，8月14日进入北京。次日凌晨，慈禧带着光绪，在两千余名兵勇的护卫下仓皇出逃。她令奕䜣、李鸿章为全权大臣，与列强进行谈判，把战争的责任推到义和团身上，对义和团"痛加剿除"。经过几个月的反复交涉，除了参加侵略的俄、英、美、日、德、法、意、奥八国之外，又加上比利时、西班牙和荷兰共同拟定了议和大纲12条。12月22日，李鸿章从美国使馆抄得一份材料，立即电告军机处，转呈慈禧。慈禧看到没有将她列为祸首，也没有要她归政光绪，如获大赦。当天就电复奕䜣、李鸿章：大纲12条原则上照允。并发布上谕，要"量中华之物力，结与国之欢心"，为了尽快地达成和议，全部接受列强提出的条件。1901年9月7日，奕䜣、李鸿章代表清政府与11个帝国主义国家签订了空前屈辱的《辛丑条约》。慈禧完全屈服，清政府成了洋人的朝廷。

作为一名中国封建史上为数不多的政治女性，慈禧不失聪明与干练，在危急时刻曾尽力维护国家利益，做出了虽不成功但在当时可称合理的反应。她曾经在1884年马尾海战爆发后向法国宣战。1894年她亦向日本宣战。1900年6月21日向八国联军宣战。她大力起用曾国藩、李鸿章、张之洞等名臣，开办洋务运动，造就所谓"同治中兴"气象，支持左宗棠收复新疆。执政后期，发布新政诏书，废除科举，兴办新式学堂，大量选派留学生，开始宪政改革等举措，是人才方面的重要改革。并破除满汉不通婚禁令，禁止妇女缠足。慈禧执政48年中，应该说是很勤政的，即使在病中也坚持处理政务。在她统治中国近半个世纪的时间里，一直牢牢地控制着国家的局面，掌握着最高统治权，国家没有出现地方割据的分裂局面。此外，她推动京剧艺术发展，建立北京动物园，都是不应该被人遗忘的。

## ❖ 读史话女人

历史对慈禧的负面评价远大于正面评价。慈禧太后素来以残忍狡诈和对权力的执著而闻名。先后起用湘军、淮军人物，是为了镇压太平天国，维护其统治，并非完全自愿破除满汉界限。在她执政的40多年中，以她为首的清政府签订了众多丧权辱国的不平等条约，如《马关条约》《辛丑条约》等。她于1861年发动政变夺取政权，处死原来控制政权的八位大臣中的三位。1881年，她毒死同有训政权的太后慈安（慈安的死是否是慈禧造成的历史上仍有争论）。1885年，在取得了对法的镇南关大捷后，她仍然让清政府向法国屈膝求和，让中国"不败而败"，法国"不胜而胜"。1894年中日甲午战争爆发时，她花费巨资甚至不惜动用海军军费兴建颐和园用以庆祝自己的60大寿。1895年，她大兴土木，重新修建自己的陵墓，整个工程长达13年之久，直到她死前才完工，耗资巨大，使重修的慈禧陵成为清代最豪华独特的一座皇家陵寝，也为自己的陵寝乃至整个清东陵的被盗埋下了祸根。1898年，她彻底扼杀了"戊戌变法"，囚禁光绪。由于听信庆亲王等人编造的洋人要迫其退位的谣言，将义和团引入北京，失去控制，继而宣布向所有西方国家宣战，引发八国联军入侵的惨祸，使中国的主权地位丧失殆尽，日本、俄国自此可以在中国北方地区驻军，后患无穷。

# 兰馨竹语皓月知——义胆篇

在一般人的眼中，战争仿佛只是男人们的事情。然而，分别有『沉鱼落雁、闭月羞花』之貌的西施、王昭君和貂蝉，她们绵里藏针，在没有硝烟的战场上，出色的完成了男人们无法完成的任务。

# 西施——归宿成谜的越国美人

## ❖ 名人档案

西施,名夷光,春秋战国时期出生于浙江诸暨苎萝村,天生丽质。当时越国称臣于吴国,越王勾践卧薪尝胆,谋求复国。在国难当头之际,西施忍辱负重,以身许国,与郑旦一起由越王勾践献给吴王夫差,成为吴王最宠爱的妃子。她把吴王迷惑得众叛亲离,无心国事,为勾践的东山再起起了掩护作用,表现了一个爱国女子的高尚思想情操。后吴国终被勾践所灭。

## ❖ 历史背景

勾践兵败会稽山之后,范蠡策划实施针对吴王夫差的"美人计",西施被选中。西施得到吴王夫差的宠幸,为她在灵岩山建了馆娃宫。公元前482年夏初,越国伐吴,大获全胜。西施功不可没。传说吴被灭后,她与范蠡泛舟五湖,不知所踪。

## ❖ 生平大事记

### 西施入选痛别范蠡

春秋末期,各诸侯国称雄,吴国和越国开战,结果越军大败,越国国王勾践向吴国国王夫差乞降。吴王夫差不听大夫伍子胥"杀掉勾践,以绝后患"的劝告,却采纳被越王买通的权臣的主张,允许越国投降,把勾践夫妇和越国大夫范蠡囚禁在姑苏虎丘,为夫差养马。勾践君臣含垢忍辱,装得非常恭顺,夫差以为他们已真心臣服,3年后就把他们放回了越国。

勾践回到越国后,立志复国,卧薪尝胆,励精图志。经过"10年生聚,10年教训",越国逐渐强盛起来,一心要打败吴国,但是,当时越国的军事实力远远不敌吴国。勾践在训练军队、发展农业的同时,对吴王夫差实施了历史上著名的"美人计"。

"美人计"的导演是春秋末年越国大夫范蠡。范蠡曾随越王勾践到吴国做人质3年,深知吴王夫差的致命弱点。针对吴王夫差好色的特点,范蠡便策划实施了"美人计"。范蠡按照越王勾践的要求,在民间寻觅美女。担任这个重要历史任务的美女,不仅要美丽过人,而且要胆识过人,机智过人。经过千挑万选,范蠡选定了西施和郑旦。当时范蠡和西施一见面,西施的美貌与纯真便打动了范蠡,而西施对这位年少英雄、气度不凡的将军也是一见倾心。范蠡向西施说明了选美的原委,西施被范蠡的那份爱国热情感染了,表示愿意担此重任。

勾践亲自接见她们,并让人教习歌舞、化妆和礼仪,让人为她们讲解历史、时局和权谋。

勾践还亲自给西施面授机宜。勾践把政治任务交给她们,交代了三件大事:沉溺夫差于酒色之中,荒其国政;怂恿夫差对外用兵,耗其国力;离间夫差和伍子胥,去其忠臣。过了3年,西施修得一身功夫,于是范蠡将西施等送往吴国。两个相爱的人终于有机会在一起了，一路上二人备尝爱的滋味，由于难分难舍，范蠡有意拖延，送亲竟然送了一年多。等他们走到嘉兴县南一百里的时候，西施生的儿子已经能牙牙学语了。后人在这里建造了一个"语儿亭"，用来纪念西施与范蠡的爱情结晶。这在唐陆广微《吴地记》里有记载，并谓此地"县南一百里有语儿亭"，是西施入吴之前与私生子说话的地方。从感情上来说，范蠡是对不住西施的，范蠡为事业牺牲了爱情，让自己心爱的女人充当越国复仇的工具。但为了国家利益，为了自己的爱人，西施愿意做出牺牲。范蠡和她约定，吴国灭亡后，自己定要娶她为妻，白头偕老。

## 夫差中计

本身好色成性的吴王见了西施，自然十分欢喜。伍子胥认为这是"美人计"，苦心劝谏，夫差却充耳不闻，立刻将西施纳入后宫。西施聪明伶俐，颇具爱国主义情怀，时刻牢记自己来到吴国的政治使命，她用尽浑身解数让吴王宠爱她并听信她的话，夫差果然对她宠幸有加。吴王夫差命人在灵岩山为她建了馆娃宫，在馆娃宫附近修了玩花池、玩月池、吴王井、琴台，还有采香径、锦帆径和打猎用的长洲苑等；还修了响屐廊，就是在地上凿一个大坑，把一口大缸放进坑里，然后在上面铺上木板，再铺平。夫差让西施穿着屐在上面走，锤铺有声，所以叫响屐廊。

到了春天，夫差就和西施到采香径、玩花池游玩；到了夏天，夫差就和西施在洞庭的南湾避暑，享受自然的"空调"。南湾有十多里长，两面环山，吴王将此处取名为"消暑湾"，并令人在附近凿了一个方圆八丈的白石池子，引来清泉，让西施在泉中洗浴，起名为"香水溪"；秋天两人一起攀登灵岩山，看灵石，赏秋叶；到冬天下雪的时候，夫差与西施披着狐皮大衣，令十多个嫔妃拉车寻梅，全然不顾嫔妃们汗流浃背，每次都要尽兴后方才返回。如此挖空心思地玩乐，可见吴王夫差此时的心思已不在朝政社稷上，而在西施身上。

吴王夫差对西施是越来越喜爱，而西施时刻想着怎样让吴王高兴，怎样让吴王把更多的心思放在自己身上，好让吴王能成无道之君，荒废国事。庆幸的是，她有一个得力的助手伯嚭。伯嚭是吴国的大夫，深得吴王宠信，为人奸诈贪婪。越国利用他的这一弱点，经常给他送些金银珠宝，有时也给他送美女，因而他对越国也是死心塌地，与西施两个一道说越国的好话。

夫差自从得了西施，就一直住在姑苏台，一年四季享乐游玩，已经不理政事。朝中大臣有劝谏的，都被他或训斥，或驱逐，或罢官，于是大家渐渐也就不敢说了。只有老臣伍子胥，见吴王如此无道，就在姑苏台下进谏劝阻，但吴王还是不理。伍子胥觉得吴王如此势必取祸，劝谏又不听，于是称有病不再上朝。

当时，越国在勾践的治理整顿下，国力日益增强，军队也已训练有素。吴王夫差感到威胁，想要征伐越国，但被伯嚭大夫巧言阻挠。后来齐国与吴国关系恶化，夫差想要攻打齐国。伍子胥认为，越国才是心腹大患，不宜远征齐国。但伯嚭大夫却力主攻打齐国，并保证出师必捷。一向与伍子胥有矛盾的伯嚭大夫置国家安危于不顾，乘机挑拨吴王和伍子胥之间的矛盾。结果吴王将伍子胥赐死，提拔伯嚭大夫为相国，正如"吴之亡，应由昏君夫差、奸佞伯嚭大夫负责"。公元前482年夏初，越国把握时机，全力伐吴，大获全胜。

## 永久的传说

西施的结局有两种说法：一种说法是她感觉已为国尽忠，但夫差对她百般疼爱确实出自真心，在与他相处的日子里，西施越来越感觉他的好，到完成任务的时候，她发觉自己已真正地爱上了夫差，而战争又让她失去了夫差。回到范蠡身边，她已不爱范蠡，也无颜再见范蠡，同时深感对不起夫差，于是投湖自尽。另一种说法是范蠡找到了她，两人泛舟五湖，成了一对神仙眷侣。在《吴地记》中记述有关范蠡与西施在越国破吴后破镜重圆、泛湖而去以及其他有关他们结局的不同说法。相传范蠡、西施曾寓居宜兴，今天的蠡墅就是他们当年居住过的地方，而江苏一些地方的"施荡桥"、"西施荡"等名称也都与西施有关。

在国难当头之际，西施忍辱负重，以身许国，为勾践的东山再起起到了非常重要的掩护作用，甚至可以说，越国伐吴，大获全胜，首功当属西施。西施的奉献精神表现了一个爱国女子的高尚思想情操，她的名字将永远同这场战争的胜利一道载入历史。

## ❖ 读史话女人

两个国家的夙愿战争，身先士卒的却是女人。爱恨情仇血雨腥风，一场间谍战在后宫展开。西施，一位普通的浣纱女，忍辱负重以身许国，把吴王迷惑得众叛亲离，无心国事，为卧薪尝胆的勾践东山再起进行掩护。西施就这样被推上了历史舞台，扮演了使者和间谍的角色。从这个角度说，西施是"英雄"，但是从另一个角度说，也就是从吴国的立场来看，西施就是处心积虑的"红颜祸水"了，吴国的灭亡和她还是有一些关系的。

好在功过自有后人评说，西施美名得以千古流传。西施的一生，蕴涵了愁苦、曲折和沉重，而民间流传的有关西施的传说，都是那样的美好和神奇，长留人们心目中的，是西施为越国的复兴所作出的牺牲和奉献，这也是后世不断歌颂纪念西施的真谛所在。

# 王昭君——最能代表民族团结的女性

## ❖ 名人档案

王昭君（约公元前53—?），名嫱，西汉南郡（今湖北省兴山县高阳镇）人，汉元帝时宫女，封为昭君，晋因避司马昭讳，改称为明君或明妃。与西施、貂蝉、杨贵妃并称我国四大美女。竟宁元年春（前33），匈奴呼韩邪单于入汉亲觌元帝，要求"婿汉氏以自亲"。为维护民族团结，王昭君毅然"出塞"。入匈奴后，被封为宁胡阏氏（即皇后），从此汉匈两族和睦相处，"数世不见烽火之警，人民炽盛，牛羊遍野"。董必武有诗赞曰："昭君自有千秋在，胡汉和亲识见高，词客各抒胸臆意，舞文弄墨总徒劳。"

## ❖ 历史背景

汉元帝时，王昭君以"良家子"被选入宫。她相貌出众，品格高贵，但"入宫数岁，不得见御，积悲怨"。竟宁元年，匈奴呼韩邪单于来朝请求和亲，昭君自愿请求嫁于匈奴，得到同意，她嫁到匈奴，被单于封为"宁胡阏氏"。她生育有一男孩，名伊屠智伢师，后为右日逐王。

成帝建始二年，呼韩邪死，成帝命她遵从匈奴风俗，昭君继为复株累单于阏氏。又生二女，长女名云，为须卜居次，次女为当于居次。昭君死后，匈奴为其建宫立碑。它就是位于内蒙古呼和浩特城南10公里的"青冢",即昭君墓。墓总高33米,占地约1.5公顷。上有青松翠柏,繁花环绕,墓前有凉亭。墓园内姹紫嫣红,花团锦簇,王昭君与呼韩邪单于的塑像巍然屹立,威武雄健,又不乏温情。株归县城也立有"汉昭君王嫱故里"的石碑。

## ❖ 生平大事记

### 五年悲怨,终遇转机

建昭元年,汉元帝下诏征集天下美女,以补充后宫。当时出身平民的王昭君年当十八,被选入宫。从全国各地挑选入宫的美女数以千计,皇帝无法一一召见,首先由画工毛延寿各画肖像一幅呈奉御览。当时,要想得到皇帝的宠幸,巴结画工毛延寿非常重要,有时甚至是决定因素。出身富贵人家,或京城有亲友支持的,无不运用各种渠道贿赂画工。王昭君初入宫廷,不懂这些规矩,再加上自认为美貌,不愁皇上不召见。据说,画工毛延寿在画王昭君时,曾向她暗示索要贿金,但王昭君没有搭理他,反而讥讽了他,毛延寿见王昭君如此傲慢,便把那点该点到眼睛上的丹青,点到脸上。等到汉元帝看到王昭君的画像时,以为她是个不实在的女人,十分讨厌她。王昭君失去了一次绝好的机会,5年过去了,她仍是个待诏的宫女。

在5年的时间里,王昭君除了担负一些宫中的轻便工作之外,有太多的余暇来读书写字,唱歌跳舞,研习音律与绘画,不断充实自己,磨炼自己。然而午夜梦回,她不免倍感凄清与孤寂。别无选择之下,王昭君只好无声无息地打发漫漫的长夜和白昼。

然而,到了竟宁元年,南匈奴单于呼韩邪前来朝见,王昭君的命运无意间起了翻天覆地的变化。呼韩邪携带大批皮毛及骏马作为贡品来到长安，对汉元帝十分有礼。汉元帝大为高兴，大摆筵席，招待这位远道而来的"贵宾"。席中呼韩邪提出"愿为天朝之婿"的请求，汉元帝一听颇为高兴，想以此拴住呼韩邪这匹野马。这个历史当口，王昭君自愿请求担当这份使命。历史选择了她，在得到双方的同意下，王昭君成为第一位出身平民的"和亲"大使。

## 昭君出塞，千古流芳

临行之日，王昭君戎装打扮，妩媚中更见英爽之气。她面向未央宫拜别了天子，带着一种异样的感情，看了最后一眼长安，怀抱着琵琶上马而去。匈奴人马和朝廷派出的护卫组成的队伍，浩浩荡荡地经过长安大街，沿途万人空巷，争睹昭君风采，场面十分热闹。眼看如此风情万种的美人儿，离开繁华的长安城，前往荒凉的胡地，陪伴一个垂垂老矣的匈奴单于，人们无不为之磋叹不已。王昭君出了长安北门，渐行渐远，黯然神伤。随行的乐师们，一路上弹奏着琵琶，以慰藉王昭君的离愁别恨，声声令人肝肠寸断，回望长安已经了无踪影。

出了雁门关，匈奴大队骑士、毡车、胡姬前来迎接，万里荒漠出现一道亮丽风景。到达匈奴王廷，只见牛羊遍地，青草无边。到了傍晚，一座座帐篷中，张灯结彩，呼韩邪单于封她为宁胡阏氏（皇后）。

这是一桩政治婚姻，昭君不过是汉元帝羁縻匈奴的一个筹码而已。汉朝一共有9位女子和亲，多不是天子之女，不是迫不得已，谁愿远嫁异域？昭君虽然是自愿请行，但那是因为"数岁不得见御"，忿而反抗的一种方式。昭君从繁华热闹的中原乍到气候严寒的漠北，习俗迥异，语言不通，再加上呼韩邪年龄比她大一倍还多，两人不可能萍水相逢便一见钟情。但呼韩邪单于自得汉廷绝色美人之后，心中大为高兴，对她百般迁就，万般爱抚，处处博取她的欢心，也让她备感安慰。

王昭君出塞以后，汉元帝依照她临别时的要求，把她的父母兄弟一起接到长安，赐宅赐田，妥善安置。呼韩邪并派使者送往汉朝大批玉器、珠宝及骏马，以报答汉天子的特别恩典，甚至上书愿保境安民，请罢边弓卒，以休天子之民。

就在王昭君抵达匈奴王廷三个月后，汉元帝崩逝。第二年，即汉成帝建始元年，王昭君为呼韩邪单于生下一子，取名伊屠智伢师，封为右日逐王，又过了一年，年迈的呼韩邪去世，这年王昭君24岁。

大阏氏的长子雕陶莫皋继承了单于的王位，依照匈奴的礼俗，王昭君成了雕陶莫皋的妻子。年轻的单于对王昭君更加怜爱，夫妻生活十分恩爱甜蜜、和谐，接连生下两个女儿，长女叫云，次女叫当，后来分别嫁给匈奴贵族。雕陶莫皋与王昭君过了几年的夫妻生活而去世，这时是汉成帝鸿嘉元年，王昭君已经35岁，正是绚烂的盛年，不必再有婚姻的绊系，能够参与匈奴的政治活动，对于匈奴与汉廷的友好关系，着实起到了不少沟通与调和的作用。正因为这层关系，王昭君的兄弟被朝廷封为侯爵，多次奉命出使匈奴，与妹妹见面，王昭君的两个女儿也曾到长安，还入宫侍候过太皇太后。

据敦煌发现的唐代《王昭君变文》记载，昭君去世后，埋葬仪式按匈奴习俗进行，非常隆重。汉哀帝也差使臣前往单于处吊唁。隆重的葬仪，反映了匈奴对昭君的怀念和对汉匈和亲的肯定。

"昭君出塞"已成千古佳话。那时匈奴对大汉虎视眈眈，大汉用"和"的政策来稳定边境，昭君不过是一个宫女，但她完成了大汉的使命。在离别汉疆的时候，昭君流下了热泪，因为她怀念着生自己养自己的这片土地，但此时，已决定她将不可能再次回到自己的故乡，昭君出塞之后再没也有回来，死在了匈奴。但昭君为大汉所做的贡献并没有因为昭君的离去而结束，她把大汉的一些生产生活资料带到了匈奴，为匈奴的生产力提高发挥了重要的作用，同时促进了华夏文明的融合。

### ❖ 读史话女人

昭君与西施相比，命运的结局要幸福得多，前者壮美，为了和平共处；后者凄美，为了消灭对方。王昭君被后世之人尊为和平的使者，她的子女也为匈、汉和平奔走努力。人们尊敬这位出塞的女子，在中国历史上，仅以昭君名字命名的诗就不下百首，可见她的影响之大。

# 貂蝉——中国史上最著名的"女间谍"

### ❖ 名人档案

貂蝉是中国古代四大美人之一，也是女间谍的鼻祖之一，她亲身实践了美人计和连环计。学者孟繁仁先生考证：貂蝉，任姓，小字红昌，出生在并州郡九原县木耳村，15岁被选入宫中，掌管朝臣戴的貂蝉（汉代侍从官员的帽饰）冠，从此更名为貂蝉。

### ❖ 历史背景

汉末宫廷风云骤起，貂蝉出宫被司徒王允收为义女。不久董卓专权，王允利用董、吕好色，遂使貂蝉施"连环计"，终于促使吕布杀了董卓，立下功勋。之后，貂蝉为吕布之妾。白门楼吕布损命，曹操重演"连环计"于桃园兄弟，遂赐与关羽。貂蝉为不祸及桃园兄弟，"引颈祈斩"，被关羽保护逃出，当了尼姑。曹操得知后抓捕貂蝉，貂蝉毅然扑剑身亡。另传，吕布死后，貂蝉被曹操带回许昌，作为侍女留在垂相府中。关羽屯土山约三事暂时降曹之后,曹操为了笼络关羽之心,特赐美女十人,貂蝉便是其中一位。当关羽听到貂蝉报出姓名之后,感其胆识,撩髯称了一声"好"之后,闭目不言挥手令去。貂蝉听后,明白关羽全其名节之意,回房后遂自尽而亡。

## ❖ 生平大事记

## 貂蝉献身"连环计"

貂蝉出生在东汉末年江陵的一个没落家庭。自幼人才出众,聪敏过人,因而被选入汉宫,任管理宫中头饰、冠冕的女官,故称"貂蝉"官。因遭十常侍之乱,避难出宫,她被司徒王允收留并认为义女。王允一家对她可谓有救命之恩。由于长期寄人篱下,貂蝉养成了一套善于察言观色的本领。再加上生性聪慧,更具有一种善解人意,嘴甜心细的品性。貂蝉不但颇得王夫人的欢心,就连王允本人也对她另眼相看。

自火烧洛阳,迁都长安后,把持朝政的董卓仗着勇冠三军的义子吕布更加为非作歹。一天,百官在朝堂议事,突然吕布来到董卓身边,耳语数句,董卓点了点头,吕布来到司空张温身边,一声令下,将张温揪下朝堂,不久,侍从将一红盘托张温头入献。董卓命吕布劝酒,把人头在各人面前一一呈过,然后说道:"汝等人对我孝顺,我不害你们,我是受天保佑的人,害我的人一定会失败。"一个大臣就这样无缘无故地被杀了。王允惊惧的同时,免不了兔死狐悲。

天已很晚,王允仍站在荼蘼架旁想着白天的事情。他知道要除董卓,就必须先离间董卓和吕布的关系。忽然他听到在花园的另一端也有人在暗暗叹息,他悄悄走过去,发现是貂蝉。王允问貂蝉:"你有什么伤心事,竟于深夜在此长叹,能不能告诉我。"貂蝉先是感谢王允的救命之恩，希望能够感恩图报。接着话锋一转，讲到她最近总见王允愁眉不转，特别是今晚更是坐立不安，料想一定有重大的事情十分棘手，最后她表示，王允需要她做些什么，她一定万死不辞。王允静静地听着，突然眼前一亮，计上心来，立即叫貂蝉跟他到画阁中去。进了画阁，王允说出一番话来，吓得貂蝉花颜失色。王允跪拜在地，貂蝉跟着跪倒，面对自小抚养她的恩人，她再次发誓，万死不辞。

第二天，王允就将家藏的明珠数颗，令匠人嵌成一只金冠，使人秘密送给吕布。吕布一介武夫，贪财重利，很容易被抓住了弱点。吕布大喜，当即赶到王家致谢。王允盛情招待，当酒饮至七分醉时，貂蝉从内室款款而出，吕布立刻被其迷倒。醉意重重中，王允告诉吕布，愿意把貂蝉嫁给他做妻子，又欲擒故纵地说："要不是怕董卓起疑，一定会留吕布在家里过夜。"吕布在依依不舍中，喜滋滋地离去。王允的第一步宣告成功。

## 纵深发展，吕布怀恨

接着就是第二步。又一个早朝完毕，王允邀请董卓到他家去做客，说道："我想请太师到草堂赴宴，不知可不可以？"董卓马上说："司徒乃国家之元老，既然来日有请，当赴。"第二天傍晚，王允穿着朝服迎接董卓，三拜五叩，称赞董卓，把董卓比做姜子牙、周公。董卓还未饮酒，就已经醉醺醺了。夜幕降临，酒桌上，王允唤貂蝉在众人簇拥下飘然而至，轻歌一曲，曼舞一支。董卓心花怒放，立即命令近前来唱，一曲还未唱完，董卓叫貂蝉为他把盏。董卓轻轻地问："多大年龄？"貂蝉幽幽地答道："贱妾还不到20岁。"董卓笑道："真神仙中人也！"王允立即说："老臣想把此女献主公，不知是否满意？"董卓色眯眯地说："美人见惠，何以报德？"一边说着"尚容致谢"，一边就急急起身，王允跟着亲自送貂蝉随着董卓到郿坞。

　　王允送董卓回来刚到家门口,就被吕布拦住。吕布一把揪住王允,怒骂:"老贼戏我!"拔剑就要砍。王允立即告诉吕布,董卓把貂蝉带走,是要为吕布主婚,并要吕布把王允自己家中的一些珠宝带走,说是给貂蝉出嫁做首饰。吕布立即兴冲冲地赶到相府。但当吕布来到相府时,董卓正和貂蝉在内室情话绵绵。吕布等了一夜,第二天早晨得到的答复是:"夜来太师与新人共寝,至今未起,可能是太劳累了。"吕布一听大惊,马上偷偷地来到董卓卧房后偷看。貂蝉刚好起床梳头,发现了偷看的吕布,立即蹙起眉头,做出忧愁不安的样子,假装不断用手帕擦拭着泪眼。

　　董卓终于正式接待了吕布。几句寒暄后,吕布总不见董卓提起为他主婚的事,就痴痴地站在那看董卓吃早饭。这时貂蝉故意在绣帘后走来走去,引起吕布的注意,甚至不惜露出半个脸蛋来,以目送情,霎时,吕布神魂荡漾。董卓当即警觉,见吕布频频侧身迎里而望,恼怒地说:"布儿无事就走吧。"吕布一肚子不高兴地回到家中,他的妻子不知趣地问他:"你今天莫非被董太师批评了?"吕布一反常态地说:"太师怎能批评我!"

　　董卓自纳貂蝉后,情色所凝,月余不出理事。吕布一切都明了了,但越如此,他越思念貂蝉。终于,吕布利用董卓午睡的机会溜进了董卓的卧室。貂蝉在床后探半身望着吕布,以手指心而不转睛。吕布感激得频频点头表示明白她的意思。貂蝉用手指董卓,强拭泪眼,吕布似乎心都欲碎。

　　董卓蒙眬中醒来,看到了吕布,猛然回身,看见貂蝉在屏风后面。董卓羞愧愤怒,责问吕布:"你敢戏我爱姬吗?"唤左右驱逐吕布,令其今后不许入堂。吕布怀恨回家。

## 鱼死网破凤仪亭

貂蝉终于将事态引向了高潮。没过多久,她就将吕布引到了相府后花园中的凤仪亭,边哭边诉说自己如何思念吕布,董卓又如何将自己侮辱。现在自身已污,不得服侍英雄,愿死在吕布面前,以绝吕布的思念。话没说完,貂蝉就手攀曲栏,望荷花池便跳,慌得吕布一把将其抱住。貂蝉乘机倒在吕布怀中,挑起吕布反对董卓,说道:"妾在深闺,闻将军之名,如雷贯耳,以为当世一人而已。谁思反受他人之制!妾度日如年,愿将军怜悯而救之。"董卓因久未见貂蝉,便到后花园中寻觅。只见吕布把他的方天画戟放在旁边,抱着貂蝉正说悄悄话。盛怒之下,董卓抢过画戟就刺,吕布掉头便走。董卓体胖,赶不上,就飞起一戟,却被吕布一拳打落在草中。吕布与董卓的关系彻底破裂。

董卓带着貂蝉回到家里后,就离开了相府。王允乘机把吕布接到家中,痛斥董卓把吕布的貂蝉抢走,声称要为吕布报仇。一番同仇敌忾,刺杀董卓的计划便周密完成。

"千里草,何青青;十日卜,不得生。"这一首当时流行在长安街头的童谣,预示着董卓快要死了。此时,轻车都尉李肃奉命到郿坞去见董卓,说是天子有诏,欲会文武大臣于未央殿,商议将帝位传给太师之事。董卓心花怒放地起程进京,一路上车轴断了,马鬃头断了,而且路上狂风大作,尘土蔽天,董卓大惑不解,认为这些都是不祥之兆。李肃却解释说:"弃旧换新,将乘玉辇金鞍;万岁登基,必有红光紫霞,这些都是吉兆。"董卓在走进未央殿时,被埋伏在殿内的军士伏击,一戟刺透董卓咽喉的就是吕布,李肃却把董卓的人头割在手中。

## 貂蝉的归宿和影响

董卓既死,朝野欢声雷动,吕布在兵荒马乱中找到貂蝉,带回家中,终偿夙愿。然而吕布最后终被曹操战败,自溢而亡,貂蝉落入了曹操的手中。貂蝉此后的命运传说纷纭,有的说是自刎而死,有的说曹操为笼络关羽连同赤兔马一起把她送给了关羽,关羽留下骏马却斩杀了美人。貂蝉是《三国演义》中唯一一个被重点塑造的女性,但在书中某些地方她被描述为红颜祸水。

事实上,正是由于貂蝉的功劳,才有了王司徒的连环计的实施,才有了吕布大闹凤仪亭的高潮,才有了凶横无忌、权倾一时的董卓的罪有应得。貂蝉存在的意义正在于:在男人争霸的世界中显示出了一个绝色女子的胆量与智慧,正是这种非凡胆量的展示与高度智慧的运用,加速了汉末军阀战乱时代的结束,促成了一代雄才曹操、刘备、孙权等人的崛起,从而使已经风雨飘摇的汉室江山得以延续。总之,貂蝉作为女间谍的鼻祖之一,亲身实践了美人计和连环计,为国锄奸,为后世所传扬。

### ❖ 读史话女人

一个寄人篱下的弱女子,为了感恩牺牲了自己一生的幸福直至生命。她心甘情愿地被当成一件礼物、一枚棋子、一个筹码,周旋于两个男人之间,上演了连环美人计,送吕布以秋波,报董卓以妩媚,让他们从义父子反目成仇人,借刀杀人,挽狂澜于乱世。

虽然历史上对是否有貂弹这个人尚存有争议,但纵然如此,在罗贯中的《三国演义》中,在完全是清一色男人争霸的三国时代,貂蝉是出场的少数几位女子中最为光彩夺目的,她的才智让天下英雄黯然失色。

天生侠骨丹心的貂蝉，以一个女子的贞洁青春和性命做赌注，锄奸除恶，将本是男人的责任担在了自己柔弱的肩上。然而，当貂禅作为女人出色完成自己的使命后，却没有一个男人愿对貂蝉负起真正的责任，那些三国中的雄才们将她视为"祸水"。貂蝉最后的悲惨命运，正应了"红颜薄命"这句老话。

# 秦良玉——唯一登录正史的巾帼英雄

## ❖ 名人档案

秦良玉，字贞素，土家族，四川忠州（今忠县）人。自幼从父习文练武，善骑射，通诗文，有智谋。丈夫死后，继任其职，她曾派出族人救援沈阳抗击后金，更曾亲率三千精兵北上，镇守山海关。清军入关南下，她坚持抗清，被南明隆武帝加封太子太保、忠贞侯。成为中国历史上唯一登录正史的巾帼英雄。

## ❖ 历史背景

万历年间，秦良玉嫁石柱宣抚使马千乘为妻，她激励并帮助其夫在石柱建立了一支远近俱惮的"白杆兵"。万历二十七年（1599），到播州（今遵义参加平定杨应龙叛乱的战斗，战功第一，然而她不言其功。

大明隆武二年（1646），清军攻占北京，大举南下之时，秦良玉已年过70，仍毅然接受南明隆武政权赐封的"太子太保忠贞侯"封号和隆武政权赐予的铜质"太子太保总镇关防"官印,继续高举扶明抗清的旗帜,维护土家族地区人民的安全。

清军入川后,广大人民备受蹂躏,唯秦良玉不屈,以万寿山的万寿寨为据点,坚持斗争,最终保持了抗清的晚节。

## ❖ 生平大事记

## 助夫组建"白杆兵"

秦良玉出生于一个岁贡生家庭。她自幼深受其封建家庭"执干戈以卫社稷"的思想影响,跟从父亲秦葵操练武艺,演习阵法,显露出一般女子所难企及的军事才能,向来以"饶胆智、善骑射、熟韬略、工词翰、仪度娴雅而驭下严峻"著称于世。幼年时代秦良玉就树立了掌军挂帅的雄心。她说:"使儿掌兵柄,夫人城,娘子军不足道也。"

明神宗万历二十年,刚满20岁的秦良玉嫁给了石柱宣抚使马千乘为妻。石柱地属忠州,离秦良玉的娘家不远,是一个苗族人为主的郡县,朝廷设置宣抚使统辖这些归顺了大明的苗人。马千乘并不是苗人,他祖籍是陕西抚风,因祖上建立了战功,被封为石柱宣抚使,官职世代沿袭,最后传到了马千乘身上。因石柱地处偏远,民风慓悍,时有叛乱兴起,所以宣抚使最重要的责任就是训练兵马,维护安定。秦良玉嫁到马家,可谓是英雄找到了用武之地,她一身文韬武略派上了用场,几年时间,她就帮着丈夫训练了一支骁勇善战的"白杆兵"。

所谓"白杆兵",就是以持白杆长矛为主的部队,这种白杆长矛是秦良玉根据当地的地势特点而创制的武器。它用结实的白木做成长杆,上配带刃的钩,下配坚硬的铁环,作战时,钩可砍可拉,环则可做锤击武器,必要时,数十杆长矛钩环相接,便可作为越山攀墙的工具,悬崖峭壁瞬间可攀，非常适宜于山地作战。马千乘就靠着这支数千人马的白杆兵，威震四方，使石柱一带常年太平无事。婚后，夫唱妇随，生活十分甜蜜，不久秦良玉生下一子，取名祥麟。

## 力压苗族叛军，英名远播四海

万历二十六年，播州宣抚使杨应龙勾结当地九个生苗部落举旗反叛。他们四处攻击，烧杀抢掠，残暴至极。播州在现在贵州省遵义一带，地势险峻，山高水险，叛军依仗着天然屏障，猖獗一时。朝廷派遣李化龙总督四川、贵州、湖广各路地方军，合力进剿叛匪，马千乘与秦良玉率领三千白杆兵也在其中。由于白杆兵特殊的装备和长期严格的山地训练，因此在播州的战争中十分得心应手，经常给予叛军出其不意的打击，不论怎样山峻岭高，白杆军都能出奇而至，宛如神兵从天而降，令叛军闻风丧胆。

最后，叛军调集所有兵力，固守在播州城里，城外则设下五道关卡，分别是邓坎、桑木、乌江、河渡和娄山关，每道关卡上都有精兵防守，杨应龙想以此作为自己的护身符。攻打邓坎，是由秦良玉带领500白杆兵为主力。邓坎守将杨朝栋见对方兵力单薄，便准备一举吞灭，于是把手下5000精兵全部拉到阵地上，排下密密麻麻的阵式。秦良玉面对十倍于己的敌军毫不畏惧，骑一匹桃花马，握一杆长枪，威风凛凛地杀入敌阵，只见她左挑右砍，东突西冲，所过之处敌军兵士纷纷丧命。敌军潮水般涌向她，把她层层包住，不料她越战越勇，长枪抡得像飞族舞轮，所向披靡。陷入敌阵中的秦良玉方寸不乱，一边砍杀周围的敌兵，一边慢慢地向敌将杨朝栋靠拢，将到近前时，她一顿猛杀之后，忽地纵马腾跃，还没待四周的人看清，她已把杨朝栋抓在了自己的马背上，右手挥舞着长矛，左手牢牢制住了敌将。众敌兵见头领被擒，顿时乱了阵脚，秦良玉的白杆兵乘胜追杀，没一顿饭的工夫，敌兵就死的死、伤的伤、逃的逃，五千人马溃散无遗。

攻下邓坎后，剿匪大军接着又顺利地拿下了桑木、乌江、河渡三关，直达播州外围的娄山关。娄山关是播州城外的一道天然屏障，山势高峻险要，仅一条小路通过关口，可谓一夫当关，万夫莫开。攻打娄山关的主要任务又落到了白杆兵头上，限于道路狭窄，无法通过大批兵马，秦良玉便帮丈夫定下了一个巧取的方案。这天凌晨，秦良玉与丈夫马千乘双骑并驰，沿正路攻向关口，只见两杆长矛上下翻飞，挡关的敌兵一一倒下，而后上的援兵也无法一拥而上。当秦良玉夫妇两人并肩血战，而敌兵越聚越多时，几千白杆军突然从关口两侧包围过来，敌兵防不胜防，落荒而逃。原来，趁秦良玉夫妇正面进攻，牵引了敌军注意力的时机，其他白杆兵将士从关卡两侧的悬崖处，凭着白杆长矛首尾相连，攀越上关，给了敌军出乎意料的打击。攻下娄山关后，叛军失去了护身符，剿匪大军一鼓作气，攻陷了叛军据点播州城，杨应龙全家自焚而死，叛乱彻底平息下来。

论功行赏时，石柱白杆兵战功卓著，被列为川南路第一有功之军，秦良玉初次参加大战，立下汗马功劳，除受到重奖外，女将军的英名远播四方。

班师凯旋的路上，由于天气炎热，马千乘染上了暑疫；回到石柱后，又因接待不恭，得罪了内监邱乘云，被邱乘云设罪投入狱中。在狱中，得不到治疗调养，马千乘病重而死。

马千乘死后，朝廷觉得他并无大罪，所以仍保留了他家石柱宣抚史的世袭职位。而这时马家的继承人马祥麟年龄尚幼，朝廷鉴于秦良玉作战有功，文武兼长，所以授命她继任了丈夫的官职。秦良玉是个坚强的女人，她强忍住失夫的悲痛，毅然接过丈夫遗留下来的千斤重担，继续训练白杆兵，管理石柱民众，尽心尽力，保住了石柱的安谧昌平。

## 外抗满清，内镇义军

20年时光匆匆流过，转眼到了明神宗万历末年，满人崛起于东北的白山黑水之间，以努尔哈赤为帝，公然向大明边境挑衅。明神宗调集8万大军征边应敌，却不料出师不利，8万大军几乎全军覆没。辽东情势危急，朝廷重调全国兵马赴援，秦良玉此时已经46岁了，仍然亲自率领三千白杆兵，连同自己的哥哥、弟弟、儿子，兼程北上卫边。

万历四十八年，秦良玉的白杆兵已与满清军队打了几场硬仗，挫了清兵的一些锐气。这时，明神宗驾崩，明光宗即位，光宗在位仅一个月就崩逝，又由明熹宗登上了皇帝宝座。

前后几个月时间，换了几个皇帝，明朝廷一时无人主事，清兵乘虚而进，攻占了沈阳。秦良玉的大哥邦屏和弟弟民屏，为了挽回大明的损失，强渡浑河与清兵激战，无奈因寡不敌众，邦屏战死疆场，民屏身陷重围。秦良玉闻讯后，亲自率领百名白杆兵，渡河杀入重围，拼死救出了弟弟，抢回了哥哥的尸体。其后，因秦良玉智勇双全，朝廷任命她为把守山海关的主将。山海关是东北通向内地的必经之路，清军屡次派重兵前来叩关挑战，秦良玉不为所激，只命部下加固防守，终使清兵无法得逞。一次，秦良玉的儿子马祥麟带兵巡关时，被敌军的流矢射中一目，他忍痛拔出箭镞，援弓搭箭向远处的敌人射去，连发三箭，射死三个敌人，清将大为震惧，从此不敢轻易再来山海关挑衅了。兄亡子伤，秦良玉悲怒交集，于是上书皇帝，陈述了自家军队作战及伤亡情况。熹宗深为感动，下诏赐予秦良玉二品官服，并封为诰命夫人，任命其子马祥麟为指挥使，追封秦邦屏为都督佥事，授民屏都司佥事之职，还重赏了白杆兵众将士。

后来，清兵暂时放弃了骚扰边境的行动，于是秦良玉率部返回石柱。返回之时，正碰上永宁宣抚使彝族的奢崇明起兵叛乱，奢崇明的党羽樊龙占据了重庆，听说秦良玉带兵回到了石柱，马上派人携金银厚礼去与她联络，想请她共同举兵。秦良玉大怒道："我受朝廷厚恩，正思报效国家，岂能与叛贼为伍！"当即斩了贼使，火速发兵，溯江西上赶到重庆，出其不意地打败了樊龙的部队，攻下重庆。紧接着，她又率兵直赴成都，赶走了围攻成都的奢崇明部众，先后拿下红崖墩、观音寺、青山墩等几个大寨，彻底击毁了叛军势力。朝廷闻报后，授秦良玉为都督金事，拜为石柱总兵官，以嘉奖她的血战功绩。

当解除了成都之围，秦良玉率领白杆兵骑马进城时，成都的市民纷纷涌上街头，扶老携幼，争睹女将军的风采。这时秦良玉已是50开外，几十年的戎马生涯，不但没催她衰老，反而把她磨炼得越加英姿飒爽。只见她端骑桃花马上，面颊红润饱满，两眼炯炯有神，身姿挺拔，气宇轩昂，一派大将风范，却又不失成熟女性的醇美。成都民众简直把她视为神明，纷纷在她走过的路上焚香跪拜。

巡抚设宴为秦良玉以及部众庆功，秦良玉豪爽海量，与当地高层官员同坐一桌，开怀畅饮。酒酣耳热之时，一位临座的巡抚署官员，也许是被秦良玉酒酣面红的神态迷住了，竟忘乎所以地从桌下伸过一只手来，拉住她的衣角抚弄不放，秦良玉很觉烦心，悄悄抽出佩刀，猛地割下被牵的衣角。在座的人大惊失色，秦良玉却丝毫不动声色，依旧举起酒杯，谈笑风生，倒是那位失态的官员羞愧地离开了席位。

数年之后，贵州水西一带，有一个叫安邦彦的匪首，自立为罗甸王，招兵买马，很快占据了贵阳以西的千里之地。朝廷又诏命秦良玉率白杆军入黔平乱，秦良玉义无反顾，很快就平定了叛乱，消灭了安邦彦，但为此也失去了弟弟秦民屏。

天启七年，明熹宗驾崩，明思宗入承大统。清兵趁朝廷改帝之机，由蒙古人做向导，从龙井关越过长城，直奔向通州，京师形势十分急迫。明朝廷再次诏令天下诸军镇边勤王，当然忘不了调遣上次抗清有功的女将军秦良玉。秦良玉接旨后，带领她的白杆兵，日夜兼程赶往京师，并拿出自己的全部家产作为军饷，以补朝廷因连年应战而造成的军需不足。

秦良玉的部队与清兵在京师外围相遇，还没来得及安营扎寨，就开始了全面进攻。年已55岁的秦良玉，手舞白杆长矛，好似瑞雪飞舞、梨花纷飘，锋刃所过之处，清兵不是人头落地就是手脚分家。所有白杆兵将士，无不以一当十，威猛如虎，打得清兵落荒而逃。很快，秦良玉接连收复了烁州、永平，解救了京城之围。明思宗听到捷报后，派特使携带大批赏赐前来犒军，并在平台召见了富有传奇色彩的女将军秦良玉。见过女将军后，明思宗感慨万千，写下了四首诗，夸赞她的功绩，并御笔亲誊，赐给了秦良玉：

学就四川作阵图，鸳鸯袖里握兵符；由来巾帼甘心受，何必将军是丈夫。

蜀锦征袍自剪成，桃花马上请长缨；世间多少奇男子，谁肯沙上万里行。

露宿风餐誓不辞，忍将鲜血代胭脂；凯歌马上清平曲，不是昭君出塞时。

凭将其帚扫匈奴，一片欢声动地呼；试看他年麟阁上，丹青先画美人图。

皇帝亲题的四首赞美诗，给予了秦良玉极高的评价，这实在是难得的殊荣，秦良玉叩谢圣恩后，班师回石柱。

又过了十来年，起义军张献忠进入四川一带，年过花甲的秦良玉再次披挂上阵，风采不减当年。她率领白杆兵，连战连捷，解除太平之围，扼反将罗汝才于巫山，斩叛帅东山虎于谭家坪，使张献忠的军队在川地吃尽了苦头。然而，由于川地屡经兵灾，府库空乏，损耗的兵力和粮饷无法补充，而起义军部队势力强大，潮水般涌进川蜀，在整个战局上，官兵是无法取胜的。秦玉良万般无奈，只有退保石柱一地。

这时京城已被李自成所率领的义军攻破，明思宗自缢于煤山，大明王朝在风雨飘摇中终于彻底倒塌，李自成入主京城，张献忠则想牢牢控制住川蜀，以作为自己的据点。张献忠东征西战，几乎囊括了全蜀，却对石柱弹丸之地无可奈何。已68岁高龄的秦良玉，带着她手下历经百战的白杆兵，不畏强暴，誓死抗拒，一直到张献忠败亡，起义军终没能踏入石柱半步。清顺治五年端阳节过后，75岁的秦良玉，在一次检阅过白杆兵后，刚刚迈下桃花马，身子突然一歪，安然离开了人世，结束了她驰骋疆场的豪迈生涯。秦良玉葬在石柱县东3公里处、龙河北岸的回龙寨（今石柱县大河乡鸭桩村），享年75岁。其墓碑题刻为："明上柱国光禄大夫镇守四川等处地方提督汉土官兵总兵官挂镇东将军印中军都督府左都督太子太保忠贞侯贞素秦夫人墓。"

## ❖ 读史话女人

秦良玉26岁时开始带兵打仗，一生多次率师远征，历经44年戎马生涯，足迹遍及长城内外，大江南北，为明朝建立了赫赫战功。作为历史人物的秦良玉，受其历史的局限，一方面忠君爱国，另一方面与农民起义军为敌。但"功则功之，过则过之"，"瑕不掩瑜"。终其一生，功大于过——这是著名政治家、历史学家、文学家郭沫若公正地对秦良玉一生作出的历史评价。

# 文成公主——最成功的和亲大使

## ❖ 名人档案

文成公主（约623—680），唐太宗养女。唐贞观年间，吐蕃赞普松赞干布派遣大相禄东赞为请婚使者，赴长安请婚，唐太宗以养女文成公主许嫁松赞干布。文成公主知书识理，博学多才，笃信佛教，兼通卜之学。入蕃时，除携带一尊释迦牟尼12岁等身像外，还携带了大量的中原物品。同时，中原地区的医药、历算、纺织、造纸、酿酒、制陶、碾磨等也都传入吐蕃；传说她还随带工匠5500人及谷物、牲畜。她对吐蕃经济、文化的发展和唐蕃关系的加强，起了很大的促进作用。去世以后，其事迹在藏族地区以戏剧、壁画、民歌、传说等形式广为流传，影响深远。

## ❖ 历史背景

唐贞观年间，吐蕃赞普松赞干布派遣大相禄东赞为请婚使者，赴长安请婚，唐太宗以养女文成公主许嫁松赞干布。并诏令礼部尚书江夏王李道宗为主婚使，持节护送文成公主入蕃。松赞干布率群臣亲自到河源附近柏海（今青海玛多县境）迎接文成公主一行，他以子婿之礼谒见江夏王李道宗，然后与公主一道同返逻些，并于玛布日山（今拉萨布达拉山）专建宫室安置公主，至今布达拉宫尚保存有他们成婚洞房的遗址。

永徽元年（650）松赞干布卒后，她继续在吐蕃生活了30年，教吐蕃妇女纺织、刺绣，深受吐蕃人民的敬爱。

❖ **生平大事记**

## 和亲路上的功臣

1300多年前的唐太宗时期，文成公主离开繁华的都城长安（今陕西西安西北），西行约3000公里，历经千难万险，来到雪域高原，与吐蕃王松赞干布和亲。这是友好和亲的典范。在文成公主的影响下，汉藏两族的友谊有了长足的发展，开创了唐蕃交好的新时代。中国历史上，有不少以公主或宗室女下嫁蕃邦国王和亲的事例，但松赞干布和文成公主的事迹在汉藏民间最广为流传。把文成公主誉为最成功的和亲大使实不为过。

7世纪初，中原地区经过数年的战争，李渊（唐高祖）、李世民（唐太宗）父子以长安为都城建立了中国历史上空前的大唐帝国，其国势非常强盛，成为当时东亚地区文明的中心，对周边民族部落产生了强烈的影响，许多民族部落纷纷与唐朝修好，或称臣内附，或纳贡请封，促进了汉族与其他少数民族的交流。唐太宗贞观八年（634），松赞干布即位为吐蕃（藏族的祖先）赞普（国王），年仅13岁的他依靠论科耳、尚囊等辅臣，讨伐叛乱，统一吐蕃。当唐帝国称霸中原时，松赞干布也已称雄雪域高原，完成了对一些小国的兼并，定都逻些（今西藏自治区拉萨），建立了统一的吐蕃王朝，并积极谋求与唐朝建立密切关系。从公元634年始，他两次派能言善辩、聪明机智的大相禄东赞出使长安，向唐皇求亲（有关禄东赞出使长安的传说，以及他运用聪明才智，勘破了唐皇设的一道道难题，终于为松赞干布娶回了美丽善良的文成公主的故事，在藏族民间故事中有许多记载）。

公元641元，唐太宗经过一番考虑，决定答应吐蕃的请求。于是，他命人在宫中选定了一个通晓诗书的宗室之女，封她为文成公主。文成公主原是唐太宗一个远亲李姓侯王的女儿，人长得端庄丰满，自幼饱读诗书，她虽然对遥远的吐蕃心存疑虑，却又充满了新奇的向往，因而也就应允了。经过两个多月的准备，贞观十五年隆冬，一支庞大的送亲队伍，在礼部尚书江夏郡王李道宗的率领下，护送文成公主前往吐蕃和亲。

之所以在隆冬季节出发，是因为由长安经陇南、青海到西藏有一个多月的路程，沿途要经过几条湍急的大河，隆冬季节河水平缓，便于送亲的队伍通过。这支队伍，除了携带着丰盛的嫁妆外，还带有大量的书籍、乐器、绢帛和粮食种子；成员除文成公主陪嫁的侍女外，还有一批文士、乐师和农技人员。

与此同时，松赞干布多年的夙愿得以实现，十分高兴，亲自率军远行至柏海（今青海玛多县境）迎候。在离黄河源头不太远的扎陵湖和鄂陵湖畔，松赞干布建起"柏海行馆"，一对异族夫妇便在这美丽的地方，举行了他们的婚礼。

松赞干布和文成公主行至玉树（在今青海省）时，看到那里景色优美，气候宜人，而且长途跋涉，需要休息，便在一条山谷里住了一个月。文成公主闲暇时，拿出父皇送给她的谷物种子和菜子与工匠一起向玉树人传授种植的方法和磨面、酿酒等技术。玉树人非常感激文成公主，当公主要离开继续向拉萨出发时，他们都依依不舍。当地的藏民还保留了她的帐篷遗址，把她的作为和相貌都刻在石头上，年年膜拜。公元710年，唐中宗时，唐室的又一名公主金城公主也远嫁藏王，路过这里时，为文成公主修了一座庙，赐名为"文成公主庙"。

文成公主安抵拉萨时，人们载歌载舞，欢腾雀跃，欢迎她的到来。当时，唐朝佛教盛行，而藏地无佛。文成公主是一位虔诚的佛教徒，她携带了佛塔、经书和佛像入蕃，决意建寺弘佛。她让山羊背土填卧塘，建成了"大昭寺"。大昭寺建成后，文成公主与松赞干布亲自到庙门外栽插柳树，成为后世著名的"唐柳"。著名的"甥舅同盟碑"，也称"长庆会盟碑"就立在唐柳旁。现在大昭寺大殿正中供奉着的一尊释迦牟尼塑像，也是文成公主当年从长安请来的。大殿两侧的配殿内，有松赞干布、文成公主的塑像，十分精美生动。只是他们脸上因布施献金的人太多，而绽开了金皮疙瘩。

后来，文成公主又修建了小昭寺。从此，佛教慢慢开始在西藏流传。文成公主还对拉萨四周的山分别以妙莲、宝伞、右施海螺、金刚、胜利幢、宝瓶、金鱼等八宝命名，这些山名一直沿用至今。

文成公主一方面弘传佛教，为藏民祈福消灾，同时，还拿出五谷种子及菜子，教人们种植。玉米、土豆、蚕豆、油菜能够适应高原气候，生长良好，而小麦却不断变种，最后长成藏族人喜欢的青稞。文成公主还带来了车舆、马、骡、骆驼以及有关生产技术和医学著作，促进了吐蕃的社会进步。

松赞干布非常喜欢贤淑多才的文成公主，专门为公主修筑的布达拉宫，共有1000间宫室，富丽壮观，其经过17世纪的两次扩建，形成现在的规模。布达拉宫主楼13层，高117米，占地面积36万余平方米，气势磅礴。布达拉宫中保存有大量内容丰富的壁画，其中就有唐太宗五难吐蕃婚使禄东赞的故事，以及文成公主进藏一路遇到的艰难险阻，抵达拉萨时受到热烈欢迎的场面等。这些壁画构图精巧，人物栩栩如生，色彩鲜艳。布达拉宫的吐蕃遗址后面还有松赞干布当年修身静坐之室，四壁陈列着松赞干布、文成公主、禄东赞等的彩色塑像。

松赞干布迎娶文成公主后，中原与吐蕃之间关系极为友好，此后200多年间，很少有战事，使臣和商人频繁往来。松赞干布十分倾慕中原文化，他脱掉毡裘，改穿绢绮，并派吐蕃贵族子弟到长安国学读书。唐朝也不断派出各类工匠到吐蕃传授各种技术。

## 汉藏关系，持续发展

公元648年，唐太宗派长史王玄策出使吐蕃，一方面和洽两国关系，另一方面也是去看望远嫁的文成公主。王玄策率出使队伍带着大批绢帛文物上路，途经天竺国时，不幸遭到天竺人的抢掠，除了王玄策带着少量人马逃出外，大部分人马及物品全都被抢去。王玄策狼狈地抵达吐蕃，拜见了松赞干布并说明了遭劫的情况，松赞干布认为天竺国是有意挑衅、破坏他与大唐的关系，于是派遣大军讨伐天竺，捣毁了他们的都城，俘虏了天竺王子，还缴获了大批牲畜，救回了唐朝使节随从人员，算是替大唐使节出了一口气。

公元649年，唐太宗李世民驾崩，太子李治嗣位为唐高宗后，遣使入蕃告哀，授松赞干布为附马都尉，封西海郡王，并且派特使送去大量的金银、绢帛、诗书、谷种，并特为文成公主送去了饰物和化妆品，以嘉勉她和亲抚蕃的功德。松赞干布因之上书谢恩，并忠心地表示："天子初即位，若臣下有不忠之心者，当勤兵赴国征讨。"并献上珠宝25种，请代置太宗灵前，以表哀思。唐高宗对松赞干布的忠心十分感动，又晋封他为宾王，更赐彩帛3000段，并刻了他的石像列在唐太宗的昭陵前，以示褒奖。吐蕃使者到长安后大开眼界，趁唐高宗高兴之机，向他请求赐给造酒、碾米和制造纸笔墨砚的技术，唐高宗都一一答应了。大唐王朝与吐蕃的关系，在文成公主联络的基础上，至此已到了水乳交融的顶峰。

## 和亲及其主角的贡献和意义

当然,唐太宗之所以和亲吐蕃,千方百计地对其从经济和文化上予以协助,是出于加强对吐蕃的笼络,保证大唐西南边陲的稳定,使吐蕃感激和追随大唐这一政治目的。文成公主实际上就是肩负着这项和睦邦交的政治任务而远嫁,那支送亲的队伍也是前去协助公主完成这项使命的。但是,在松赞干布与文成公主努力推行改革下,吐蕃在军事、政治、经济、文化等各个方面,都取得了突飞猛进的发展,成为名副其实的西域霸主,而这一切正是汉藏和亲带来的政治共赢,是双方乐见的好事。

汉藏和亲的男主角松赞干布,雄才大略,一统西藏,促进了吐蕃政治、经济、文化的发展,加强了藏族与汉族的亲密关系,为中国这个统一的多民族国家的历史发展做出了杰出贡献。而女主角文成公主知书达理,不避艰险,远嫁吐蕃,为促进唐蕃间经济文化的交流,增进汉藏两族人民亲密、友好、合作的关系,做出了历史性的贡献。她死后,吐蕃人到处为她立庙设祠,以表纪念。一些随她前来的文士工匠也一直受到丰厚的礼遇,他们死后,也纷纷陪葬在文成公主墓的两侧。至今文成公主和这些友好使者,仍被西藏人民视为神明。

❖ **读史话女人**

女人常常被喻为水,那么文成公主则是水的另一种状态。她应该是西域高原上最纯净、最透明的雪或冰凌,默默地闪烁着太阳与星月的夺目光辉,无私、温暖如永恒不灭的明灯。

## 萧绰——大辽女英雄

### ❖ 名人档案

萧绰，小字燕燕，契丹族。北府宰相萧思温之女，辽景宗耶律贤的皇后，历史上被称为"承天太后"她摄政27年，对辽代的有效统治达40年，不仅扭转了穆宗时代混乱衰败的局面，逐步稳固了圣宗的统治，而且国势昌运，国力强盛。这一时期，是辽朝在它统治中原的200余年间最为鼎盛的辉煌时期。

### ❖ 历史背景

保宁元年（969），萧绰选为景宗耶律贤贵妃，不久册立为皇后。时景宗体弱多病，常不临朝，绰则协助皇帝处理军政大事。乾亨四年（982）景宗崩，长子耶律隆绪12岁即位，是为辽圣宗。萧绰临朝称制，总摄军国大事，授尊号承天皇太后。临朝期间，设置契丹"宫卫"，组建契丹骑兵，重用辅佐大臣汉官韩德让，严肃吏治，唯才是用，并在辽国首次开科取士。她经常"亲决滞狱"，制定新法，解放奴隶。

统和二十二年（公元1004与北宋签订了著名的"檀渊之盟"，使宋、辽边境出现百余年的安定。

辽统和二十七年（公元1009年）卒，死后谥为圣神宣献皇后，辽兴宗重熙二十一年（1052），更号为睿智皇后。

### ❖ 生平大事记

## 辅佐夫子总揽朝政

萧绰的父亲萧思温,是"断腕太后"述律平的族侄,母亲则是辽太宗耶律德光的女儿燕国公主耶律吕不古。据说,萧绰的小名"燕燕",就来源于母亲的封号。而当时的北宋王朝则称她为"雅雅克"。

保宁六年(969)二月,辽穆宗带着萧思温等亲信大臣前往黑山(今内蒙古巴林右旗岗根苏木境)打猎时,被不堪忍受虐待的侍役们刺杀。在萧思温的秘密通报下,辽世宗耶律阮的次子耶律贤抢得先机,率亲信奔赴黑山,旋即登基,是为辽景宗。为了表示感激拥立之情,景宗一回到上京,就晋封萧思温为北院枢密使、北府宰相、尚书令、魏王,并且征召他的女儿入宫。

萧思温和燕国公主一共有三个女儿,而景宗所选中的,则是最小的老三萧绰。这时的萧绰只有16岁,但早慧聪明,美丽动人,耶律贤也慕名已久。据说,在三姐妹小的时候,萧思温曾经让她们一起打扫房舍。两个姐姐都只是草草应付了事,只有萧绰一丝不苟地完成了父亲交代的任务。萧思温因此对小女儿格外看重:"此女必定成家。"说萧绰将能出人头地、振兴萧家。果然,萧绰三月刚进宫,就被封为贵妃,仅仅过了两个月,就在五月被正式册封为皇后了。

然而危机随之而来。此时的萧思温身份不凡,不但是朝中重臣、当朝国丈,而且继小女儿成为当朝皇后之后,他的长女嫁给太宗次子,次女嫁给辽太祖耶律阿保机三子"钦顺皇帝"李胡之子赵王喜隐。而这两位女婿都有极近的皇位继承权。萧思温几乎位及人臣。与此同时,南院枢密使高勋和飞龙使女里,都是景宗做王爷时的亲信,他们对萧思温报个信就居然能加官晋爵、女儿封后并通过女儿执掌全部朝政，内心妒恨交加。保宁二年（970）五月，景宗前往闾山（辽宁阜新）行猎，萧思温随行。高勋和女里合谋指使萧思温的同族人前去行刺，萧思温猝不及防，一命归西。父亲的死，使年仅17岁的小皇后萧绰受到了极大的刺激，如此残酷的权力斗争使她的政治手腕迅速地成熟起来。没有了父亲的帮助，却有丈夫的支持，她开始发挥自己的才干，协助景宗治理国家。

当时的辽国，经过了昏君穆宗19年的残暴治理之后，国势已日渐衰微。景宗非常想励精图治，将国家扶上中兴之路，然而他的身体使他力不从心。于是他将希望寄托在了聪慧过人的皇后身上。萧绰开始代替景宗治理国家、推行全面的改革。在景宗的支持下，她得到了尽显才能的机会，也由此得到了群臣由衷地钦佩。

保宁四年（972）十二月，19岁的萧绰在治理国家的同时，为辽景宗生下了长子耶律隆绪。景宗后继有人，对萧绰更是宠爱无比。景宗对萧绰几乎可以算是专宠，在他们14年的夫妻生活里，萧绰不但几乎全权掌握了景宗朝的军政大事，而且还一共为景宗生下了4子3女共计7个孩子。在萧绰的努力下，辽国对外的军事日渐强盛，对内的政局经济也步入正轨。辽景宗耶律贤对皇后萧绰的才干也已经非常了解，为了对妻子几年来的辛劳表示回报，他将一个皇帝所能给予的最高嘉许给了自己的皇后。保宁八年（976）二月，辽景宗传谕史馆学士——此后凡记录皇后之言，"亦称'朕'暨'予'，"并"着为定式"。这就是说，景宗将妻子的地位升到与自己等同的程度，并且将此写入法令，使得萧绰实际上成为大辽国的女皇。

乾亨四年（982）九月，35岁的辽景宗在出猎途中，病卒于云州（山西大同）焦山行宫。临终之时他留下遗诏："梁王隆绪嗣位，军国大事听皇后命。"这道遗诏无可争辩地将辽国交到了当时年仅29岁的皇后萧绰手里。

这时的萧绰虽然已经在事实上治理了辽国13年，但是饱读史书的她非常了解辽国从前历次改朝换代的惊险过程，面对自己年仅12岁的长子隆绪，摄理国政的她首先想到的是主少国疑，宗室亲王势力雄厚，局势易变。她通过感情笼络重臣耶律斜轸和韩德让等，得到他们的忠心支持。于是，萧绰顺利地完成了景宗去世后的朝政布局：战功赫赫的于越耶律休哥为南京留守，总管南面军事，加强边防；娶了萧绰侄女的耶律斜轸为北院枢密使，管理内政事务尤其是严管贵族；与此同时，采纳南院枢密使韩德让的建议，对宗室亲王颁布命令："诸王归第，不得私相燕会"，分隔开后再各个击破，使他们失去兵权，解决了内部夺位的一大隐忧。

　　解决了后顾之忧的萧绰，开始以"皇太后"的身份放手治理国家。多年的历练早已使她对驾驭臣下的帝王之术操控自如。虽然宗室们仍然有些不轨之心，但朝中各族臣工都对这位年轻太后"明达治道，闻善必从，兼习知军政"的才能钦佩得五体投地，萧绰因此而达到治下臣工"多得其死力"的忠心。

## 改变旧俗，重建新制

　　统治期间，萧绰对辽国的制度和风俗进行了一系列大刀阔斧的改革。这些改革包括奖励农耕、倡导廉洁、治理冤狱、解放部分奴隶、重组部族等，不但将辽国从奴隶制国家进一步向封建制转化，而且更重要的是改善了契丹族与汉族之间的关系。萧绰对不利于国家发展的法律都进行了更改，多达十余条。规定只要是辽国子民，无论是契丹族还是汉族，都一律平等对待，在法律上都负相同的责任。除了民族对立，辽国的旧律也使阶层之间日益对立，特权阶级违犯法律、损害百姓利益，往往都能逃过追查——事实上，这一点北宋王朝也无法避免——但萧绰却严格地执行了"王子犯法,与庶民同罪"的方针,保护了百姓的利益。为了检讨从前执法的缺陷,萧绰制定了"上诉"制度,允许自觉冤屈或量刑过重的百姓直接到御史台告状。她派专人巡查各地,清理陈年旧案,洗雪冤屈,如有需要她甚至还亲自决狱。除了"宜宽法律",萧绰对一些证据确凿的罪犯也给予了相对人性化的处理方法。例如,在旧律中,死刑执行后,犯人的尸体要示众三日。萧绰则下令执行后的次日一早就可以由死囚家属收殓。再有,即使是主人,也不可以擅杀奴婢,即使奴婢确实犯下过失,也必须交由公堂,由他人审决。皇族贵戚耶律国留将出逃的奴仆杀死,萧绰知道后便将国留处斩。

萧绰在修订法律时,所做的最令人称道的决定莫过于废除"连坐"之条。统和初年,北院宣徽使耶律阿没里向萧绰进谏,认为"连坐"之法过于残忍,害及无辜,希望能够免除这条恶法。萧绰立即采纳,并载入律书。统和六年(988),萧绰还在辽国实行科举制度,为平民能够发挥才干、跻身上层社会开了一条道路。所有的这一切,都使辽国逐渐吏治清明、社会稳定。

辽景宗死后三个月,挞剌干乃万十多灌了几盅酒,醉醺醺地胡说八道,对人大说宫掖隐事,炫耀自己是个万事通。按照从前的规矩,乃万十是死定了,但是萧绰只是将他打了一顿板子而已。部民不慎失火,以至于烧到了辽国圣地木叶山,本来也是死罪,但萧绰也仅给一顿板子。她并不认为一点闲言闲语或无心之失就该夺人性命。

萧绰的所作所为使辽国上下都心服口服。除了内政,由于萧绰任人得宜,使辽国的军事实力方面也有了相当的增强。她对将士奖罚分明,进行军事整饬,一扫从前的颓败之势,士气大振。据辽史《刑法志》记载,自萧绰变革之后,辽国"国无幸民,纲纪修举,吏多奉职,人重犯法"。"统和中,南京及易、平二州以狱空闻",辽国内政呈现一片兴旺的景象。

## 定澶渊之盟立南北对峙

辽宋两国之间，有一个解不开的死结，那就是后晋年间石敬瑭割让给辽国的燕云十六州。这片土地不但人口密集、经济发达、范围辽阔，且是交通枢纽、战略要地，辽国绝不愿退出，而宋朝也不甘心放弃。虽然彼此都知道终不免一战，但一时倒都还没有立即挑起战端的想法。然而，当雄州（河北雄县）知州贺令图及其父岳州刺史贺怀浦等人听说了萧太后执掌辽政之后，联同文思使薛继昭等人相继向宋太宗进言，认为正是对辽用兵的大好时机。于是，在宋太宗雍熙三年（辽统和四年，公元986）三月，宋太宗置辽国已对宋做好全面准备并积累了大批骏马粮草的情形于不顾，就对辽国发动了大规模的"雍熙北伐"。

萧绰以耶律休哥抵御东路宋军曹彬一路，又以耶律斜轸抵御西路宋军潘美、杨业一路，自己则亲自带着韩德让和儿子辽圣宗赶到南京，与耶律休哥协同作战。五月，萧绰亲披戎装上阵，一面率兵在正面与曹彬对阵，一面派耶律休哥包抄宋军后路，阻断水源粮道。终于在五月形成夹攻之势，使得宋军转胜为败，死伤惨竟致于使易州之东的沙河被尸体所堵塞。曹彬所部的大败，影响到原本一路取胜的另外两路宋军。萧绰因此得以腾出兵力，转向西路宋军。辽帝和太后亲征大胜的消息，极大地鼓舞了辽军的士气，而宋太宗连忙下令全线撤退。撤退的消息则更影响了宋军的士气，使西路军一路连吃败仗。最终，辽军取得了这场战争的胜利。

雁云大捷是宋辽之间具有转折意义的一场大战役，从此以后，辽国改被动为主动，而宋朝却改主动为被动，对辽国多以抵御为主，战略进攻变成了战略防守。辽国从此占了上风，成为压在宋朝头上的角色。自雁云大捷后，萧绰更进一步经略军事，在实力雄厚之后，她开始主动地向宋朝挑战，甚至多次亲自披挂上阵，跃马疆场。在所有的战事中，她几乎都能取得胜利，成为威名远扬的一员女将。辽国的声势也在她的一次次旗开得胜中扶摇直上，党项、女真等周边部族国家都纷纷向辽国称臣纳贡。

辽圣宗统和二十二年（宋真宗景德元年，公元1004）深秋闰九月，萧绰领着辽圣宗耶律隆绪、韩德让，率20万辽国精锐部队南征大宋。在萧绰合宜的战略安排、也在太后皇帝亲征的鼓舞下，辽军势如破竹，两个月的工夫，就一直攻到了檀州（今河南濮阳），距北宋都城开封仅一河之隔。消息传到开封，北宋朝廷一片混乱，主和者有之，主张弃都南迁者亦有之，唯有宰相寇准坚持请求宋真宗御驾亲征、激励士气。果然，当宋真宗的车驾出现在檀州前线时，士兵高呼"万岁"连延不绝，声震数十里，人人同仇敌忾、个个视死如归，很快就集结起数十万之多的援军与辽军对抗。

萧绰审时度势，又加上韩德让的劝告权衡，决定阵前议和。经过谈判，双方约定：宋辽约为兄弟之国，辽圣宗耶律隆绪称宋真宗赵恒为兄，赵恒则称皇太后为叔母。维持宋辽之间旧有的疆界。同时北宋朝廷每年向辽国进贡30万金帛。檀渊之盟签订之后，在当时中国的版图上正式形成了辽宋南北对峙的局面，并以法律的形式承认了幽云十六州属于辽国，双方结束了为此多年不息的争战，进入了长达百余年的相对和平时期。这使得萧绰的功业更为辽人所景仰。即使在宋朝，她也成为一个传奇。就在这一年，辽圣宗再一次为母亲加进尊号，使萧绰的尊号从统和元年的"承天皇太后"、统和二十四年的"睿德神略应运启化承天皇太后"，一直加到了"睿德神略应运启化法道仁洪圣武开统承天皇太后"。

## 可悲于亲情，可贵于爱情

16岁的萧绰入宫之后，辽景宗为了笼络比自己更有资格问津帝位的辽太宗次子齐王笔撒葛，将萧绰的大姐萧胡辇嫁给他为王妃。然而出嫁后的萧胡辇嫁鸡随鸡，转而为丈夫愤愤不平。下嫁不久，齐王便在景宗保宁四年的闰二月死去，被追封为皇太叔。寡居的萧胡辇因此成了皇太妃。当耶律隆绪即位之后，萧胡辇在相当长的一段时间内还是表现的与萧绰姐妹情深。和妹妹一样，萧胡辇能征善战，敢爱敢恨。

辽圣宗统和十二年（994）八月，萧胡辇以"皇太妃"的身份率三万兵马屯驻西北，平定西北边境，并于十五年三月大捷。也就在这个地方，萧胡辇在巡视马场时对一名相貌俊美的奴隶挞览阿钵一见钟情，立即召之侍寝。萧绰得知这个消息，不禁大怒，她并不反对萧胡辇再嫁，但认为堂堂皇太叔正妃不能与奴隶交好，立即将挞览阿钵施以刑罚，赶往远方。挞览阿钵离开之后，萧胡辇空闺寂寞，郁郁寡欢，一年后她终于忍不住向萧绰提出请求，定要嫁给挞览阿钵。萧绰这时气头已过，想想自己确实对姐姐不够体谅，便答应了她的要求，为使两人匹配，还将挞览阿钵封为将军，并令他带兵西征糙鞋为国立功，以平国人之口。

然而姐妹之间的感情，至此却已完全破裂。萧胡辇对萧绰多年来妒恨交加，挞览阿钵更对那一场痛打牢记在心，经过一些时间的经营，萧胡辇决定为前夫报仇、为后夫出气，谋夺萧绰母子的地位。他们于是计划带着自己的党羽，从原本由自己把守的西北边境出逃，与骨历札国联合举兵谋反。然而消息很快就走漏出去，萧绰闻讯，立即先发制人，于统和二十四年五月将萧胡辇夫妇一举擒拿，先后囚禁在幽州和怀州两地，并于次年六月将二人赐死，其余主要党羽被活埋。

除了萧胡辇，萧绰的二姐、赵王喜隐之妃也对萧绰妒恨入骨。由于景宗朝的内外政务，都决定于皇后萧绰一人之手，在嫁给喜隐之后赵王妃全力支持丈夫的谋反大业。谁知老天不佑，喜隐虽有锲而不舍的毅力，却屡叛屡败，终于使自己饶无可饶，于辽景宗乾亨四年七月被赐死。赵王妃因此对自己的妹妹更加刻骨痛恨。后来她试图以宴饮为名毒死萧绰，却被婢女告发。萧绰终于对二姐"以其人之道，还治其人之身"，用毒酒鸩杀。

萧氏三姐妹留在史书上的记载，都让人深刻感受到她们的狠辣，尤其是她们的政治才干和军事天分之高，更让人难以忘却。三姐妹没有一个无能之辈，只有出色与更出色的分别。

除了两个姐姐与自己不齐心之外，萧绰的三女婿萧恒德也让她伤心透顶。萧恒德本来也是一位能征善战的将军，为辽国立下了不少功劳，他作战之时身先士卒，非常英勇，还因此负过重伤。然而就在统和十四年（996），萧恒德却做了一件蠢事。这一年，越国公主延寿女因为生育而患病，心疼女儿的萧绰便将自己宫中的女官贤释派去侍候。谁知萧恒德竟然见色起意，不等妻子病好便迫不及待地与贤释勾搭成奸，甚至于当着公主的面也眉来眼去。越国公主被气得病势越发沉重，终于不治身亡。萧太后在得知女儿不治的底细之后，顿时怒不可遏，一面将女儿出生未满月的儿子养在自己身边，一面立马将萧恒德赐死，为公主殉葬。

在家事国事的纷扰中，其他儿女还是使萧绰足以安慰的。他们对长辈都发自内心的敬爱，一切都遵照萧绰的心愿。同时，萧绰身边还有一位忠心的亲信重臣，他开创了历经辽朝九帝200余年长盛的汉族第一显贵家族的历史，他就是汉族官员韩德让。韩德让在辽景宗时期一直做到南院枢密使，以其"厚重有智略，明治体"而在朝堂内外享有盛誉。景宗死时，韩德让的忠心和才干得到了进一步的展现，他不但为太后和幼主出了一个辖治宗室的绝妙计策，还"领宿卫事"，直接负责他们的安全。这时的太后萧绰还不到30岁，正是女人成熟丰艳的年纪。治国时下手无情的她对于韩德让这位身份特殊的大臣，却表现出了与众不同的儿女情意。在萧绰的授权下，他总领禁军，负责京师宿卫。此后，韩德让出入宫帐，与萧绰情同夫妻，毫不避忌。

统和六年九月的一天，萧绰一反从前在皇宫中宴请皇亲众臣的惯例，在韩德让的帐室中大宴群臣，并且对众人厚加赏赐，并"命众臣分朋双陆以尽欢"。面对这样一场以韩德让萧绰为主人的大宴，所有的人都心知肚明：萧绰正式表示下嫁韩德让。对于韩德让的"继父"身份，辽圣宗耶律隆绪不但毫无反感，而且还对韩德让有着发自内心的尊敬和父子般的感情。韩德让也没有辜负萧绰的信任和爱慕，终其一生，他都对萧绰忠心不贰,殚精竭虑地为辽国的振兴发展尽力。

享受着儿女孝顺、丈夫恩爱的承天皇太后萧绰在统和二十七年(公元1009)的十一月为儿子举行了契丹传统的"柴册礼",将皇权交还给了耶律隆绪,决定从此结束她在辽景宗、辽圣宗年间整整40年有余的"摄政女皇"生涯,去南京(今北京)安享晚年。不幸的是,就在南行的途中,萧绰染上了疾病,十二月初,她逝于行宫,终年57岁。萧绰的死使辽圣宗耶律隆绪悲哀异常,他寝食俱废,一直哭到呕血,并为母亲上谥号为"圣神宣献皇后",隆重安葬于辽干陵。

萧绰之死对晚年的韩德让来说更是沉重的打击。他从此抑郁寡欢,一年后便重病不起。耶律隆绪和皇后萧菩萨哥每天执子媳礼为他侍奉汤药,却仍然回天乏术。统和二十九年(1011)三月初,韩德让与世长辞,享年71岁。辽圣宗耶律隆绪为继父举行了隆重的葬礼,一切规制都与母亲一样。他亲自拉着韩德让的灵车送出百步之远,并且为他服丧,随后将他安葬在母亲的身边。

## ❖ 读史话女人

中国历史上的后妃数不胜数,然而通观下来,只有萧绰不但建功立业,彪炳史册,而且还作为一个女人,真正享有完整的人生。正式登上政治舞台之初,她面临的是母寡子弱,族不雄强,边防未靖的艰难局面。她处变不惊,沉着果断,在皇权受到威胁之时,毫不犹豫牺牲,亲手鸩杀了大姐、二姐。她同时广揽人才,在韩德让等蕃汉臣僚的辅佐下,顺应历史趋势,仿效中原王朝的统治方法进行了一系列改革,把辽朝国力推向了鼎盛。在大力整饬内政之际,萧绰又腾出手来东征高丽,迫使其称臣纳贡;西讨阻卜,降服其众;挥师南下,活捉杨业,签订"澶渊之盟",结束宋辽双方的长期战争,大振辽王朝雄风。萧绰不仅是中国历史上少有的以战功卓绝著称的皇后,而且也是推进契丹社会经济发展进步的女政治家、军事家。

# 母鸡啼,国必亡——乱政篇

红颜祸国,倾覆一代王朝,历史在她们面前拐了一个弯。朝政的兴亡,难道真的一切皆因女人?中国历史上有几个朝代的灭亡,都归罪于美女,把美女当做祸国殃民的红颜祸水,果真是这样吗?事实一再证明,女人们在历史兴衰、王朝更迭面前承担了过重的罪名。

# 妺喜——红颜祸水的夏朝女人

## ❖ 名人档案

妺喜，又作末喜，是夏朝第十七位君主履癸的王妃。妺非"妹妹"之"妹"。有诗称赞妺喜的美丽："有施妺喜，眉目清兮。妆霓彩衣，袅娜飞兮。晶莹雨露，人之怜兮。"

## ❖ 历史背景

古人对美色评头论足的不少，感情上趋之若鹜，正如孔圣人所说："吾未见好德如好色者也。"但在理智上却又避之犹恐不及，大有"贪吃又怕烫嘴"的矛盾心理。何以如此？因为古人的女性观中，有"祸水"之说。女子，特别是美女，乃祸水也。究其渊源，大概是孔夫子的"唯小人与女子难养也"，女人只配与小人相提并论，其德、其能、其言、其行，自然就是属于下等的了，不会成人之美，只会成人之恶。

"祸水"一词，最早出现在《飞燕外传》中，但如果为中国历史上祸国乱政的"祸水"们按顺序排名造册的话，这排在第一位的大概便是夏桀之后妺喜。

## ❖ 生平大事记

## 求和美女，恃宠而骄

夏朝是中国奴隶制社会的形成时期，也是帝王从禅让制变为世袭制的第一个朝代。夏朝从公元前21世纪到公元前16世纪，共有17个王。可是，当夏朝五百年的江山传到夏桀手中时，夏桀却荒淫残暴，终于导致国败身亡的下场。

传说中的夏桀是个大力士，能空手拉直铁钩。此外，他还有过人的智慧和胆识，曾经潜入水中征服蛟龙，并且赤手空拳与老虎搏斗。可惜的是，他将聪明才智都用在暴虐和享乐上，因而成为夏朝的亡国之君，臭名远扬。

他为政残暴，对内横征暴敛，对外滥施征伐，勒索小邦。他即位后的第33年，发兵征伐有施氏（今山东省滕州市）。有施氏是个弱国，根本不是夏桀的对手。有施氏只能努力求和，献上许多金银珠宝，并特地选出国内的头号美人送给夏桀，她就是妹喜。夏桀一见到妹喜美貌无双真是心花怒放，当即撤兵。

夏桀得到妹喜，如获至宝，对她宠爱无比，再也顾不上朝政了。他觉得以前的所有宫室，都不配妹喜居住。于是，他大量招募民夫，修建高大宫室，算得上是那个时代的"摩天大楼"了，它高得好像要倒下来，所以名为倾宫。宫里有琼室瑶台，象牙嵌的走廊，白玉雕的床榻，一切奢华无比，只恐不合妹喜的心意。妹喜来自小邦穷国，从未享用过如此奢华的物品，岂有不欢喜之理？她摸准了夏桀的脉门，只要她提出来，夏桀是什么要求都会应允的，于是她时时想出新花样，一味撺掇他浪费财力。

倾宫落成那天，宫里大摆宴席，不少舞女在酒席宴前跳舞助兴。夏桀满以为妹喜会笑逐颜开，十分开心，可是扭头一看，妹喜好像并不畅快，他忙问其中原委。妹喜说："今天本是大喜之日，可是那些舞女容貌平平，服装杂乱，实在叫人扫兴。依我看，倒不如挑些年轻貌美的少女，穿了五彩绣花的衣服，舞起来方才好看，并且要有三千人同时歌舞才能显出太平盛世！"夏桀听了，当即传旨派曹触龙按户去挑年轻貌美的少女来充当舞女，命于辛派百姓刺绣舞衣，预备给舞女穿，限期交纳。这曹触龙、于辛都是善于献媚取宠的小人，得到这样的美差，就趁势作恶，大肆搜刮。选齐三千美女后，派了乐工教练歌舞，又待了一个月，曹触龙奏报三千舞女已训练完毕。夏桀忙命送进倾宫。

夏桀和妹喜坐在倾宫楼上，倚着栏杆，往下看去，只见一队队舞女分别穿着五彩绣衣，鱼贯走进宫门。先行的百名少女一色大红绣衣，翠蓝的飘带，头上梳着双髻，插着凤凰玉钗，冉冉走来。这一百名过后，后面跟进的是娇黄绣衣，系着朱红飘带的一百名少女，再后面又是身着翠绿舞衣的一百名少女，络绎不绝地涌进。后面的队伍水红色、细桃色、杏黄色、雪白色、天蓝色、浓绿色，真是重重叠叠，五彩缤纷，一霎时分花拂柳，挤满了整个花园。个个都是脸似芙蓉，腰如杨柳，按着服色齐齐整整地排列着，就好像织成的五色锦毯一般，纹丝不乱。这场面把夏桀和妹喜乐得真不知如何是好。忽然一声鼓响，随着悦耳的音乐，三千美女各个回转纤腰，舞了起来。一时红飞绿舞，翠动珠摇，各种颜色的舞队错综变化，互相穿插纠缠，犹如千万只彩蝶纷飞竞舞，忽东忽西，真是令人目不暇接，眼花缭乱。

## 酒池肉林，纵情声色

当舞曲终了时，夏桀传令赐美女每人一杯美酒。左右宫奴奉命，连忙执瓶捧杯，赐给各舞女美酒。

因为中断时间较长，妹喜有些不耐烦了，便说："现在舞女三千，要是一个一个赐酒赐食，恐怕太阳偏西也轮不完，弄得歌舞也看不成。我倒有个主意，挖一个酒池，周围用肉堆成假山，并且悬挂肉片为林，让这些舞妓们自己享用，不比这般耽搁时间强得多吗？"夏桀一听大喜，说道："你真是聪明盖世，会想出这等高招"，当即把任务落实给曹、于二位奸臣。

曹、于二位奸臣不敢怠慢，他们先挖掘了一个又长又大的池，将泥土堆在池旁，成了一座小山，山上种了树林。池底铺满鹅卵石，然后灌满美酒作为池水。山上先用绿色的帛铺好，作为草地，把熟肉做成肉脯挂在树上，好像累累果实。又造了一叶轻巧的小舟，以备夏桀和妹喜乘坐。

"酒池肉林"的浩大工程很快就完工了。夏桀和妹喜一见酒池肉林做得如此精致，而且酒香四溢，肉香扑鼻，满心欢喜。从此以后，夏桀每天便拥着妹喜，乘坐龙船在池中泛舟。三千美女围在池的四周，歌舞不休。舞蹈间歇时，击鼓一声，诸美女纷纷走向池边，低头像牛喝水一般地饮酒，接着又去肉林摘肉吃，嬉笑喧闹声不绝于耳。有些舞妓由于太过疲劳，在听到鼓声，俯身到池边喝酒时，不慎跌入池中溺死。见到这种情形，夏桀和妹喜两人便相视而笑。他们在船上左顾右盼，好像进入众香国中，万花竞秀，目不暇接，不觉流连忘返，歌了又歌，舞了又舞。

久而久之，美女的舞衣沾上酒痕肉渍，不免污旧，便令再做新的。

有一天，妹喜又突发奇想，她告诉夏桀说："撕绢的声音清脆悦耳，我很想听听。"夏桀一听，立刻命令老百姓每天进贡一百匹帛，叫力气大的宫女一一撕裂，而妹喜则斜卧在椅上，闭着眼睛悠然地欣赏那"撕裂"声的刺激。

## 祸国殃民，万民唾弃

夏桀每天挥霍无度，原来充盈的国库逐渐空虚。他为了弥补这些亏空，便不断地征讨四方，肆意掠夺百姓的财富，弄得怨声载道，民不聊生。太史前令终古、大臣关龙逢等忠臣苦苦劝谏，可是夏桀哪里听得进良言相劝。终古无奈，投奔了商汤，而关龙逢却被夏桀杀死。

后来，商汤在伊尹谋划下，起兵伐夏桀。商汤先攻灭了夏桀的党羽韦国、顾国，击败了昆吾国，然后直逼夏的重镇鸣条（今山西省安邑县西）。夏桀得到消息，带兵赶到鸣条。两军交战，夏桀登上附近的小山顶观战，忽然天降大雨，夏桀急忙从山顶上奔下来避雨。夏军将士本来对夏桀就恨之入骨，趁着大雨，纷纷逃散。夏桀见大势已去，只得仓皇逃入城中。商军在后紧追，夏桀又匆忙携带妹喜和珍宝，登上一艘小船，渡江逃到南巢（今安徽省巢县）。后又被商汤追上俘获，放逐在卧牛山。

夏桀和妹喜养尊处优惯了，在这荒僻山乡，无人服侍，自己又不会劳作，终于活活饿死在卧牛山。也有的说死于亭山（今安徽省和县西北历阳山）。还有的史书说，他们二人并没有被商兵俘虏，而是逃匿于南巢，最后病死。

### ❖ 读史话女人

物质享受上的沉沦，让妹喜背负红颜祸水的骂名而遗臭万年，爱与交易的交织，使她成为第一个"献物"颠覆了中国历史上第一个王朝。女人亡国史的漫长历程，由此拉开帷幕。

史书上对妹喜的故事讲得很少，现有的记载也多是负面的说辞。为什么同样作为"献物"，她远没有西施幸运，没有那么多的名人墨客为她撰写人生。西施，以美丽、善良、爱国的光辉形象流芳百世；而妹喜，却是用酒池肉林等极端的方式，纵情声色恣意享受，骂名累累，不可饶恕。

"裂帛"声声撕裂了一代王朝。在荒淫沉沦中，妹喜，自然成为一个永远被钉在耻辱柱上的亡国女人。

# 妲己——助纣为虐者

## ❖ 名人档案

妲己，商末人，因她是苏部落（河南省温县）酋长的女儿，今人也称苏妲己。作为战利品被商纣王带回朝歌并受到宠爱。传说在妲己的蛊惑下，商纣王修建鹿台，设置酒池肉林，施暴政于民，终于被周推翻。中国历史的进程由此被改变。

她曾蛊惑纣王修建鹿台设置酒池肉林以供享乐。

蛊惑商纣王杀比干，剖其心。周武王起兵伐纣，砍下了纣王和妲己的头颅，悬挂在白旗之下。

## ❖ 历史背景

事实上，殷商是中国历史上极为强盛的时期，而纣王本人原本也才思敏捷，武力超凡。但是，他的宠妃妲己不仅荒淫狐媚，而且性情残忍。在商纣王统治期间，妲己怂恿纣王设计出种种令人触目惊心的残酷刑罚，并陪同纣王肆意杀人取乐，纵情声色。纣王竟对她言听计从，宠爱有加。在鲜血的刺激下，他们欲望的阀门越抬越高。

## ❖ 生平大事记

## 坑杀宫女，炮烙梅伯

据《史记·殷本纪》记载，纣花费了七年时间打造高层建筑鹿台供其享乐。一天，纣王与妲己在鹿台上欢宴，三千六宫妃嫔聚集在鹿台之下。纣王命令她们脱去裙衫，赤身露体地唱歌跳舞，而自己与妲己则在台上纵酒大笑。已故姜后宫中的嫔女72人，掩住脸流泪，不肯裸体歌舞。妲己说："这是姜后以前身边的宫女，怨恨大王杀了姜后，听说私下打算作乱，以谋杀大王！妾开始不相信，现在看她们竟敢违抗大王的命令，看来谋反的传闻不假，应当对她们施以严刑，好使其他人不敢起谋逆之心！"纣王问："什么才称得上是严刑呢？"妲己说："依小妾之见，可以在摘星楼前，在地上挖一个方圆数百步、深高五丈的大坑，然后将蛇蝎蜂蚕之类丢进穴中，将这些宫女投入坑穴，被百虫噬咬，这叫做虿盆之刑。"纣王大悦，立即照妲己的话做了一个虿盆，将这72名宫女一齐投入坑中，一时间坑下传出揪心的悲哀号哭。纣王大笑："要不是爱妃的妙计，不能灭此叛妾！"

太子殷郊听到这件事，忙去鹿台进谏纣王说："法令是为有罪之人而设的，现在众妾并没有谋逆之罪，却加以极惨的刑罚，这都是妲己蛊惑圣聪，致使天下百姓知道父王是无道之君。请斩妲己，以正朝纲！"妲己说："太子与众妾同谋，妄图诋毁小妾，请大王做主。"纣王当即喝令侍卫锤死殷郊，比干慌忙劝阻说："太子是国家的根本，不可随意加刑。"纣王这才没有杀死太子，但依旧把他贬谪到了荒远的地方。

梅伯觐见纣王说："姜皇后没有过错却被处死，太子无罪过而被贬谪。请大王召回太子,复立东宫,臣愿代死!"妲己谗言道:"梅伯是太子一党,因此才狼狈为奸。"纣王问:"那怎么对付这些人?"妲己说:"群臣轻侮大王的尊严,都是因为刑法轻薄的原因。依妾之见,可铸一个空心的铜柱,里面烧火,外涂油脂,让犯人裸体抱柱,将其皮肉朽烂,肋骨粉碎,如此他们才知道畏惧,朝中也不再有奸党了!"纣王立刻依言竖立铜柱,将梅伯的衣服剥光,绑在铜柱上,顷刻间烧得肉焦骨碎,化为灰烬。这就是炮烙之刑。妲己又说:"可以再制一个铜斗,也加火在里面。罪轻而不至于处死的,就让他们手持熨斗,手足焦烂,这样可以区别法律的轻重。"妲己听到犯人的惨叫,就像听到刺激感官的音乐一样发笑。纣王为了博得妲己一笑,滥用重刑。于是纣王立铜柱、铜斗各数十,置于殿前,凡"有罪"的大臣,即加此刑。

## 残害诸侯,酒池肉林

纣王对待那些诸侯王也十分残忍。当时有不少诸侯不满于纣的暴虐,那些奸佞小臣就把这种情况反映到纣王那里,纣王为了加强统治,就任命了三公,分别是西伯昌、九侯和鄂侯,让他们管领诸侯。九侯一向对纣的做法恨之入骨,虽然领受了这个监视别人的任务,但心里很不高兴。他有个漂亮的女儿,看到父亲整天愁眉不展,就向父亲打听原因,当知道父亲的心病后,她说:"父亲别急,女儿可以帮助您解除烦恼,我有办法去劝解纣,让他改变目前这种不得人心的做法。"九侯同意了。

九侯女儿来到京城,她的容貌使得纣王一见倾心。但是九侯的女儿天生不是风流姿色,她不能满足纣的淫乐要求,因此她的劝解,纣王根本不听。一天,纣王终于生气把她杀掉了。九侯知道这一情况后,心如刀绞,就求见纣王。由于知道自己早晚也会死在这暴君的手下,九侯在纣面前大胆陈言道："你这个昏庸的君王，现在国家老百姓都给你逼到了死亡的边缘，我的女儿完全是为了社稷来劝解你，你反而杀了她……"九侯的话还没有说完，纣王就命令手下把他拖出去杀了。鄂侯看到纣竟然杀了为国家做出重大贡献的老臣，不禁老泪纵横，跪到地下说道："君王，九侯所说的话并没有错，你怎么就为了这点小事而杀了有功的老臣？"纣王听完，勃然大怒，说道："难道你们还想串通起来造反吗？给我推出去斩了！"这样又杀了鄂侯。然而纣王还不解气，他命人将九侯和鄂侯剁成肉泥，做成肉饼，派人送到各个诸侯国，并传言道："以后再有谁违抗，就与两侯同论。"诸侯们个个噤若寒蝉，再也不敢向纣进言。

纣王与妲己见群臣畏刑不谏，更加恣意妄为，旦夕荒淫欢宴。他们继续在摘星楼举行盛大的宴会，每次宴会饮者多至3000人。一次，妲己道："这样玩时间长了没意思，不妨在台下挖两个坑穴。一个引酒为池，一个悬肉为林，令各嫔妃戏于酒池肉林，互相扑打，胜者浸死在酒池中，败者投于至虿盆内。"纣王大笑，依其言而行，每天宫女因此被折磨致死者不计其数。

## 虐杀百姓，剖心比干

纣王好酒淫乐，寸步不离妲己，妲己所称赞的就以之为贵，妲己所憎恶的就加以诛灭。纣王又在朝歌与邯郸之间纵横数千里内，每隔五里建一所离宫，每隔十里建一个别馆，与妲己同乘逍遥车，白天在车上欢谑，夜里张灯结彩，管弦歌韵，做长夜之饮。时值隆冬的一天，他们正在摘星楼上欢宴，发现岸边有几个人将要渡河，两三个老年人挽裤脚正在水中，但一些年轻人却迟迟不敢下岸。纣王问妲己："河水虽然冰寒，但老人尚且不畏，年轻人却那么怕冷，这是怎么回事儿？"妲己回答:"妾听说人生一世,得父精母血,方得成胎。若父母在年轻时生子,那时他们身体强健,生下的孩子气脉充足,髓满其胫,即使到了暮年,耐寒傲冷。假如父老母衰时才得子,那他们的孩子气脉衰微,髓不满胫,不到中年,便怯冷怕寒。"纣王极为惊讶:"竟然有这种事?"妲己说:"大王不信的话,就将此一起渡河的人,砍断他们的胫骨看一看便知。"纣王就命人将过河的几个人活捉到楼下,一人一斧断去双腿,果然老年的那些人髓满,年少的却骨空。纣王大笑说:"爱妾料事如神!"妲己说:"妾不但能辨老幼的强壮,即使妇女怀孕是男是女,妾一看就知道!"纣王不信,妲己说:"大王不信妾的话,可以搜取城中的孕妇验证。"纣王立刻令兵士捉数十个孕妇,集中在楼下。妲己一一指着说,哪一个怀的是男胎,哪一个怀的是女胎。纣王令人剖开孕妇的肚子视之,果真像妲己说的那样。

纣王淫乱日甚一日,他的庶兄微子不忍坐视国家灭亡,苦劝纣王而不得,只好逃离纣王,隐居民间。纣的叔父箕子对纣的暴政早有不满,便装成疯子,混在奴隶之中。纣王发现后,命武士将其囚禁起来。纣的叔父比干眼见微子逃隐、箕子佯狂为奴,非常伤感,又觉得他们未能尽到人臣责任。他认为人主有过错而不劝谏,就是不忠;怕死而不敢进谏,就是不勇。于是他以死相争,接连三日苦苦劝谏纣王,不肯离开一步。他劝谏纣王说:"不修先王的典法,而用妇人之言,大祸不远了。"纣王恼羞成怒,要杀比干。妲己说:"妾听说圣人的心有七窍,比干自诩为圣人,剖开比干的心看看如何?"于是纣王就将比干活活杀死剖开,看他的心是否真有七窍。众朝臣见纣对自己的亲人都如此残暴,更加恐惧。于是商王朝中两个管理祭祀的乐官——太师疵和少师疆抱了宗庙中祭祀时使用的乐器逃出商都,投奔了周。自此,朝廷上忠良的大臣几乎荡然无存。

商纣王修建鹿台,设置酒池肉林,施暴政于民众和臣子,终于被周推翻。尽管妲己对商纣王的暴政和商朝的灭亡也许不应负主要责任,但是妲己的蛊惑在客观上所起的作用不能低估,而她也因自己的性别而承受了道德极刑。《列女传》记载说,周族的首领武王起兵讨伐,纣眼见大势已去,就登上一座名为"凛台"的官方建筑,穿上价值昂贵的玉衣点火自焚而终。周武王下令砍下了纣和妲己的头颅,悬挂在白旗之下,宣称这个女人是惑乱和败亡殷商的祸端。

### ❖ 读史话女人

与妹喜的荒诞不同,妲己心如蛇蝎,更为凶暴残忍。她发明酷刑,残害忠良,祸国殃民,使得殷朝末年的政治状态,更加夸张放大地再现着夏朝末年的腐败图景。不过,把一个国家的灭亡,完全算到一个女人头上是不公平的。国家灭亡,究其缘由,应首推国君的治国不力。也许纣王到死的那一刻也不明白,究竟是谁让他的国家灭亡。他的残暴加上妲己的毒辣,硬是把铁桶般的江山毁在了自己的手中。

## 褒姒——骊山烽火灭宗周的女人

### ❖ 名人档案

褒姒,西周末年人,陕西汉中人,公元前779年,被褒国作为谢罪的礼物献给周幽王,随即受到幽王的宠爱。为了赢得褒姒的欢心,周幽王不但废掉了原来的王后改立褒姒为后,还上演了"烽火戏诸侯"的闹剧,种下了西周灭亡的苦果。

周幽王以犬戎来袭为诱饵烽火戏诸侯,博得美人褒姒一笑。

### ❖ 历史背景

周宣王驾崩后，他的儿子宫涅即位，是为周幽王。幽王为人性情暴躁，待人刻薄寡恩，而且荒于国政，耽于享乐。刚一即位，他即打发人四处寻找美女。尹球、虢石父、祭公三个奸佞小人谗邪欺君。幽王拜尹球为大夫，虢石父为上卿，祭公为司徒。三人皆谗接阿谈之人，贪位慕禄之辈，唯王所欲，逢迎不暇。褒姒就是在这种情况下被送入宫中的。

### ❖ 生平大事记

## 褒姒进宫，皇后遭弃

有一年，三川守臣表称三川地震。幽王笑说："山川地震是常事，何必动表告诉寡人？"伯阳父对赵叔带说："以前伊洛竭而夏亡，河竭而商亡，现在周如夏商的末季啊！"赵叔带骇然问："何以见之？"伯阳父说："源塞必然川竭，川竭必然山崩，山崩是预兆，周室天下不出二十年当亡！"这年冬，岐山又崩，赵叔带上表说："山崩地震，是国家不祥之兆，望大王抚恤下民，广开贤路，以洱天变，以使社稷无危。"虢石父却说："山崩地震，大王所谓天道之常，有什么不祥？叔带是迂腐的读书人，不知天道，望陛下详之！"幽王听信虢石父之言罢免了赵叔带。右谏议大夫褒晌劝谏道："不可罢赵叔带的官职，否则会阻塞谏诤之路。"幽王大怒，就把褒晌关进监狱。

褒晌在监狱里一关就是三年。褒家的人千方百计要把褒晌救出来，他们想了许多法子都没有奏效，最后儿子洪德说："我听说天子荒淫，耽于女色。现在褒城中姐家女儿十分清丽，家贫无资，若以百金买下这个女子，进贡给朝廷，一定可以赎回父亲。"他母亲同意了，他们家就以百金，买下此女子，教会她唱歌跳舞，把她打扮起来，献给了幽王，替褒珦赎罪。

这女子年方14岁，目秀眉清，唇红齿白，发挽乌云，指排削玉，有如花似玉之容，倾国倾城之貌。幽王见美人仪容娇媚，光艳照人，因褒地所进，就赐名褒姒，充入后宫。群臣都谏阻说："色倾人国，自古都有。夏因妹喜而亡，商因妲己而丧。陛下宜鉴前朝得失，不可接受此美人。"尹球、虢石父却说："种田的多收了几捆禾麦，尚且重婚，大王以天子之尊，受一宫人，你们怎么就那么多废话？"幽王也大怒："有再谏受美人者斩！"自此幽王与褒姒坐则腿迭腿，立则肩并肩，饮则交杯，食则同器。他一连十日不上朝，与褒姒朝夕饮宴。

皇后申氏逐渐失宠。一天幽王与褒姒在翠华宫，申后忽然来了，褒姒正与幽王谈笑自乐，没有起身迎接，申后心中虽有幽怨却口不敢言，回宫后忧容不展。申后自从那天见到褒姒的天姿国色后，就明白自己已年近四十，再也无法以美色和褒姒争一日长短了，唯有终日长吁短叹，郁郁寡欢。太子宜臼看见母亲忧闷，连忙跪问原因。申后说："你父王宠爱褒姒，不分尊卑，今日在翠华宫，见我来了，她仍饮酒自乐，全不退避。将来此婢得志，我母子一定没有容身之处了！"太子说："这事好办，改天与数十宫人游御苑赏花时，如果褒姒一同过来，我令宫人将此贱婢乱打一顿。待她禀告父王，父王不听则已，若有什么事，孩儿必杀之。"

太子果然按照自己说的将褒姒打了一顿，褒姒对幽王垂泪说："申皇后无故令宫人痛打小妾！"幽王变色："皇后怎么敢如此无礼！"虢石父、尹球说："臣闻皇后失德，嫉妒之心太甚。"幽王大怒，下诏废皇后，册立褒姒为正宫。太子宜臼忿恨不平，要杀虢石父。虢石父逃走，来见幽王。幽王大怒，命尹球追捕太子。幽王将申后囚禁在冷宫，并废掉太子宜臼。这引起了朝中大臣的共愤，告老归田者很多。

## 烽火戏诸侯，千金博一笑

褒姒天性忧郁，整日紧锁眉黛，终日闷闷不乐，周幽王为其开颜一笑费尽心思。但千方百计，褒姒却始终不肯开口一笑。幽王召乐工鸣钟击鼓，品竹弹丝，宫人歌舞进临，褒姒全无悦色。幽王问："卿不好音乐，不知所好何事？"褒姒说："妾无所好。曾记得昔日手裂彩绢，爱听绢裂的声音。"幽王说："何不早说呢？"幽王即命司库每日进彩绢百匹，使有力的宫女撕裂，以取悦褒姒。褒姒虽爱听裂绢的声音，却依旧不见笑脸。幽王问："卿为何不笑？"褒姒说："妾平生不会笑。"幽王私下与虢石父说："你若有什么办法让褒后笑一笑，就赏你千金！"虢石父就献计说："先王曾在城外每五里置一烽火台，用来防备敌兵。如有敌兵来则举烽火为号，沿路相招天下诸侯带兵勤王，假如诸侯来了却没有敌兵，皇后必然会笑！"

幽王遂与褒姒驾幸骊山，在骊宫夜宴，到处灯火辉煌，笙歌曼舞。周幽王向褒姒解释烽火台的用处，告诉她这是传报战争消息的建筑。那时候，从边疆到国都，每隔一定距离就修一个高土台，派士兵日夜驻守。当敌人侵犯边境的时候，烽火台上的驻兵立刻点燃烽火，向相邻的烽火台报警。这样一路传递下去，边境发生的情况很快就能传到京城。而一旦国都受到威胁，骊山的烽火台也点燃烽火，向附属周朝的诸侯国传递消息，诸侯国就会立刻派兵来援助。褒姒听了周幽王的话后，不相信在这样一个高土堆上点把火，就能召来千里之外的救兵。为了讨得褒姒的欢心，周幽王立即下令，让士兵点燃烽火。群臣都来劝谏说："烽火台用来备缓急，必须取信于诸侯，现在无故而点烽火，是戏弄诸侯！以后倘有不测，将用什么东西来让诸侯救急呢？"幽王不听，遂点燃了烽火，与褒姒在望边楼欢宴。

烽火在一个接一个的烽火台上燃起来，刹那间火焰直冲霄汉，像一条逃命的巨龙一样，不断地一股一股喷出火柱，向黑暗的远处奔腾而去。各地的诸侯乍见焰火冲天，以为国都受到进攻。

纷纷率领军队前来救援。没多久，列国诸侯皆领兵至，一路烟尘滚滚，来了却没发现敌寇的踪影，只见周幽王正和褒姒在高台上饮酒作乐，才知道自己被国王愚弄了。诸侯们不敢发脾气，只能悻悻地率领军队返回。褒姒凭栏远眺，见各路军马擎火炬漫山遍野奔跑的狼狈样，觉得很好玩，不禁嫣然一笑。周幽王一见宠爱的妃子终于笑了，心里痛快极了。等诸侯王都退走了以后，周幽王又让士兵再点燃烽火，诸侯们又急匆匆地带着军队赶来了。周幽王和褒姒一见诸侯们又上当了，在烽火台上一起哈哈大笑。幽王说："爱妃一笑，百媚俱生，此皆虢石父的功劳！"遂以千金赏虢石父。"千金买笑"的典故就出自这里。就这样，周幽王反复点烽火，戏弄诸侯。最后，当烽火再点燃时，已经没有一位诸侯再上当了。

## "赫赫宗周，褒姒灭之"

申侯在回去的路上就上表责备幽王弃皇后、废太子、宠褒姒、戏诸侯四事。虢石父奏报说："申侯打算与太子宜臼谋反，因此故意揭露大王的过失。"幽王说："那怎么办呢？"虢石父说："赶快发兵讨伐他，免生后患！"于是幽王发兵讨申。申侯大惊："国小兵微，何以挡敌？"大夫吕章说："申国近邻犬戎、西夷，主公赶快写信给犬戎，请求他们出兵讨伐无道的幽王，这样就一定可以免掉申国的灾祸！"申侯便写信给犬戎。犬戎于是发兵五万，杀奔京师，将周朝都城围得水泄不通。幽王见此情景，大惊失色，对虢石父说："速点烽火以搬诸侯的救兵！"幽王点烽火数日，烽火台上白天冒着浓烟，夜里火光烛天，诸侯之兵却没有一个来的。因为前几次被烽火所戏弄，诸侯以为幽王又想戏弄他们来博取美人一笑，所以都不当回事儿。不久镐京陷落。幽王逃奔临漳。犬戎在城中放火焚烧宫室，掳掠库内财物。幽王最终在骊山脚下遭追兵杀害，而褒姒则被犬戎军队逮捕，带往他们自己的部落，重新沦为奴隶，从此下落不明。

犬戎在城中大肆剿掠长达数月之久。幽王的行为得到悲惨的回报，而"狼来了"的寓言，也有了一个闻名的翻版。这个爱美人的故事早已超出了"个人行为"，为了博美人一笑，竟以江山社稷的保护伞——军队为代价，最终只能留下千古骂名。《诗经·小雅》说："赫赫宗周，褒姒灭之。"还有句古话，"一笑倾城，二笑倾国"，只有无道昏君才能有这样的荒唐之举，而薄命红颜则在由男性书写的历史上成为祸国殃民的罪人。

### ❖ 读史话女人

愚顽的周幽王，他的无所不能的权力在褒姒这位神秘的美人那里遭到了致命的挫折。他有什么资本和能力，可以博得美人一笑？当烽火被点燃，周幽王终于成功地赢得了褒姒那倾国一笑，而同时西周也在这个荒唐的天大玩笑中、在褒姒那无比妖艳的倾国一笑中灭亡。

难道褒姒真的有这么大的能耐，用一个短暂的笑容颠覆了西周？与妹喜、妲己不同，史书上并没有强调她的"纵情声色"，那她为什么也被牢牢锁定为亡国妖女？穿过数千年的历史迷雾，我们仿佛看到这位奇迹般的"酷"女那神秘微笑。貌似强大的权力帝国，在轻轻一笑中灰飞烟灭，而这，正是对其外强中干的威严的极大嘲讽。从这个角度来看，在以男权为主所书写的历史中，褒姒这位不苟言笑的美女，千百年来被咒骂和贬损，也就不难理解。

# 骊姬——让晋国陷入十年内乱的女人

## ❖ 名人档案

骊姬，晋献公王后。春秋时骊戎君主之女，生年不详，卒于晋献公二十六年。骊姬婚杀太子，逐公子重耳、夷吾，以致献公卒后，晋国陷入混乱十余载，史称"骊姬之乱"。

## ❖ 历史背景

晋献公五年，晋献公伐骊戎，大获全胜，杀了骊戎首领，并将骊戎首领的两个女儿骊姬和她的妹妹纳入后宫。骊姬生得美若桃李，魅若妲己；在献公前，妩媚取怜，又时常参与政事，十言九中，献公非常宠爱她。

## ❖ 生平大事记

### 为子争位，初使离间

献公十二年，骊姬之子奚齐降生，献公册立骊姬为王后。过了一年，骊姬的妹妹生了卓子。为了使自己的孩子立为太子，骊姬便找她的秘密情人优施商量办法。从此，她就同优施设谋展开一系列活动，排挤晋献公另外的几个儿子,为奚齐争取继承晋国国君的地位。

晋献公诸子,知名者是太子申生,公子重耳(后为晋文公)、公子夷吾(后为晋惠公)。骊姬设法说服晋献公,把太子申生封在曲沃(今山西闻喜东北),把公子重耳封在蒲(今山西隰县西北),把公子夷吾封在屈(包括南北二屈,北屈在今山西吉县东北,南屈在其南),而把奚齐留在晋献公身边,为以后让奚齐取代太子申生的地位埋下伏笔。

可是骊姬并不急于动手。献公私下向她表示欲废太子,以奚齐代之的意思,骊姬还哭着说:"太子之立,诸侯皆已知之,而数将兵,百姓附之,奈何以贱妾之故废嫡立庶?君必行之,妾自杀也。"她在表面上只为太子申生说好话,背后却指使人到晋献公面前给申生进谗言,逐渐离间他们父子之间的感情。

## 谮杀太子,排逐重耳

骊姬觉得时机成熟以后,便迂回地采取行动。由于申生和自己年龄相差不多,骊姬就在晋献公面前诬告申生对她不恭,几次调戏污辱她。献公对此半信半疑。骊姬见此便设了个圈套,一次她自己先邀申生同游花园,而让献公从远处观看。骊姬事先在头上涂抹上不少蜂蜜,等她进入花园时,蜜蜂便纷纷落到她的头上。骊姬假装惊恐万状。申生见此情景,不知是计,赶忙挥舞长袖为骊姬驱赶,骊姬趁机倒入申生怀中。晋献公从远处看到这番景象,便认定申生必是在调戏庶母,心里非常生气。

骊姬还假托献公梦见了申生故去的母亲,让申生赶快回曲沃的祖庙去祭祀。申生祭祀以后,把祭祀用过的酒肉礼品进奉给献公。献公当时在外游猎未归,骊姬就把酒肉留在宫中,在里边下了毒药。献公回来以后，厨师送上那些祭品，献公就要享用，骊姬当即拦住，说："昨所从来远，宜试之。"把酒洒在地上，地面隆起一个大包；拿肉喂狗，狗立马死了；让小太监饮酒，也登时送命。骊姬顿时哭起来，边哭边说："太子何忍也！其父而欲弑就代之，况他人乎？且君老矣，且暮之人，曾不能待而欲弑之！"直接把罪名加在太子申生头上。接着又对晋献公说："太子所以然者，不过以妾及奚齐之故。妾愿子母辟（避）之他国，若早自杀，毋徒使母子为太子所鱼肉也。始君欲废之，妾犹恨之；至于今，妾殊自失于此。"经她这样一说，晋献公信以为真。在此情势下，申生不敢去自白，只好逃往外地。晋献公得知申生出奔，更是怒不可遏，将太子之傅杜原款处死。申生身被恶名，无法洗雪，自缢而死。

这时，公子重耳、公子夷吾正在绛都。骊姬在晋献公面前谗言，说他二人也知道太子的阴谋。两人听说后，急忙逃回自己的封地，坚城自守。献公见二人不辞而别，以为他们果真参与太子申生的"阴谋"，不久就派兵去讨伐。重耳与夷吾先后逃亡到别的诸侯国。

骊姬谮杀太子，逐公子重耳、夷吾，以致献公卒后，晋国陷入混乱十余载，这一事件史称"骊姬之乱"。最终，晋献公立奚齐为太子，骊姬的目的总算达到。没过几年，晋献公病危，临终前托孤于荀息，嘱他立奚齐为晋君。可是晋献公一死，大夫里克随即发难，杀死骊姬和奚齐。骊姬费尽心机为儿子夺取权势，为自己夺来地位，却霎时丧命。

### ❖ 读史话女人

在一个男性占绝大多数的空间范围内，女性在公共关系的协调处理方面具有明显的性别优势。骊姬深知自己的性别优势，同时对对方的性格弱点也了如指掌。所以她对皇帝施以各种手段，使其成为工具，被自己利用。而对打击对象，则利用人们对与异性交往的普遍敏感，滋生事端以置人于死地。这使社稷朝廷付出惨重的代价。骊姬的暂时得意，却引起晋国的长期动乱。这是中国古代后宫乱政的又一劫数。

# 杨玉环——关乎大唐盛衰的女人

## ❖ 名人档案

杨玉环（719—756），号太真，蒲州永乐（今山西省永济）人，蜀州司户杨玄琰的女儿。唐玄宗李隆基的贵妃，世称杨贵妃。她使李隆基逐渐对政事产生倦怠，以致开元盛世后发生"安史之乱"。天宝十五年（756），唐玄宗携杨贵妃出逃西蜀，行至马嵬坡时，六军不发，唐玄宗下诏将杨贵妃缢死，时年38岁。

## ❖ 历史背景

开元二十二年（734），16岁的杨玉环被纳为玄宗第十八子寿王李瑁的王妃。

开元二十八年（740），唐玄宗幸骊山温泉宫初见杨玉环，为其美貌所倾倒，于是度为太真宫女道士。

天宝四年（745），唐玄宗册封杨玉环为贵妃，时宫中未立新皇后，宫人皆叫杨玉环为"娘子"，实居后位。

天宝十五年（756）唐玄宗忍痛割爱下诏将杨贵妃缢死。

### ❖ 生平大事记

## 贵妃得道，杨氏升天

杨玉环天生姿质丰艳，擅长歌舞，通晓音律。唐玄宗开元二十二年（734），16 岁的杨玉环被纳为唐玄宗第十八子寿王李瑁的王妃。737 年，玄宗一向宠爱的武惠妃去世，后宫里的数千宫娥，无一能使玄宗感到满意。这时，高力士为了讨玄宗的欢心，向玄宗推荐了寿王妃杨玉环。740 年，58 岁的李隆基召其进温泉宫（后改为华清宫），杨玉环回眸一笑，百媚尽生。玄宗做出了重大决定，他决计要用这个女人来慰藉日益黯淡的晚年。为掩人耳目，李隆基先是让杨玉环到庙里削发为道，赐号"太真"，以改变她原有的儿媳身份。之后，745 年，他又为儿子寿王另娶了大臣韦昭训的女儿为贵妃，借此作为对儿子的情色补偿。经过一番细心的后宫政治运作，李隆基横刀夺爱，成功地占有了他的儿媳。这场皇帝的迟暮之恋，长达 16 年之久。

为了表达对杨玉环的宠爱，李隆基在 745 年册封杨玉环为贵妃，同时追赠她已死去的父亲为太尉和齐国公，又升擢她的叔叔为光禄卿，她的两个堂兄分别担任鸿胪卿和侍御史，她的兄弟杨国忠为右相兼文部尚书。皇帝甚至将杨家三个姐妹分别封了韩、虢、秦三国夫人，准其可以自由出入宫廷，所得到的恩宠震动天下。当她们奉命入朝面圣时，就连公主们都不敢现身。各地官员纷纷献金巴结，杨家的权势炙手可热。

杨玉环每次跟皇帝骑马出游，都由太监高力士亲自牵辔执鞭。因她爱吃荔枝，皇帝甚至下令派专人由岭南运送，数千里的路程，往往能在尚未变质之前就送达京师。亲兄杨国忠、堂兄杨铦和杨氏三姐妹，五家的府邸被打造在一个地块上，模仿宫廷建制而互相衔接，极尽豪华奢靡之能事。皇帝所得的各方献礼与奇珍异宝，都会分赐他们各家，送礼的使者络绎不绝，竟然在路上排起了长队。每年夏历十月，皇帝前往华清宫度假，杨氏家族的车骑则成了队列庞大的随从，每家一队，每队一种服色。当各家队伍会聚起来时，犹如万朵鲜花一起怒放，骊山下到处花团锦簇，游行队伍一路上遗落的首饰和绣鞋不计其数，脂粉的香气一直传到几十里地外。

杨国忠大权在握，声威高涨，但却有着世人诽议的污点。他与亲妹妹虢国夫人通奸乱伦，达到惊世骇俗的地步。每次去见皇帝，两人一路上并驾齐驱，也不用帷帐遮蔽，毫不掩饰其放肆亲昵的状态，以致世人都知道了这个秘密。后党势力支配整个朝纲，再如上口蜜腹剑的李林甫为相，奸人当道，国政昏暗，民众的怨言犹如沸腾的江河，但李隆基本人对此却置若罔闻。

天宝九年，杨玉环大大得罪了玄宗，被生气的皇帝赶出了后宫。杨国忠教唆人去对皇帝说："不听话的女人的确该死，但应在宫中处刑，不必让她到外面受辱。"玄宗于是派太监张韬光传令赐死他昔日的宠妃。杨玉环深知皇帝的弱点，表情悲伤地回答道："妾身罪该万死，但除了皮肤和毛发之外，都是圣上所赐，今天死了，却无以回报。"说罢剪下一束秀发让太监转呈皇帝说："就用它做诀别的信物好了。"玄宗手捧太监送来的秀发，惊骇、伤痛、周身颤栗，百感交集，马上召杨玉环入宫，与之重归于好。杨氏兄妹的政治默契，令人惊叹。而每一次危机化解之后，玄宗和贵妃的感情都会加深一层，杨玉环会更得宠，她的家人会得到更高的地位。正所谓磕磕绊绊到百年。

## 贵妃得宠缘由的四种说法

杨玉环如何使玄宗如此迷恋于她？是她的天生丽质，肌肤白皙如"凝脂"？是她的"回眸一笑百媚生"的迷人媚态？还是她的羽服霓裳，能歌善舞？

针对杨玉环受宠的原因，大致可以分为四种观点。第一种观点：美貌。人们都说杨玉环姿容出众，不仅体态丰盈，肌肤细腻，且面似桃花，这对于重于声色的玄宗，具有强烈的吸引力。由于白居易在《长恨歌》中的大肆渲染，杨玉环被确认为中国四大美人之一。这个崇高的地位，几乎无人可以动摇。但白居易生于772年，距杨玉环被杀有16年之久，从未亲眼见过杨氏。他的描述，只是文人的浪漫想象。

第二种观点：李隆基本人喜好艺术。玄宗自幼喜爱音乐，素质高，会作曲，能舞蹈，不少弟子曾在梨园受过他的训练。而杨玉环身材好，体态美，又擅长旋律快速的西域舞蹈，加之杨玉环是个琵琶名手。

古书记载，有一次，玄宗倡议用内地的乐器配合西域传来的五种乐器开一场演奏会，当时玄宗兴致勃勃，手持揭鼓，杨玉环弹奏琵琶，轻歌曼舞，昼夜不息。对于玄宗而言，当然精于音律的杨玉环就显得格外有魅力。但此前受宠的梅妃和念奴等人，无一不是兼擅乐器的歌舞高手，但李隆基独独偏爱杨玉环。

第三种观点：杨玉环机警聪颖，善解人意。她委曲求全的极端例子，就是在被赐死时都毫无怨言。但史书记载的那些后宫佳丽，多聪明可人，更有像梅妃那样的才女，文辞优雅，在整个宫廷都十分罕见。李隆基仅仅因此而偏爱玉环，实在不足以令人信服。

第四种观点：玄宗会迷恋上杨玉环，固然有杨的一些魅力在起作用，而更主要的应是当时社会环境与皇家小家庭的变化在起决定作用。时值唐朝进入全盛时期，当朝皇帝的骄奢心难免会代替求治心。玄宗对政治逐渐失去兴趣，在宰相与宦官的迎合下很快就厌倦政事，后来玄宗就任由李林甫等专权擅政，自己落得清闲，这样就有了时间纵欲享乐了。相较之下，这种观点更合情理。

## 祸害社稷，逝后留香

安禄山是边防的一位混血将，后来加入边防军的杂牌部队后得迅速升迁。公元743年后，他任三个地方节度使，总揽境内文诸事。皇上十分宠信他。安禄山进朝，皇上命玉环的姐妹与他结拜兄妹。杨玉环为了笼络安禄山，将这个比自己大20来岁的人认作儿子，在宫中数度赐宴。安禄山得势也与杨玉环有很大的关系。

公元756年，一场声势浩大的政变，促使繁盛的大唐王朝由此走向衰败，这便是历史上著名的"安史之乱"。公元756年7月14日，安禄山统领的叛军大举攻入长安，接到密报的

唐玄宗连夜带领嫔妃以及贴身禁军仓皇出逃。第二天，逃亡队伍到达陕西境内的马嵬坡。就在这时，拥护太子的左龙武大将军陈玄礼，以保卫社稷的名义诛杀了杨国忠，但哗变的士兵还是继续包围着皇帝的驿站。李隆基派高力士出去打探，得到的回答竟是："灾难的根源还在！"李隆基万般无奈，只能含泪与杨玉环诀别，高力士把她带到附近的佛堂，在梨树下将其缢死，经过陈玄礼验看后，用紫色座垫裹了尸身，在路边匆忙掩埋。38岁的绝代美人从此香消玉殒。

第二年，平定了战乱的唐玄宗回到长安，让人改葬贵妃。《旧唐书》记载李隆基派人打开坟墓，发现"肌肤已坏"，但白居易却在《长

恨歌》里否定了这个说法，它描述平叛后李隆基由四川返回长安，再度经过马嵬坡，重新检视埋葬爱妃的墓穴，并未发现她的尸骨（"马嵬坡下泥丛中，不见玉颜空死处"），后又派方士四处寻找，没有任何结果。欧阳修的《新唐书》也证实了这一结果，它记载李隆基派使者秘密移葬，却发现墓里只有杨玉环遗留的香囊，由此修正了《旧唐书》的史实错误。

杨玉环尸骨失踪案引发了世人的热烈猜测。但其依据只是白居易的《长恨歌》和陈鸿的《长恨传》，显得十分勉强。此后又有日本学者言之凿凿地声称，杨玉环由高力士和陈玄礼串谋私放，并派员护送其逃亡海上，抵达东瀛日本，安居于山口县大津郡油谷盯久津，但也因缺乏证据而难以令人信服。

关于贵妃下落，现在越考证越多，但距离史实也许越来越远。粗略的史料和历代浪漫的文人墨章，给她身上罩上了越来越多的光圈，让我们了解得越多越看不清真相。但毋庸置疑的是，如果玄宗不贪色忘礼，抢自己的儿媳妇，杨玉环也许会一生平静，过一种悠闲的相夫教子的贵夫人生活，她也就不会为世人所知。然而，玄宗忘情夺爱，改变了她的生活。

## ❖ 读史话女人

如果李隆基对杨玉环的爱浅一点，或者爱得明智一点，不让她的堂兄杨国忠做大官，李隆基也许会和杨玉环恩爱白头偕老，杨玉环会风光一生寿终正寝，也不至于在风华正茂之年"零落为泥碾作尘"，她的家族也不会灭亡。李隆基那糊涂过分的爱不仅害了自己的国家，也害了自己倾心挚爱的女人。但是，如果杨玉环不是那样温婉美丽，李隆基也不会在温柔乡中陷得那样深。安史兵变的后果是惨重的，战区的生灵涂炭，黄河两岸的臣民挖树皮掘草根充饥，用纸糊的衣服御寒，繁华盖世的洛阳成了一片焦土。经过这场巨变，唐王朝的强盛时期结束了，自此进入了不可挽回的衰落。

# 史笔有千秋 名垂自千古——才智篇

本篇收录的几位女性是中国古代妇女智慧与美丽兼具的代表，她们在各领域发挥自己的聪明才干，或涉足政治、外交，或抒写诗词，使两千年后的我们还有机会在历史故事和美丽的诗句中，欣赏封建社会中独存的才女。

# 班昭——第一位参与正史创作的女性

## ❖ 名人档案

班昭（约49—约117），又名姬，字惠班，扶风安陵（今陕西咸阳东北）人，生于显贵人家。其父班彪，长兄班固，次兄班超。早年嫁于曹世叔不久守寡。班昭博学，和帝下诏令其续成《汉书》。她经常入宫，担任皇后和妃嫔的教师，号为"曹大家"。每有贡献异物，常令昭作赋颂。邓太后当朝时，班昭参与政事。著名学者马融，曾从其授业。

## ❖ 历史背景

公元92年，班昭长兄班固因受统治阶级内部政争的牵连，入狱而死。其后，班昭继承父兄遗志，在藏书阁经年累月阅读了大量史籍，整理、核校父兄遗留下来的散乱篇章，并在原稿基础上补写了八表和《天文志》，最终完成了《汉书》的编纂工作。

著有赋、颂、铭、谏、书、论等文章16篇，辑成《大家集》三卷，但可惜大都失传，现只留下《东征赋》和《女诫》7篇。

## ❖ 生平大事记

### 东观续史，赋颂并娴

班昭是东汉时期有名的才女，在史学上做出了重要贡献。班昭14

岁时嫁给曹世叔为妻，而后早年守寡，活了 70 多岁。其父班彪，很有学问；长兄班固，是著名的历史学家、文学家；次兄班超，乃立功西域的一代名将。

汉武帝太初年间，司马迁写成了宏篇巨著《史记》。司马迁去世以后，虽有人补写，班彪认为"多鄙俗，不足以踵其书"。他便收集史料，撰写《后传》60 余篇，但未及完成就因病辞世。班固继承父志，在《史记后传》的基础上，着手编写"包举一代"、囊括西汉历史的史书《汉书》。经过 20 余年的努力，完成了《汉书》的主要部分。公元 92 年，班固因受统治阶级内部政治斗争的牵连，入狱而死。班氏父子花费几十年心血编纂的《汉书》，尚有八表和《天文志》没有写完，同时整个书稿面临着散佚的危险。所幸汉和帝知道班昭博古通今、学识过人，即召她和马续到皇家东观藏书阁续修《汉书》。班昭为继父兄遗志，欣然接受任务。从此，她在藏书阁经年累月阅读了大量史籍，整理、核校父兄遗留下来的散乱篇章，并在原稿基础上补写了八表和《天文志》。至此，这部完整的《汉书》，历经 40 年的编撰工作，终于完成。虽先后经四人之手撰写，但读起来却"后先媲美，如出一手"。

除整理、续写《汉书》外，班昭在传播和普及《汉书》方面，也起了重要作用。《汉书》问世以后，因多用古字，比较难读，读了也多不通晓。班昭的学问十分精深，就在皇家图书馆的东观藏书阁讲解《汉书》，当时的大学者马融，为了请求班昭的指导，常跪在东观藏书阁外，聆听班昭的讲解。

班昭除了在史学上作出了不可磨灭的贡献外，她还是一位杰出的文学家，著有赋、颂、铭、谏、书、论等文章 16 篇，辑成《大家集》三卷，但可惜大都失传，现只留下《东征赋》和《女诫》7 篇。

不仅如此，班昭还具有优秀的品质和忠实的人生态度，突出地表现在她一生孜孜不倦，善于思考。她学习孔子的教育方法，启发受教育者谈出自己真实的思想，然后再根据其理想、志趣加以引导。她既志存高远,又面对现实,不强求不易得到的幸福和生活上的富有。她认为生命是有限的,不能因聪明而延长,也不能因愚昧而缩短,应该不惜身家性命报效国家。忠,会带来吉利;奸,会遭到祸殃。要恭敬、谨慎、勤恳、谦逊,要清心静气没有贪心,严以律己,光明正大。

班昭的德才深得汉和帝的器重,和帝多次召她进宫,让皇后和诸嫔妃拜她为师,向她学习儒家经典、天文、数学,从而使班昭声名大震。每当遇有外邦前来贡献异物时,皇帝便让她即席为赋作颂。因班昭丈夫姓曹,人们便尊她为"曹大家"(当时人们把学识高、品德好的妇女尊称为"大家","家"音同姑)。后邓太后临朝当权,班昭曾以师傅之尊,参与政事,深受信任。班昭逝世后,皇太后亲自为这位多年的老师素服举哀,由使者监护丧事,死后也给予她应得的荣誉。

## 古代妇女行为的准则

班昭以她的文采,整理并续成了重要的史学巨著《汉书》。同时,她的文采还表现在《女诫》七篇上。

《女诫》包括:卑弱、夫妇、敬慎、妇行、专心、曲从和叔妹七章。本是用来教导班家女儿的私家教科书,不料京城世家却争相传抄,不久之后便风行全国各地。

在"卑弱"篇中,班昭引用《诗经·小雅》中的说法:"生男曰弄璋,生女曰弄瓦。"认为女性生来就不能与男性相提并论,必须"晚寝早作,勿惮夙夜;执务和事,不辞剧易",才能恪尽本分。

在"夫妇"篇中,认为丈夫比天还大,须敬谨服侍,"妇不贤则无以事夫,妇不事夫则义理坠废,若要维持义理之不坠,必须使女性明析义理"。在"敬慎"篇中,主张"男子以刚强为贵,女子以柔弱为美,无论是非曲直,女子应当无条件地顺从丈夫"。一刚一柔,才能并济,也才能永保夫妇之义。

在"妇行"篇中，订定了妇女四种行为标准："贞静清闲，行己有耻；是为妇德；不瞎说八道，择辞而言，适时而止，是为妇言；穿戴齐整，身不垢辱，是为妇容；专心纺织，不苟言笑，烹调美食，款待嘉宾，是为妇工。"妇女备此德、言、容、工四行，方不致失礼。在"专心"篇中，强调"贞女不嫁二夫"，丈夫可以再娶，妻子却绝对不可以再嫁，在她的心目中，简直是不可思议的悖理行为，事夫要"专心正色，耳无淫声，目不斜视"。

在"曲从"篇中教导妇女要善事男方的父母，逆来顺受，一切以谦顺为主，凡事应多加忍耐，以至于曲意顺从的地步。

在"叔妹"篇中，说明与丈夫兄弟姐妹相处之道，端在事事识大体、明大义，即使受气蒙冤也是天经地义的事情，万万不可一意孤行，而失去彼此之间的和睦气氛。

虽然《女诫》提出了一套男尊女卑、夫为妻纲和三从四德的规范与理论，后成为封建社会妇女的行为准则，影响深远。

### ❖ 读史话女人

清代女作家赵傅在《后汉列女颂（并序）》中赞她"东观续史，赋颂并娴"。作为第一位女史学家和文学家，班昭名留青史，光照人间。

# 蔡文姬——中国历史上第一位女音乐家

### ❖ 名人档案

蔡文姬（约177—？），名琰，原字昭姬，后改字文姬，陈留围（河南祀县）人。父亲蔡邕是东汉末年著名的文学家和书法家。蔡文姬一生历尽了战争苦难，曾被掳到南匈奴，后被曹操赎回。她一生写了很多作品，留存下来的只有著名的五言《悲愤诗》和琴曲歌辞《胡笳十八拍》各一篇，是我国历史上著名女诗人和音乐家。

### ❖ 历史背景

初嫁河东卫仲道，夫死无子，归居家中。

献帝兴平年间，被南匈奴所掳，没入左贤王名下，在匈奴十二年，生二子。

创作了动人心魄的琴曲歌辞《胡笳十八拍》及五言《悲愤诗》。

曹操惜友爱才，以金璧赎归，再嫁屯田都尉董祀。

曹操令其补辑其父失散的著述，忆写四百余篇。与丈夫董祀安居山麓之中，平安度过了晚年。

### ❖ 生平大事记

## 一嫁成寡妇

唐朝李颀曾为命运坎坷的蔡文姬发出如此感慨："蔡女昔造胡笳声，一弹一十有八拍；胡人落泪向边草，汉使断肠叹归客。"关于她的婚姻，丁庚在《蔡伯喈女赋》是这样说的："伊大宗之令女，察神惠之自然；在华年之二八，披邓林之耀鲜。明六列之尚致，服女史之语言；参过庭之明训，才朗悟而通云。当三春之嘉月，时将归于所天；曳丹罗之轻裳，戴金翠之华锢。羡荣跟之所茂，哀寒霜之已繁；岂偕老之可期，庶尽欢于余年。"

蔡文姬是汉朝著名学者蔡邕的独生女儿。蔡邕不仅是大文学家，也是大书法家，还精于天文数理，妙解音律，在洛阳是文坛的领袖。蔡文姬生活在这样的家庭里，耳濡目染，受其父的影响很大。她很小就十分博学，善于言辞，既博学能文，又善诗赋，兼长辩才与音律。

蔡文姬第一次出嫁，远嫁河东卫家。她的丈夫卫仲道是太学出色的士子，可惜好景不长，不到一年，卫仲道便因咯血而死。两人无子女，蔡文姬遭到卫家嫌弃，认为她"克死丈夫"。正年少气盛、心高气傲的蔡文姬，受不了这种歧视，她不顾父亲的反对，愤而回家，成了年轻的寡妇。

## 二嫁受屈辱

东汉末年，社会动荡，时局变幻。董卓被吕布诛杀以后，因董卓曾重用过蔡邕，蔡邕也被收付廷尉治罪杀了头。此后，更为激烈的军阀混战接踵而来。这时，羌胡番兵趁机掠掳中原一带，攻城掠地，马边悬男头，马后载妇女，蔡文姬与许多妇女一起被羌胡番兵掳到了匈奴。在去匈奴的途中，蔡文姬饱受了番兵的凌辱和鞭笞，这年她23岁。

蔡文姬第二次出嫁，被迫嫁给了虎背熊腰的匈奴左贤王，还为左贤王生下两个儿子。在匈奴生活了12年，蔡文姬学会了吹奏"胡笳"，学会了一些异族的语言，但她更饱尝了在异族异俗生活的痛苦。这12年里，蔡文姬忍受着双重屈辱，一是作为汉人，她被胡人劫掠至胡地；二是作为女人，她被迫嫁给胡人为妾。儿子出世以后，匈奴左贤王对蔡文姬宠爱有加，蔡文姬也渐渐安于抚养两个儿子。但她始终期待自己能够生回故园，死埋家乡。

12年后，蔡文姬归乡的愿望得以实现。当时，曹操基本扫平北方群雄，把汉献帝由长安迎到许昌，后来又迁到洛阳。当上宰相以后，曹操挟天子以令诸侯，在统治稳定之际，曹操回忆起少年时代老师蔡邕对他的教导。当他得知蔡文姬被掠到了南匈奴时，他立即派周近做使者，携带黄金千两，白璧一双，要把蔡文姬赎回来。只是，此时蔡文姬归家，已然多了另一桩心痛：只要回归故国，就得舍弃自己的两个亲生儿子！

蔡文姬多年被劫掠是痛苦的，可忽然要离开胡地，回归故园，舍弃已然共同生活了12年的夫君和两个年纪尚小的儿子，而且此一别关山重重，大漠遥遥，几乎是永别。离开胡地时，她与儿子和夫君相拥泣号。在汉使的催促下，蔡文姬在恍惚中登车而去，车轮地转动中，12年的生活，暮暮朝朝涌上心头，这段惨痛的经历，留下了动人心魄的《胡笳十八拍》。

## 三嫁遭嫌弃

蔡文姬在汉使周近的卫护下回到故乡陈留郡，发现家乡满目苍痍，到处是断壁残垣，已然无法居住。此时，曹操为了让恩师蔡邕血脉传承，又为文姬择一夫婿，此人便是屯田校尉董祀。董祀正值鼎盛年华，论年纪比文姬小许多，生得一表人才，通书史，谙音律，自视甚高。对董祀来说，原本不会想到要娶一个年长自己许多、已结过两次婚还生过两个胡儿的中年女人为妻，他的内心深处还是有些嫌弃这段婚姻，只是迫于丞相曹操授意，无奈中只得接纳文姬为妻。

蔡文姬与董祀结婚这年，是公元208年，这年爆发了著名的赤壁之战。蔡文姬这时已经35岁。在35年的生涯里，她已饱经战乱之苦，经历了与父亲、两个夫君、两个儿子的生离死别，内心中充满挫折与伤痛。冰雪聪明的她，对于董祀对自己的感情，是心中有数的。但此时的蔡文姬，已经没有了年少时愤而离家的那种勇气，可能是因为她已经历了太多，父亲的死也让她无所依靠，她有些麻木，面对命运，只想迁就。在蔡文姬的诗作《悲愤诗》中，她这样谈论这段老妻少夫的关系："托命于新人，竭心自助厉，流离成鄙贱，常恐复捐废"，此语表露了一个女人生怕丈夫嫌弃自己过去的惊恐，自我认知的"鄙贱"，在家中不被爱的地位，以及担心再度失婚遭到抛弃的心情。

蔡文姬这次婚姻，起初并不十分和谐。精神的创伤和对胡地两个儿子的思念，令她时常神思恍惚。而丈夫的冷落，更加重了她的自卑感。与此同时，董祀面对冷淡的婚姻，也做出了变相的"抗争"。仅一年后，董祀就犯下了死罪，曹操判其斩首。文姬闻讯蓬首跳足地赶往丞相府求情。曹操正在大宴宾客，公卿大夫、各路骚使坐满一堂。听说蔡文姬求见，曹操对在座的说："蔡邕之女在外，诸君谅皆风闻她的才名，今为诸君见之！"蔡文姬走上堂来，跪下来。在严冬季节，她头发凌乱、打着赤脚，令众人大为惊讶。曹操心中不忍，命人取过头巾鞋袜为她换上。蔡文姬哀伤地讲清来由，在座宾客都感叹不已，曹操说："事情确实值得同情，但文状已去，为之奈何？"蔡文姬恳求："明公厩马万匹，虎士成林，何惜疾足一骑，而不济垂死一命乎？"说罢又是叩头。曹操念及昔日与蔡邕的交情，又想到蔡文姬悲惨的身世，倘若处死董祀，文姬势难自存，于是立刻派人快马加鞭，追回文状，宽恕了董祀。董祀此后感念蔡文姬的救命之恩，对她态度好转，两人的婚姻由此得以继续。后来，夫妻双双看透了世事，溯洛水而上，居于风景秀丽、林木繁茂的山麓之中，平安地度过了晚年。若干年以后，曹操狩猎经过这里，还曾经前去探视。

## 博学才辩，妙于音津

《胡笳十八拍》是古乐府琴曲歌辞，是感人肺腑的千古绝唱，是蔡文姬和着血泪写成的。"对萱草兮犹不忘，弹鸣琴兮情何伤！今别子兮归故乡，旧怨平兮新怨长！泣血仰头兮诉苍苍，胡为生兮独罹此殃！"这仿佛是这个不幸女子的自弹自唱，琴声正随着她的心意流淌，随着琴声、歌声，她仿佛正行走在一条由屈辱与痛苦铺成的长路上。

南匈奴人在蔡文姬去后，每于月明之夜卷芦叶而吹笳，发出哀怨的声音，模仿蔡文姬的《胡笳十八拍》，成为当地经久不衰的曲调。中原人士也非常盛行以胡琴和筝来弹奏《胡笳十八拍》，据传中原的这种风尚还是从她最后一个丈夫董祀开始的。

《胡茄十八拍》的艺术价值很高，后代有过许多评论。明朝人陆时雍在《诗镜总论》中说："东京风格颓下，蔡文姬才气英英。读《胡茄吟》，可令惊蓬坐振，沙砾自飞，真是激烈入怀抱。"郭沫若还创作了新编历史剧《蔡文姬》，在现代舞台上再现了"文姬归汉"的历史场景，其影响十分巨大。

蔡文姬传世作品除《胡茄十八拍》外，还有《悲愤诗》，它是我国诗史上文人创作的第一首自传体的五言长篇叙事诗。该作在艺术上采用现实主义的手法，通过典型的细节描写，具体生动地表现各种场面，使人犹如亲临其境，"真情穷切，自然成文"，激昂酸楚，在建安诗歌中别构一体，在我国诗歌发展史上有着重要地位。

曹操的文学成就也称得上是震古烁今，他特别爱书，尤其是难得一见的好书。一次闲谈中，曹操表示很羡蔡文姬家中原有的藏书。当蔡文姬告诉他家中原本所藏的四千卷书籍，几经战乱，已全部遗失时，曹操流露出很深的失望之情。但当听到蔡文姬还能背出三百篇时，曹操又大喜过望，立即说："既然如此，可命十名书吏到尊府抄录如何？"蔡文姬惶恐答道："妾闻男女有别，礼不授亲，乞给草笔，真草唯命。"

最终，蔡文姬凭记忆默写出了四百篇文章，且文无遗误。这不但满足了曹操的心意，蔡文姬的才情也可见一斑。蔡文姬是一个博学多才的女子，然而她的婚姻是不幸的，命运是凄惨的。虽然有人认为"蔡文姬受辱房庭，诞育胡子，文辞有余，节烈不足"，但《后汉书·列女传》为她立了传，说明她不曾因多次嫁人而备受歧视。

### ❖ 读史话女人

作为女性，她一生写了很多作品，尽管留存下来的只有著名的五言《悲愤诗》和琴曲歌辞《胡茄十八拍》各一篇，她依然无愧为我国历史上著名的女诗人和音乐家。

# 上官婉儿——巾帼权要第一人

## ❖ 名人档案

上官婉儿（664—710），唐女诗人。陕州陕县（今属河南）人。上官仪孙女。仪被杀，随母郑氏配入内庭。年十四，即为武则天掌文诰。中宗时，封为昭容。曾建议扩大书馆，增设学士。代朝廷品评天下诗文，一时词臣多集其门。临淄王（即玄宗）起兵，与韦后同时被杀。

## ❖ 历史背景

上官婉儿是唐高宗时宰相上官仪的孙女。麟德元年（664），上官仪因替高宗起草将废武则天的诏书，被武后所杀，家族籍没。尚在极襁之中的上官婉儿与母亲郑氏被赶进掖庭宫充为宫婢。然而，好学上进的上官婉儿在掖庭宫顽强长大。因老师的举荐，上官婉儿14岁时，终于得到武皇后的召见。武则天当场命题，让其依题著文。上官婉儿文不加点，须臾而成，珠圆玉润，调叶声和，尤其她的书法秀媚，格仿替花。武则天看后大悦，当即下令免其奴婢身份，让其掌管宫中诏命。此后，武则天所下制诰，多出自上官婉儿的手笔。

## ❖ 生平大事记

### 不记私仇，尽心辅佐

公元690年，武则天"革唐命"，改国号为"周"，自称"圣神皇帝"。女皇开始辉煌的帝业，上官婉儿则开始了实际上的"巾帼首相"生涯。这年女皇62岁，上官婉儿26岁。但和谐甚至美好的君臣关系却又因一个失宠的男宠起了波折，上官婉儿竟被黥面。

男宠薛怀义被武皇厌弃，薛怀义大失所望，有一天他沿着宫中的一条秘道求见女皇，上官婉儿不予通报，将这失宠的"床榻上的君王"阻在一扇宫门外。薛怀义一把惊天大火，亲手烧了他为女皇建造的明堂。武则天大怒，认为是上官婉儿逼薛怀义放火，结果是"许旨当诛，后惜其才，止黥而不杀也"。年轻美丽的上官婉儿须毕生承受晦暗而墨黑的黥文。后世的人痛惜上官婉儿，有民间传说上官婉儿在黥刑处用红颜料文刺出梅花形状，一时成为宫中时尚，大家竞相用胭脂画梅仿效，号为"红梅妆"。另一传说上官婉儿为此特创造了新的发式，将卷曲的发髻巧妙盖在疤痕上，反而更加妩媚，号为"上官髻"。公元695年，武则天称女皇的第五年，要修周史，她把重任委派给了侄子武三思，同时又委派上官婉儿参与。上官婉儿在修史的过程中为武三思提供了无私的帮助，让武三思感激涕零，并对她产生了很深的感情。上官婉儿敏锐地看到了武氏一族的势力正因女皇而迅速发展，势不可当。

而且她在武三思那里找到了安全感，两人因生存利益、彼此利用而铸成的关系，保持了十多年。

当李显重被立为太子后，上官婉儿逢迎所有喜欢她、需要她的男人。她和李旦保持"友情"，又重新恢复了和李显的关系，成为李显的

"患难之友"，她自己也在这种给予中获得了"未来"。公元705年正月二十二，张柬之、桓彦范等五位朝臣发动"神龙革命"，李显复辟，是为中宗。李显的时代又重新到来，上官婉儿的"时代"也再度来临。

正月二十七，新皇帝李显率百官浩浩荡荡来到母后退位后徙居的上阳宫探望，为昏睡不醒的母亲加封"则天大圣皇帝"尊号，这是为了缓解他抢政夺权后沉重的心理负担。在这次探望中，李显要求上官婉儿随他返回洛阳，在朝中为他掌管诏命。上官婉儿便又显出情深义重的一面，她说："奴婢永远爱上皇（武则天），要陪伴她最后一程。"

武则天为政期间，以洛阳为东都，"与民更始"，提倡佛教，崇奉老子，造成"三教归一"的体制，在当时创造了一种新的意识形态。虽非首创殿试之人，但武则天经常出面策士，不计门第。她在位时代，"补阙连车载，拾遗平斗量"，她统治国家几十年，单是人事安排也可见她力量之大、影响之深。而作为除武则天以外最具权柄的女人，上官婉儿19岁起就对百官奏牍先行过目，并加拟签，武氏只需在上批字即可颁行天下；她追随武氏27年，对武氏个人以及武氏国策的影响，可想而知。称她为女皇的女宰相，实不过分。

## 举重若轻，击退重俊变乱

公元705年，武皇葬礼后，上官婉儿被封昭容，重回专掌诏命这个重要位置。在上官婉儿和韦后的帮助下，武三思从几乎被李家王朝彻底摒弃，摇身变为堂堂李唐王朝的司空，三公之一，名副其实的大唐首相。

武三思迅速升迁使武氏一族蠢蠢欲动。在太平公主的纠缠下，她的丈夫武攸暨也进拜司徒，亦为三公。除太尉之外，三公中便有两席被武家强占了去，而且都是实权岗位。事实上，中宗已被皇室的女人们架空。

上官婉儿将韦皇后称霸的野心点燃。她不断向韦后进言提高妇女在社会和政治中的地位，只有这样才能为她未来成为女皇铺平道路。她还不断请求提高公主们的地位，这既取悦了韦后，又笼络住了诸公主的心。她让安乐公主坚信她是能够继承皇位的，尽管李显还有李重俊、李重茂两位皇子，但他们并非韦后所生，这给韦后所生的安乐公主成为皇太女提供了极大的可能。

同时，她还试图笼络住相王李旦和他五个英姿勃发的儿子。上官婉儿敏锐地感觉到他们的虎视眈眈。

在上官婉儿的帮助下，宫里的权势女人各自拉拢了一批朝官并形成了她们自己的势力。她还心怀叵测地贬抑排斥太子李重俊，推举以武三思为首的武氏一族，成功地在朝堂制造吁请废黜太子的舆论，年轻的太子再也不能忍受，他要杀了武三思和上官婉儿。

公元707年7月，李重俊与左羽林大将军李多祚等，"矫诏"发羽林军三百余人，当夜便发兵突袭了武三思的王府，砍掉了武三思及其子武崇训的脑袋。李重俊乘胜追击，杀进肃章门，并封锁了所有的宫门。李重俊的飞骑突进肃章门后，他就高声喊叫要把上官婉儿碎尸万段。

上官婉儿正在李显的大殿中与韦后、安乐公主一道陪着圣上博戏，韦后和安乐公主在发抖，李显则一脸绝望。内心已到崩溃边缘的上官婉儿反倒镇定下来，急中生智："如此看来，太子是先要我死，然后再依次弑杀皇后和陛下，要让我们同死于他的刀下。"

李显和韦氏大怒，不肯依李重俊的索要交出上官婉儿。李显带上官婉儿和他的妻女们匆匆登上了玄武门，以避兵锋。他首先派右羽林军大将刘景仁速调两千羽林兵士屯于太极殿前，闭门自守。当叛军来到玄武门下，他便依照上官婉儿的计策，向门下的叛军高声劝降。叛乱的羽林军当场倒戈，并将李多祚、李承况、李千里等李唐宗室们斩于玄武门下，一时间玄武门下血流成河。李重俊兵败被杀，疯狂的韦皇后和安乐公主逼迫圣上救许，从太庙取来李重俊的首级祭于武三思父子的灵柩之前，后又悬于朝堂示众，直至腐烂，被乌鹊叼啄，朝野上下，竟无一人敢去为李重俊收尸。

## 伪造遗诏难，逃败亡宿命

公元710年五月，许州人燕钦融声色俱厉地奏表圣上，说皇后淫乱，干预国政；而安乐公主、武延秀夫妇及当朝宰相宗楚客等人亦图谋不轨，企图夺取李显的天下。李显随即召见，当面询问。燕钦融刚走出宫门，便被羽林兵士杀死，中宗惊怒万分。中宗的反应马上引发了韦皇后的下一步行动。公元710年六月初一，中宗暴毙，上官婉儿马上明白了事情的原委。

上官婉儿想这可能是她最后一搏的时刻了，她挥笔草拟了一份中宗李显的遗诏：立温王重茂为太子，韦后知政事，相王参决政务。

立16岁的少年李重茂为太子，天经地义；圣上驾崩，太子年少，由皇后垂帘听政，也在情理。对此真正起到制约作用的是相王的参决政务，这就为李唐皇室的东山再起提供了一个绝好的机会。这是上官婉儿在当时能够做出的最好决定，她希望能够从这一纸伪造的遗诏中赢得某种继续活下来的可能，以洗脱"韦后党羽"的罪名。

710年六月初二，韦后火速征发五万府兵屯驻京城，各路统领皆为韦姓。六月初三，韦后知会天下中宗晏驾。上官婉儿宣读她伪拟的中宗遗诏，立温王重茂为皇太子，皇后临朝执政，相王参决政事。六月初四，宰相宗楚客及韦后兄韦温等率众上表，奏请由韦后专决政事，罢相王参政之权，致使上官婉儿假托之遗诏失效，李唐王朝眼看着大势已去。次日，中宗灵柩迁至太极殿，集百官发丧。少年太子李重茂为荡帝，韦后临朝称制。

与此同时，临淄王李隆基与姑母太平公主以及太平公主的儿子等献血盟誓，决意兵变，彻底推翻"韦氏王朝"。

公元710年六月二十日，在中宗李显暴毙19天后的夜晚，李隆基等人便身着便服，潜入禁苑埋伏。二更时分，全副武装的李隆基横枪跃马，斩杀了掌管皇家军队的所有韦氏党羽，并当众宣告：韦氏毒死先帝，谋危社稷，今夕当共诛诸韦，身高有马鞭长者皆杀之。立相王为帝以安天下，敢有反对者将罪及三族。

一声号令，羽林将士们便欣然从命，宫城的防卫不攻自破，韦后与安乐公主均被杀。临淄王此次政变要杀的第三个人，就是上官婉儿，临淄王的亲信刘幽求奉命诛杀她。

上官婉儿在杀声震天之中，化妆更衣，命令宫女排列整齐，静静地秉烛迎接刘幽求。这个场景令刘幽求十分吃惊，上官婉儿从容地出示先帝驾崩时的假托遗诏，申明自己的立场，刘幽求则称临淄王已下了必杀令。上官婉儿听此消息，平静迎接了死亡，结束了她丰富、鲜明、坎坷的一生。上官婉儿用自己的才智和高超的政治手腕，在权力场中纵横捭阖，在危机四伏的宫廷争斗中保持着艰难的"平衡"。尽管也曾一度享尽荣华与权力，但她仍要曲意逢迎皇上、皇后、公主的鼻息。在充斥欲望和血腥的宫闱斗争中，她仍未逃脱厄运，成为皇权争斗的牺牲品。

## "彩楼评诗"开启一代文风

上官婉儿的美丽还表现在她终身钟情于那往来唱和的千古诗篇及与文人雅士的风月清谈。她运用自己的影响劝说中宗，大量设置昭文馆学士，广召当朝词学之史记功书过，复有女尚书决事言阀，昭容（上官婉儿）两朝兼美，一日万机，顾问不遗，应接如意，虽汉称班媛，晋誉左媳，文章之道不殊，辅佐之功则异。"贞元时，吕温曾作《上官昭容书楼歌》尚可见其文学生活的片段。

## ❖ 读史话女人

上官婉儿是历史上颇有才气的女子，她的一生可谓是坎坷传奇。她追随武氏27年。对武氏个人以及武氏的国策都有重大影响，成为除武则天以外最具权柄的女人。她虽然没有丞相之名，但有丞相之实，武则天甚至一度要把她立为女皇。她的诗文创作则一洗江左委靡之风，力革南朝以来四六骈俪的章法，挣脱六朝余风，使文风为之大变，对唐诗的辉煌发展也有极大的启导作用。

# 李清照——最有才华的女词人

## ❖ 名人档案

李清照（1084—约1155），南宋女词人号易安居士，齐州章丘（今属山东济南）人。父李格非为当时著名学者，夫赵明诚为金石考据家。早期生活优裕，与明诚共同致力于书画金石的搜集整理。金兵入据中原，流寓南方，明诚病死，境遇孤苦。所作词，前期多写其悠闲生活，后期多悲叹身世，情调感伤，有的也流露出对中原的怀念。她的诗形式上善用白描手法，自辟蹊径，语言清丽。论词强调协律，崇尚典雅、情致，提出词"别是一家"之说，反对以作诗文之法作词。并能诗，留存不多，部分篇章感时咏史，情辞慷慨，与其词风不同。有《易安居士文集》、《易安词》，已散佚。后人有《漱玉词》辑本。今人有《李清

143

照集校注》。

### ❖ 历史背景

李清照18岁时，嫁给赵明诚，婚后共同从事学术研究，考证金石。"靖康之乱"发生之后，1129年，明诚病逝，清照孤身流落，在杭州度过残年。

绍兴四年（1134），写出了著名的《金石录后序》。绍兴二十五年（1155），李清照孤冷地离开人世。

### ❖ 生平大事记

## 夫唱妇随，生活幸福

李清照成长在贵族书香世家，父母两系都有非常好的文学素养。其祖父与父亲在齐鲁一带颇负盛名，俱出于韩琦门下。父亲李格非精通经史，长于散文；母系一族在当时也是一门显赫，母亲王氏也知书能文。她受了遗传上的禀赋，又受了父母的教育与熏陶，加上她的父母与许多文人结交，耳濡目染，也受了这些文人的影响。故而李清照自幼天资颖悟，不到11岁，她的诗文已被父辈称赏，以才藻闻名于乡里。

18岁时，李清照嫁于赵明诚，夫妻二人感情融洽。太学生赵明诚，是丞相赵挺之的儿子，他酷好金石，在攻读经史之余，对于彝器、书帖、字画，每每刻意搜求。相处日久，李清照对金石学也具有了浓厚的兴趣，便同丈夫一起收集研究金石书画，共同整理校勘古籍史册，过着夫唱妇随的幸福生活。

由于赵明诚还在太学读书，每月朔、望才能请假回来，因此尽管同在一个汴京城中，李清照仍觉得如隔迢迢云汉，半月一次的相逢，也当做一年一度的七夕。一年重阳，李清照作了那首著名的《醉花阴》，寄给在外的丈夫：薄雾浓云愁永昼，瑞脑销金兽。佳节又重阳，玉枕纱厨，半夜凉初透。东篱把酒黄昏后，有暗香盈袖。莫道不销魂，帘卷西风，人比黄花瘦。

秋闺的寂寞与闺人的惆怅跃然纸上。据《嫏环记》记载，赵明诚接到该词后，叹赏不已，又不甘下风，就闭门谢客，废寝忘食三日三夜，写出五十阕词。他把李清照的这首词也混杂其间，请友人陆德夫品评，陆德夫把玩再三，说："只三句绝佳。"赵明诚问是哪三句，陆德夫答："莫道不销魂，帘卷西风，人比黄花瘦。"

## 屡逢变故，流亡凄苦

不料，这种幸福美满的生活没能维持多久。赵明诚的父亲赵挺之与李格非都因得罪权臣蔡京而遭罢官，赵挺之在一波三折的政治斗争中死去，赵家父死家败，心寒之极，赵明诚与李清照离开汴京，回到赵明诚的故乡青州。性情淡泊的赵明诚，自屏居乡里后，更加潜心于金石书画的搜求研究，家中原有的一点积蓄，除了衣食所需之外，几乎全用于搜求书画古器。前几年赵明诚刚出仕时，就对李清照说过："宁愿饭蔬衣简，亦当穷遇方绝域，尽天下古文奇字。"李清照深深理解丈夫的志趣，把他这种爱好，比作杜预的"左传"癖和王维的"书画"癖。李清照千方百计缩减衣食的支出，自己以荆钗布裙，代替了明珠翠玉，而每得一帖罕见的古书、名画或彝鼎金石，夫妇二人便共同校勘、鉴赏、整集签题，指摘瑕疵，其乐融融。公元1127年，北方金族南下攻破汴京，北宋灭亡，宋徽宗、宋钦宗父子被俘。赵构成了南宋的第一个皇帝,定国号"建炎"。李清照夫妇也先后渡江南去。第二年,也就是他们结婚29年后,赵明诚被朝廷罢去江宁太守的职务,夫妻两人乘船决定到洪州暂住,一路行来,两人谈论的都是国家兴亡。李清照说道:"皇皇华夏,自古不乏英雄豪杰。就说我们大宋吧,这几年,出了多少忠肝义胆之士!李纲李枢相以文臣而兼武事,受命于危难之际;宗泽宗留守以孤军扼守危城、弥留之际高呼渡河;就拿那位年轻的太学生陈东来说,以书生而赴国难,几次伏胭上书,终至被朝廷斩首。丹心碧血,浩气长存。"赵明诚续道:"古代蜀国望帝禅位出奔,还日夜思念故国,化为啼血的子规。如今,二帝蒙尘,神州动荡,又有谁思念我们这风雨飘摇的故国呢?"船队已进入和州境内,李清照指着北岸向西的一道水流对赵明诚说:"那就是霸王自刎的乌江啊!你刚才说得好,望帝怀念故国,化作子规,啼血哀鸣,就是那漫山遍野的杜鹃,也变作了他的满腔碧血!楚霸王逐鹿败北,无颜见江东父老,宁肯一死以谢天下。这比起那弃天下百姓于不顾,苟且偷生,偏安一隅的人,要有气节得多"言罢,禁不住击打船上的桅杆,放声吟道:"生当为人杰,死亦为鬼雄;至今思项羽,不肯过江东!"

　　流亡的生活对他们的健康是一种摧残。就在同一年,再赴建康任职的赵明诚死在刚上任不久的太守府中,李清照赶到建康,为赵明诚营葬,终于支持不住,猝然病倒。赵明诚的死给予李清照极大的精神打击,让她长期陷入悲苦的困境。与此同时,江南局势也突起大变,金兀术引大兵南侵,于建炎三年攻南京,李清照又仓皇走上流亡之途。她带着丈夫残存的书画、金石、碑帖和一些手稿流徙各地,先后到了越州、台州、温州、衡州,最后到了杭州。经过数年的努力,李清照将丈夫赵明诚研究金石的遗稿认真校正誊录,并做了一些增补,全文用细宣工楷誊写,终于集成了《金石录》(三十卷)。

对于南朝的政治，清照是愤懑不平的。南渡君臣，昏聩而少进取心，和汴京时并无本质的差异。她看在眼里，发而为诗。由于她对时政的不平，自然也得罪不少人，于是，人们便造出一些谣言来诋毁她，说她在投老之年，改嫁一个品德败坏的男人，这谣言还说出那男人的名字为张汝舟，当然这都是无稽之谈。

李清照晚年的生活非常凄苦，她居住的地区也不固定，大致在金华的时间为多。尽管她的祖父、父亲、丈夫等均是名人，她自己也负一时重誉，但她不愿与当时的权贵们同调。因此，她自然也被南渡的权贵们所遗忘，甚至她的卒年，在史书中亦无可考，据一般推断，她大约活了60岁。

## "易安体"、"婉约风"

在中华民族灿烂的文化中，宋词是其中的一块瑰宝。而在宋代的芸芸词家中，旷世才女李清照以她独特的魅力，跻身其中，著称于世。

李清照的情感，一种是女性的，反映在词里是清丽、活泼、缠绵、委婉，这在幼年和婚后的作品中可以看出。《点绛唇》的"和羞走，倚门回首，却把青梅嗅"，写出了少女时代的娇羞；《减字木兰花》的"怕郎猜道，奴面不如花面好，云鬓斜簪，徒要教郎比并看"，活似一幅新婚少妇向她丈夫撒娇的自画像。生命的最大快乐是爱，当明诚离开她时，这个寂寞的少妇，不免黯然神伤，顾影自怜，写出了像《醉花阴》《一剪梅》《凤凰台上忆吹箫》等这一类凄艳缠绵的作品，风格极近秦观，却又罩上婉约一派的色彩。

47岁后，她的生活陷入悲苦的命运之中，极目破碎的山河，怅望沦陷的故里，悼念死去的丈夫，不禁百感交集。她的风格，又由清丽婉约一变而为凄怆沉痛，近于苏、辛豪放一派。《感怀诗》的"南渡衣冠思王导,北来消息少刘馄"声情激越,已不似纯粹女性的作风了。

　　李清照的求知欲很强,她熟习诗书,关注面很广,这些内在的因素反映在词里,自然空灵悠远,博大高远,形成独立自足的天地,如《摊破浣溪沙》的"枕上诗书闲处好,门前风景雨来佳。终日向人多酝藉,木犀花",写诗人面对着枕上的诗篇和眼前的景物,娓娓地倾诉自己的情感,清远闲适;又如《渔家傲》的"天接云涛连晓雾,星河欲转千帆舞。仿佛梦魂归帝所,闻天语,殷勤问我归何处",这般神秘的气氛,诙谐的描写,使你感到意境无比的灵奇,出于诗人超乎寻常的想像,不就是屈原的《天问》吗?凭丰富的想象力,把灵魂提升到最圣洁、崇高的高度,这种作风,南唐二主以后,只有东坡、稼轩才有此本领。

　　清照不仅善于运词,最难得的是凭她卓越的天才,自造新词,自立新意,建立了一种回环顿挫、婀娜多姿的词体。如《声声慢》的"寻寻觅觅,冷冷清清,凄凄惨惨戚戚",一连用了14个叠字,真是如珠走盘,古今所无。调名《声声慢》,她便将这些叠字双声连成一气来象征声声慢,造成萧瑟寂寞的气氛,暗示自己的情感。此外,她善于运用人人能懂的白话,配合美妙的音律,写出内心微妙的情绪,用得特别新奇,富有文学的创造性。

### ❖ 读史话女人

　　李清照工诗,能文,更擅长词。从艺术成就上看,她的词超过了诗和文,在艺术上成就很高,独具一家风貌,被后人称为"易安体"。其主要特点,一是以其女性身份和特殊经历写词,塑造了前所未有的个性鲜明的女性形象,从而扩大了传统婉约词的情感深度和思想内涵;二是善于从书面语言和日常口语里提炼出生动晓畅的语言,善于运用白描和铺叙手法,达到浑然一体的境界。她是宋词婉约派的代表,兼有苏、辛豪放派之长，独树一帜于两宋词坛，对后世影响极大。她还著有《词论》一书，书中提出"词，别是一家"的看法，反对以作诗文之法作词。她极重视词的特殊格调和协律性，能够独辟蹊径，在丰富词的表现手法上做出了突出的贡献。虽然她词作的内容多局限在爱情与离愁别恨的传统范围之内，但在南渡后，更多地表现出对国家、人民和个人的深沉伤感。她的词对女性内心世界的深刻描绘，于委婉细腻中一洗以往词作的妩媚不实，给词坛带来清高的意趣，淡远的情怀，空灵的意境，使她最终成为宋代词坛杰出的女作家。

# 黄道婆——最著名的纺织革新家

### ❖ 名人档案

黄道婆（约1245—？），松江府乌泥泾镇（今上海市）人，元代棉纺织革新家。又称黄婆。她的发明创造和推广革新，对当时植棉和纺织技术的发展起到了很大的推动作用，也使得松江在当时一度成为全国棉纺织业的中心。为纪念她在棉布代替丝麻上做出的贡献，后世称她为"棉纺之祖"。

### ❖ 历史背景

元贞年间，黄道婆将在崖州（今海南岛）学到的纺织技术进行改革，制成一套扦、弹、纺、织的工具，提高了纺纱效率。在织造方面，她用错纱、配色、综线、花工艺技术，织制出有名的乌泥泾被，推动了松江一带棉纺织技术和棉纺织业的发展。后至元三年（1337），人们为她立祠院，1957年又在上海为她建墓园并立纪念碑。

## ❖ 生平大事记

## 背井离乡，艰苦学艺

南宋末年是一个多灾多难的年头，战乱频繁，民不聊生。江南地区人民长期蒙受统治者的掠夺与压榨，遇到旱涝之年，人们纷纷逃荒。在"男尊女卑""三从四德"等封建礼数盛行的社会中，妇女更是如牛马般在苦水中煎熬。黄道婆十二三岁时，为生活所迫，给人家当童养媳，而偏偏又遇上刻薄的婆婆、蛮横的丈夫。一天，由于劳累过度，她织布时速度慢了一些，公婆、丈夫以此为借口，将她毒打一顿，锁在柴房里不给她饭吃，不让她睡觉。黄道婆无处诉苦，便横下一条心，在房顶掏了一个洞，逃到了停靠在黄浦江上的一艘帆船，随船到了海南岛南端的崖州，从此开始了不平凡的生活道路。

我国是纺织业的发祥地，湖南长沙马王堆一号西汉古墓出土的200多件织工考究、色彩斑斓的丝麻织品，说明在两千多年前人们就掌握了相当先进的纺织技术。宋朝时纺织业在内地逐渐发达起来，海南岛在11世纪（北宋中期）为满足人们日用之需，已经开始大面积地植棉。赵汝适《诸蕃志》说黎族"妇人不事蚕桑，惟织吉贝花被、鳗布、黎幕"。方勺《泊宅编》记载："闽广一带纺绩……摘取出壳，以铁杖捍尽黑子，徐以小弹弓，令纷起，然后纺绩为布，名曰吉贝。"相对来说，当时内地的纺织产量不高，而且布匹的质量低劣，不能成为人们主要的衣着用品。而海南岛一带生产的棉织物，品种繁多，织工精细，质量、色彩均居全国之首，作为"贡品"进入都城临安（今杭州）的各类棉布就有20余种。棉布比之丝织物有着许多长处，王祯《农书》里说它"无采养之劳，有必收之效；免绩缉之工，得御寒之益。可谓不麻而布，不茧而絮"。黎族人民还能织出坚厚的兜罗棉、番布、吉贝等纺织品，染成各种色彩的黎单、黎棉、鞍塔等，销往全国各地。

　　黄道婆就是在这样一种特定的历史条件下，来到海南岛的。她与黎族人民一起日出而作，日落而息，在共同的劳动生活与交往中，努力学习和掌握当地先进的棉纺织技术。黎族同胞的细心传授，黄道婆自己虚心刻苦的学习，使她了解并熟悉了各道棉和织布工序。在实践中黄道婆还融合吸收了家乡织布技术的长处，逐渐成为有着精湛技术的纺织能手。日月如梭，物换星移。在海南生活劳作的黄道婆不觉已度过了20多个春秋。中年之后，思乡情更切。桑梓故园之思，桑榆晚景之感，叶落归根之情，使"有志复赤子"的黄道婆在元成宗元贞年间（1295—1297年），带着黎族人民的深情厚意和祝福，身背踏车、椎弓等纺织工具，踏上了北归的路途。

## 穷心竭力，谋求革新

　　随着时代的前进，生产力必然要向前发展。棉纺织业简陋的生产条件和落后的技术水平的改变，发生在宋末元初这一历史时期，黄道婆对这一重大变革做出了巨大贡献。

　　黄道婆重返故乡的时候，植棉业已经在长江流域大大普及，但是纺织技术仍然很落后。她回乡后，看见妇女仍然用红肿的手剥棉子，男人依旧用小竹弓弹棉花，而且织出来的布还像从前一样粗糙，就致力于改革家乡落后的棉纺织生产工具。据陶宗仪《耕录》记载，"乌泥径初无踏车椎弓之制，率用手剖去籽，线弦竹孤，置案间振掉成剂"，操作起来十分辛苦，生产效率又极低。黄道婆先改革了纺织工具，"乃教以做造捍弹之具，至于错纱配色，综线絮花，各有其法"，然后将黎族人民先进的棉纺织生产经验与汉族纺织传统工艺结合起来，系统地改进了从轧子、弹花到纺纱、织布的全部生产工序，并创造出新的生产工具，把自己掌握的精湛的织造技术毫无保留地传授给了故乡人民，将松江地区的棉纺织技术提高到了一个相当高的水平。

黄道婆首先从棉纺织的第一道工序"轧棉去子"着手，她最初教人用铁杖来拼尽棉子，以代替原始的用手剖去籽的方法。后来黄道婆又把黎族人民用的搅车介绍过来。搅车又名轧车，是由装置在机架上的两根辗轴组成，上面的是一根小直径的铁轴，下面的是一根直径比较大的木轴，两轴靠摇臂摇动，向相反方向转动。把棉花喂进两轴间的空隙辗轧，棉子就被挤出来留在后方，棉纤维（皮棉）被带动到前方。应用搅车后，完全改变了当时用手剥子或用铁杖拼去子的落后状况，大大提高了生产效率，是当时皮棉生产中一件重大的技术革新。然后，黄道婆认为原先弹松棉花的操作太原始粗糙。经过试验她不仅把原来的小弓改成1米多长的大弓，用粗绳弦代替细绳弦，而且还用檀木做的椎子击弦弹棉。这样既比以前用手指弹拨的小竹弓提高了效率，又使弹出的棉花均匀细致，不留杂质，提高了纱线的质量。

在纺纱这道工序上，黄道婆所用的心力最多。她发现当时人们使用的旧式单锭（1个纺锭）手摇纺车，功效很低，要三四个人纺纱才能供上一架织布机的需要，对加快织布速度障碍很大。黄道婆就与木工师傅一起，经过反复的试验和不断地改进，终于研制出了一种三锭式（3个纺锭）的棉纺车，使纺织效率一下子提高了两三倍，操作也比原先方便省力。黄道婆创造性地发明了三绽脚踏纺车，代替了沿袭了几千年的单绽手摇纺车，这是棉纺织史上的一次重大革新，是黄道婆对棉纺织业的卓越贡献。这种新式纺车很快被人们接受与运用，在江南一带推广普及后，生产的棉布在数量和质量上都大为改观。这种纺车成了当时世界上最先进的纺织工具。元初著名农学家王祯在《农书》中介绍了这种纺车，其中的《农器图谱》还对木棉纺车进行了详细的绘图说明。这是我国古代棉纺织技术处于世界领先地位的有力证明，同时也显示出黄道婆不但在中国，而且在国际棉纺织史上所具有的崇高地位。

另外，黄道婆还充分利用和改进了传统的丝绸生产工具和技术，精益求精地提高了整丝和织布工艺质量，使当地人民能用纱线织出各种色彩的棉布，其绚丽灿烂的程度能与丝绸相媲美。王祯在《农书》中记载当时已用拨车、线架等纺织工具来分络各色棉纱，还记载了织布机与丝绸机的相同之处。这是黄道婆与劳动人民一起，把丝织生产经验运用于棉纺织业，改进了原先所使用的投梭织布机的又一革新创造。

## 爱心无私，广传技艺

黄道婆的历史功绩，还在于她把从海南岛人民那里学来并掌握的织造技术，结合自己的实践经验，向乌泥径人民介绍并推广了织造崖州被面和其他精美棉织品的方法。她总结了一套比较先进的"错纱配色，丝线絮花"的织布技艺，推广运用后，使当地的棉纺织业形成了全新的格局。使当时乌泥径地区以棉织业为生的作坊增至千余家。经过黄道婆的热心传授，乌泥径人民能织出宽幅的被、褥、带等多种棉纺织品，上面织有传统的折枝、团凤、棋局、字样等生动图案。"乌泥径被"一时成为名闻全国的产品，附近地区都竞相仿效，"尽传其法"，产品不胫而走，蜚声各地。

黄道婆根据自己几十年丰富的纺织经验，和广大劳动人民一起，对当地落后的棉纺工具做了大量改革，创造了一整套的"撰、弹、纺、织"工具。由于黄道婆对棉纺织技术做出了这样巨大的贡献，当地劳动人民都深情地热爱她，怀念她。她死后大家把她公葬了，并且还在镇上替她修建了祠堂，叫先棉祠，以后其他地方也都先后为她兴建祠堂，表达了人民对这位纺织工人的先驱者的感激和怀念。

## ❖ 读史话女人

因为黄道婆，松江一带就成为全国的棉纺织业中心，历数百年之久而不衰。明朝正德年间（1506—1521），当地的棉纺织业达到高峰，织出的棉布一天就有上万匹。松江棉布远销各地，还出口到欧美。深得国内外人们的赞赏，赢得了极高的声誉。从此，内地的衣着用品逐渐以棉布代替了丝麻，棉织业迅速在全国发展起来。"衣被天下"的松江布是广大劳动人民智慧和汗水的结晶，更蕴涵着黄道婆这位棉纺织革新家的心血和精力。正是由于黄道婆的不懈努力和非凡创造，拓展了我国棉纺织业的广阔天地，谱写了纺织科学的崭新篇章，其遗风所及，至今犹存，泽福后人，永垂青史。

# 回廊一寸相思地——悲情篇

在封建社会，一个美貌的女子仅凭长相甚至就可以改变她们的一生，或一生荣华，或一世骂名，也有像本篇收录的几位一样令人扼腕叹息。虞姬、独孤皇后、珍妃……穿越历史时空，一路追忆这些悲情中的女人，静静品味她们的传奇人生。凄美绝唱的背后，让人看懂封建社会痴情女子的悲凉。

# 虞姬——饮剑楚梦中的情义女子

## ❖ 名人档案

虞姬，秦末人，一说名虞妙弋，人称"虞美人"。今沭阳县颜集乡人。为西楚霸王项羽爱姬。据历史史料记载，虞姬是一个才貌双全的女子，虞姬不仅长得漂亮，虞姬的舞姿也是楚楚动人，还有她的剑，也同样挥舞得轻盈如水。

## ❖ 历史背景

"力拔山兮气盖世，时不利兮骓不逝！骓不逝兮可奈何，虞兮虞兮奈若何！"这首《垓下歌》是楚霸王项羽（前232—前202年）被刘邦逼到垓下时，与宠妃虞姬所唱的曲。一曲既罢，虞姬自刎而死，项羽则率精锐突围，但仍被逼困在乌江，最后只留下"纵江东父兄怜而王我，我何面目见之？"也自刎身亡。项羽与虞姬最后的诀别，就这么成了流传千古的凄美绝唱。霸王英雄末路，虞姬自刎殉情。这悲情一瞬，已定格在中国文学的字里行间，定格在中国戏曲的舞台上，成为中国古典爱情中最经典、最荡气回肠的灿烂传奇。

## ❖ 生平大事记

## 自古美女爱英雄

据民间传说浙江绍兴的山峦间,有个叫塔石的村落。山村虽小,却风光秀丽,草木山石之中蕴涵着大自然的灵气。虞姬就出生在这个小山村里。她父亲是个猎手,靠进山狩猎维持生计。家境虽不宽裕,但平静的生活依然充满着甘甜和温馨。

虞姬自幼跟随父亲打猎,渐渐地,父亲那一身技艺,她也学得不少,不仅习得弓、剑、刀、叉等十八般武艺,还练就了一身轻功,从高处往下跳,竟轻如鸿雁,落地无声。

一次,父女二人上山打猎,发现一头大野猪。父亲一箭射去,但没有射中要害。受伤的野猪咆哮一声,直向虞姬扑来。虞姬无处躲闪,可她并不惊慌,一个转身同那野猪一起向山下倒去。这一下可把她爹急坏了,他连滚带爬找到山下,只见野猪倒在血泊之中,但虞姬却踪迹皆无,他伤心不已,号啕大哭。这时忽听女儿在高处喊他,举目一看,虞姬双手抓住一根树枝,正冲他笑呢!下来之后,父女二人高高兴兴把野猪抬回村里。这一下,虞姬在附近乡村无人不知,个个称慕。

光阴似箭,虞姬渐渐长大,出落成一个如花似玉的大姑娘。求亲的人家络绎不绝,周围村庄的小伙子也跃跃欲试。可是,这些人都不如虞姬的心意,就连她爹也总是摇头。

日子一天一天地过去,但虞姬的婚事仍然没有着落。

这天,虞姬正在山脚下晒兽皮,忽听远处传来急促的马蹄声,还夹着一个人粗粗的嗓音:"快闪开!马受惊了!"瞬间,一匹快马驮着一个壮汉狂奔而来,眼看就到了虞姬跟前。说时迟,那时快,她并不退让，一个箭步上前，一把抓住野马顶鬃，惊马四蹄乱蹦，但很快就被制伏，乖乖地停下来。

这马上壮汉，不是旁人，正是后来的楚霸王项羽。他自幼便父母早亡，随叔父住在山阴项里，他生得虎背熊腰，力大过人，平时不喜文墨诗书，爱结交英雄义士，终日舞枪弄棒，大有一扫天下的气魄。

项羽惊魂未定，下得马来，正待拜谢勒马英雄，定睛一看，却是一位美丽的妙龄少女，心中不由得产生几分敬佩之意，但又有些不服，心想自己堂堂大丈夫，竟不如一个乡间女子，那张脸顿时红了半边，好在他的脸本来就黑，姑娘并未注意到。他一面拱手致谢，一面指着野马嗡声嗡气地说："这畜生，脾性太烈，要不是你把它拦住，我这阵子还不知到了哪个山头呢！"

项羽说话的当口，虞姬偷眼观瞧，见项羽人高马大，两道剑眉，鼻直口方，气宇轩昂，活脱脱一个盖世英雄形象！姑娘便有几分心动，这不正是我日思暮盼的那种郎君吗？想到这儿，姑娘脸上一阵羞红。她对项羽说道："壮士方才骑马一定累了，寒舍备得几杯薄酒，请英雄上马，随我回去，一来替英雄洗尘压惊；二来可让家父拜识英雄一面。"话音未了，纵身跳进盛兽皮的箩筐里，双手提起箩环，飘然离地而去。项羽从未见过此等轻身功夫，又兼方才虞姬力勒惊马，心想此女定非俗辈能比。他连忙翻身上马，追上前去。

在虞姬家中，她父亲见项羽相貌堂堂，出语不凡，也是满心欢喜。几杯酒过后，便对项羽谈起嫁女之事。项羽一听，正合心意，连忙倒身下拜，谢声不迭。就这样，一个男中杰，一个女中魁，成就了百年之好。

## 楚汉相争垓下围

　　这以后，虞姬跟随项羽，东征西伐，破釜沉舟，取得巨鹿之战的胜利；进兵咸阳，灭掉秦朝。项羽势力不断扩大，威名远扬。但是，随着霸业的扩展，项羽的毛病也多了起来，他刚愎自用，有勇少谋，缺乏果敢，特别是低估了当时另一强人刘邦的能量。公元前203年，楚汉成皋之战，刘邦大败楚军。刘邦派人游说项羽，项羽听信了侯公的一套花言巧语，与刘邦定约，中分天下，割鸿沟以西的地盘为汉，鸿沟以东的地盘为楚。象棋上的"楚河汉界"即是缘此而来。

　　公元前202年年初，刘邦撕毁和约，越过鸿沟，领兵把项羽追至固陵，因齐王韩信、建成侯彭越按兵不动，被项羽打得大败。于是，刘邦采纳张良的建议，许给韩、彭封地，他二人统率大军前来合击项羽。两军又在垓下（今安徽灵璧东南）展开一场殊死战争。韩信的十面埋伏阵把楚军杀得晕头转向。

　　垓下战场项羽大帐中，虞姬焦灼地在帐内徘徊。两军冲杀的喊声，刀剑撞击的铿锵声，远远地传来。她随项羽征战多年，战争的残酷早已习以为常了，但像今天这样激烈的厮杀，她也未曾见识过。她有些心惊肉跳，坐卧不宁，时而走出帐去观看，时而踱回帐中深思。

　　不久，项羽一身污迹回到帅帐，他脸色阴沉，浑身气得发抖。看他的神色，虞姬明白了一切，知道楚军失利。她轻轻走到项羽跟前，柔声细语地安慰道："胜败乃兵家常事，大王不必过分伤怀。"

　　项羽垂着头，他心里难受，愤愤地说道："想我戎马一生，竟遭今日之败！"虞姬听了，觉得事情不妙，脸上却没有露出惊慌之色，依然柔声劝道："楚军虽遭一时挫折，但并未全军覆没，大营依然在我军手中，只要鼓舞士气，重整旗鼓，还是可以反败为胜的，请大王放宽心!"

楚军这一仗败得太惨了,项羽心里说:反败为胜,谈何容易!若不是钟离昧、季布断后,我左冲右杀,闯开一条血路,早就横尸疆场了。

就在这时,士兵来报:"汉军已将大营团团围住,正在叫阵!"项羽当即传令全营将士死守大营。

虞姬见项羽心事重重,又拼杀了一天,便劝项羽早些歇了。

她独坐灯前,心神不定。突然,营帐外响起一阵楚地的歌声,如泣如诉,如哀如怨。

楚歌是汉军唱的,歌声忽高忽低。他们这一招真是厉害,可谓是釜底抽薪!因战斗失利,楚军死亡无数,将士们本来就心灰意冷,无心再战。这回一听到乡音,勾起思乡念亲之情,眼看项羽大势已去,于是纷纷出营,四散逃离而去。

## 千古绝唱情万丈

等到项羽被歌声吵醒,楚军只剩下八百亲兵了。得知这一消息,项羽仰天长叹,老泪纵横。这时,天已渐亮,他已做好了拼死突围的准备。

可是,看到身边的虞姬,他又茫然了。年轻的虞姬眉黛鬓青,眼如灿星,唇如涂朱,细嫩微红的脸上挂着愁容。一个弱女子,在汉军的重重包围之中,如何得以脱身呢?自己早已置生死于度外,可她追随自己多年,四处奔波,从未过几天安宁日子,横遭此祸,又怎么对得起她的百般温情。他越想越伤心,越想越内疚,真是柔肠寸断。他抓起一张纸绢,手提笔管,奋笔疾书。

力拔山兮气盖世,

时不利兮骓不逝!

雏不逝兮可奈何，

虞兮虞兮奈若何！

俗话说，"知子莫如父，知夫莫如妻。"看到项羽的诗句，虞姬心中已经明白了项羽的心事。她如万箭穿心，她留恋人世，留恋朝夕相处的项羽，她想随他冲杀出去。可是，她何尝不知道，区区八百军士，且都是疲惫伤残，要想冲出包围圈，比登天还难！自己执剑冲杀，难免死于敌手，弄不好还要成为项羽的累赘。于是，她下定了必死的决心，声音颤抖着说："妾不能助大王一臂之力，也绝不能拖累大王，万望大王保重！杀将出去，以图东山再起！"语音刚落，她趁项羽不备，猛然从项羽腰间抽出佩剑，向自己脖下一横，顿时倒地身亡！

这一幕发生得太快，等项羽明白过来，虞姬已经拔剑自刎。项羽这个在两军阵前杀人如麻的钢铁汉子，此时也禁不住捶胸顿足，失声痛哭。等项羽定下神，领兵冲出重围，来到乌江边上，他手下的人已是寥寥无几。望着滔滔江水，项羽心潮起伏："我率八千兵马渡江，而今只有我一人生还，有何面目再见江东父老？"这时汉兵已经追来，他把心一横，自刎于江边，追随虞姬的亡灵去了。

### ❀ 读史话女人

项羽，一位从容走向失败的英雄；虞姬，一个坚强走向死亡的女人。男人从容中饱含对女人的眷恋不舍，女人坚强中又充满了对男人的无限柔情，由此，那气吞山河的千古绝唱便缠绵至今。

英雄美人，永远不老的传说。一个豪情万丈南征北战，一个柔情似水鞍前马后；能让一代霸王为之动情并相伴一生的，除了美丽还有那份温柔。虞姬懂得去爱她所爱的盖世英雄，虽然没有助其成就霸业，但却在用心成全这位英雄。虞姬轰轰烈烈爱一场，那自刎倒地的凄美身影，让她成为爱情史上永远的神话。

# 赵飞燕——宠辱两重天的宫廷舞蹈家

## ❖ 名人档案

赵飞燕，原名宜主，汉成帝时（前32—前7），可以说是我国古代杰出的舞蹈家。赵飞燕原为阳阿公主家的婢女，她舞艺精湛，后被汉成帝看中，召入宫中，封为婕妤，数年后被立为皇后。在赵飞燕的推荐下，其妹赵合德亦被立为昭仪，两姐妹专宠后宫，显赫一时。赵飞燕姐妹无子。汉平帝刘析即位后不久被贬为庶人，最后被赐自杀。

## ❖ 历史背景

唐代大诗人李白在应玄宗之诏创制"清平调三章"歌颂杨贵妃的艳美时，其中有"借问汉宫谁得似，可怜飞燕倚新妆"的绝句。可见赵飞燕的美，在李白心中占有绝对的地位。我国历代文人学士在吟诗作赋时多提到赵飞燕的名字，并且创作了不少以她为题材的小说、诗歌、绘画等文艺作品，如唐代诗人徐凝的《汉宫曲》写道："水色箫前流玉霜，赵家飞燕侍昭阳。掌中舞罢箫声绝，三十六宫秋夜长。"使她精美绝伦的舞蹈技艺，广为传诵和发扬。

## ❖ 生平大事记

### 音乐世家飞出舞蹈精灵

赵飞燕的父亲，名冯万金，是一个对音乐颇有造诣的音乐家，他编制的乐曲十分优美动听，曾轰动一时。赵飞燕原名宜主，和妹妹赵合德是一对双胞胎。生长在这样一个音乐世家，姐妹俩从小受到了音乐熏陶，自然与歌舞容易结缘。但不幸的是，她们的双亲先后去世，家境也彻底败落，姐妹双双只得流落长安以打草鞋和唱小曲为生。一次，她们在一家茶肆唱曲，被长安的赵临看中，觉得这是一对难得的好苗子，于是将她们收为养女。不久，赵飞燕姐妹被赵临送入阳阿公主府，开始学习歌舞。赵飞燕天赋极高，学得一手好琴艺，舞姿更是出众，一时名满长安。

汉成帝刘骜喜欢游乐，经常与富平侯张放出外寻欢作乐，他在阳阿公主家见到赵飞燕后，就召她入宫封为婕妤，极为宠爱。自此，汉成帝的心思全落到了赵飞燕身上，他稍一烦闷时，就召她歌舞承欢；因她腰肢纤细，体态轻盈，当她迎风而舞时，好像要乘风飞去一样，于是成帝赐名"飞燕"，意即春暖花开，迎风欲飞的春燕。成帝喜爱歌舞，为了欣赏飞燕的曼舞，汉宫中有个太液池，池中突起一块陆地，叫瀛洲，洲上特建一高榭，高达四十尺。一次，赵飞燕穿着南越进贡的云芙紫裙，碧琼轻绢，在那高榭之上表演歌舞《归风送远之曲》，成帝兴奋地以文犀敲击玉瓶打拍子，著名器乐演奏家冯无方吹笙伴奏，飞燕越舞越飘飘，呈欲乘风归去之态。歌舞正酣，忽然起一阵大风，飞燕随风扬袖旋舞，像要乘风飞去，成帝急忙叫冯无方快拉住赵飞燕，担心她被风吹走。冯无方赶紧丢了手中的芦笙，急步上前用手死死抓住飞燕的裙子。

一会儿,风停了,赵飞燕的裙子也被抓皱了。从此,宫中就流行一种折叠有皱的裙子,叫"留仙裙"(今天年轻女郎们所流行的这波浪式的折叠裙乃是源于赵飞燕的创举)。通过这次歌舞,汉成帝怕大风把赵飞燕吹跑,特地为她大兴土木之工,花巨资为她筑起一座华丽的"七宝避风台"居住。此外,汉成帝为了欣赏赵飞燕的舞蹈,还别具匠心地为她特制了一个水晶盘。一次,在招待外国使节的宴会上,他命宫人用手托盘,让飞燕在盘上歌舞。在一个小小的水晶盘里要盛一个人,还要在上面歌舞,这既需要有轻盈的身躯和娴熟的舞姿,又要有很强的控制力。赵飞燕以娴熟的舞技,精彩入微的表演,在那小舞盘里载歌载舞,潇洒自如,把外宾们一个个看得惊呆了,他们一次又一次地鼓掌喝彩,汉成帝由此而更加宠爱于她。汉成帝刘骜因专宠赵飞燕而废黜许皇后,从此,立飞燕执掌昭阳,宠幸高于一切。赵飞燕得到皇帝的专宠,于是乘机向成帝察奏自己的双胞胎妹妹。成帝将赵合德召入宫内,封为昭仪。从此,姐妹二人专宠后宫。

刘骜是个喜爱歌舞的风流皇帝,赵飞燕擅长歌舞,特别是舞蹈,为了讨刘骜的欢心,她把单人舞逐渐发展为群体舞,各种舞姿的变化时有新招,这些都是以赵飞燕为首组织和进行专业化训练的,因而当代人们称之为宫廷杰出的舞蹈家。她尤其擅长一种独特的舞步叫"踽步",近似戏曲歌舞中的"花梆步"舞步,走起来好似手执花枝,轻微地颤动。当时,除了赵飞燕,没人能走得如此娴熟自如,多姿多态。赵飞燕的轻盈舞技在我国的舞蹈史上已达到相当高的水平。特别是那时舞人已懂得"用气"和"运气"控制呼吸,因而能使舞姿轻盈优美。

因此,赵飞燕是我国古代歌舞史上最杰出的先驱,她是一位了不起的舞蹈艺术家。明朝艳艳生的小说《昭阳趣事》有幅木刻《赵飞燕掌上舞图》,描绘的是赵飞燕站在一个太监的手上,挥袖回首而舞的姿态。当然,汉、明两代相去一千多年,这也只是古人所做的臆想而已,不过这种臆想的夸张,却也来源于生活的真实。明代著名画家仇十洲作

《百美图》，画历代美女一百个，其中就有赵飞燕舞姿图。画面现舞者盛装，披巾，在一小方毯上起舞，她平展双臂，翻飞长袖，右腿微屈而立，左腿屈膝轻提，头部微倾，表情温婉。所有这些，都反映了赵飞燕在古代舞蹈上的惊人成就。

## 后宫争宠，姐妹同心

由于赵飞燕获宠，赵氏一门得以荣光。但赵氏人少族微，所以赵飞燕的后宫专宠并没有对朝政产生多大影响，同时，微贱的出身还为她能否得到专宠罩上了一层阴影。因此入宫不久，她就把妹妹赵合德推荐给汉成帝，以弥补家族势力的不足。赵合德入宫数日，就被封为婕妤，两姐妹轮流承欢侍宴。成帝一刻见不到赵氏姐妹，便心神不安。姐妹俩的话，成帝更是言听计从。原先被皇帝宠爱有加的许皇后与班婕妤，此时备受冷落。许皇后被废掉，班婕妤也侍奉皇太后去了。而赵飞燕则被册立为皇后，赵合德也被封为昭仪，两人并得宠幸，权倾后宫。

赵氏姐妹专宠10余年，久无子嗣，且始终没有生育的征兆。有记载说她们害怕别的嫔妃怀孕生子，威胁后位，就疯狂地摧残宫人。曹宫女生一男孩，竟被逼死，皇子也被扔出门外。许美人生一子，赵合德哭闹不已，逼迫成帝赐死母子。"生下者辄杀，堕胎无数。"当时民间就流传着"燕飞来，啄皇孙"的童谣。

这些案件在《汉书·外戚传》中有活灵活现的记述。但从情理推断，则可以判定它们都是王莽集团为置赵飞燕于死地而精心虚构的假案。因为它违背了一个最大的"理"，即皇室对子嗣的渴求。孟子说："不孝有三，无后为大。"一个家族的延续，是靠男性子嗣的出生。一个皇室的延续，就是靠皇帝生下皇子。如果汉成帝确实与许美人和曹宫女生下两个儿子，参考当时的后宫制度则可断定：一、这事无法保密。

二、皇室一定对这两个孩子视若拱璧，不大可能听任赵飞燕姐妹轻而易举地将其谋杀。再说，既然汉成帝能与许美人、曹宫女生出儿子，何故与皇后和其他众多的嫔妃就生不出一个孩子？显然，不是众多的后妃没有生育能力，而是汉成帝没有生育能力。因此，所谓赵飞燕姐妹谋杀皇子案很可能是假案。

赵飞燕知道，要想永保皇后桂冠，须生下一子，继承帝业。因此她焦灼地盼望着有个孩子。为了增加生育的机会，她常趁汉成帝夜宿赵合德处，淫乱宫廷，希望怀孕。赵合德听说后，认为姐姐的勾当一旦被皇上知道，必定人头落地。她曾经声泪俱下地劝告姐姐，无奈赵飞燕已经走火入魔，根本听不进去。

一天，汉成帝前往王太后处请安，并陪侍母后午膳，饭后有些疲累，就近想到东宫歇息片刻。午后人寂，宫女们正在廊下打盹。皇帝驾临，赵飞燕仓皇出迎，但见云鬓偏坠，发丝散乱，衣衫不整，满脸春情。汉成帝又听寝屋内有一声沉闷的男子咳嗽声传出，刹那间便明白了一切，拂袖而去。这一时期，汉成帝虽然专宠赵合德，无暇顾及赵飞燕，但也绝不允许她红杏出墙。

从东宫出来，汉成帝满脸愤怒地来到昭阳宫。赵合德十分敏感，立刻明白是怎么一回事了，急忙跪在地下自责道："臣妾孤寒，无强近之爱，一旦得备后庭驱使之列，不意独承幸御，立于众人之上，恃宠邀爱，众谤来集，加以不识忌讳，冒触威怒，臣妾愿赐速死，以宽圣怀。"说罢泪流满面，叩头不已。在赵合德的求情下，汉成帝答应对赵飞燕的事不再追究，只是派人捉到了那男子并斩首。从此他恨透了赵飞燕，更不愿再踏进东宫半步。

虽然"自作孽，不可活"，赵飞燕胡作非为，已弄成不可收拾的局面，但是兔死狐悲，为了姐妹之情，赵合德一次又一次地想尽了各种办法，以期弥补皇上与姐姐之间的裂痕。恰好遇到赵飞燕24岁生日，东宫里有一个庆祝仪式，在赵合德的连哄带骗下，汉成帝终于暂时忘记前嫌，来到东宫。在赵合德的导演下，赵飞燕装模作样地跪下来，痛心疾首，声泪俱下地诉说了自己对皇上的想念，以及两人的旧情。

汉成帝念及旧日恩爱之情，不禁动了恻隐之心。一个月后赵飞燕上书成帝，说她怀孕了。汉成帝自从19岁嗣位以来，时光荏苒，倏忽间已经年逾不惑，还无子嗣。如今听说皇后有了身孕，着实大为兴奋，喜滋滋地批了一道圣旨，对赵飞燕表达了无限爱怜之意，叫她好好保重。皇后怀孕是当朝最大的事情之一。宫人进进出出，忙前忙后。然而，到了十月临盆期，由太医上奏，说是"圣嗣不育，一生下来便夭折了"。汉成帝日夕盼望的喜讯成了泡影，失望之余也懒得再去东宫。然而，他哪里知道，赵飞燕根本就没有怀孕，这是为了继续争宠，瞒着妹妹所设的骗局。赵合德最终明白了是怎么一回事，对姐姐的这一行为十分愤怒，也十分惊惧。赵合德明白，这骗局一旦戳穿，必定死无葬身之地。赵合德狠狠地骂姐姐，使得赵飞燕猛然惊醒，懊悔交加，从此收敛形迹，过着一种自我流放式的幽居生活，不再招蜂引蝶，也不再贪恋荣华富贵了。

## 肩负骂名，姐妹偕亡

当时的朝政已被王氏外戚把持，汉成帝本有亲政的能力，但权力又夺不回来，内心很是痛苦无奈，于是就纵情声色来掩盖自己内心的悲哀。赵合德正值女性的鼎盛时期，需求益加强烈，因此不得不以春药来刺激皇上的欲念。绥和二年春天，因为欢娱过度，汉成帝竟然停止了呼吸。赵合德自觉羞愧不已，被王莽逼迫饮药自杀。之后不久，在王莽的背后支持下，朝中群臣指责赵飞燕"失妇道，淫乱宫帏，不生育，断了皇室的后代"等，故皇太后赵飞燕被贬为孝成皇后，迁居到北宫，过了一个多月，又废之为庶人，被迫自杀身死。

赵飞燕姐妹出身卑微,她们的发达靠的是汉成帝的色令智昏。不过,成帝在世时虽然给了她们的外家以封侯的赏赐,但并未给他们任何实质性的权力,根本无法使她们形成盘根错节的权力网络,与王氏外戚集团相比实在不可同日而语。赵飞燕姐妹当年的盛气凌人、飞扬跋扈,靠的是成帝至高无上的权位。成帝一死,她们立即陷入孤立无援的困境。特别是,由于她们在成帝当国时不知检点,树敌太多,与其他外戚、嫔妃间积怨太多太深。及至成帝寿终正寝,宿敌们一齐出来向赵飞燕姐妹身上泼脏水,有些趁机落井下石。众口铄金,使她们百口莫辩。

### ❖ 读史话女人

从某种意义讲,赵飞燕姐妹不自觉地担当了外戚王氏夺刘汉政权的工具。就她两人而言,入宫见妒,不得不采取自保的措施,属于人之常情,终其一生,并未干预朝政,也未谗害忠良。只有毒杀有孕宫妃,断绝皇嗣,才是她们不可饶恕的罪过。

## 陈圆圆——让历史瞬间改写的女人

### ❖ 名人档案

陈圆圆,江苏常州武进人,本姓邢,名沅,字畹芬。为苏州名妓,善长歌舞。初为田弘歌伎,后被吴三桂纳为妾。

## ❖ 历史背景

吴三桂镇守山海关时,李自成农民起义军攻克北京,陈圆圆被俘。吴三桂因她降清,清军攻陷北京,陈圆圆仍归吴三桂,并从至云南。陈圆圆晚年出家为女道士,改名寂静,字玉庵。清兵攻入昆明时,她自缢身亡。

## ❖ 生平大事记

# 吴三桂倾心娶美人

陈圆圆,原是苏州的一名青楼女子,因色艺双绝而芳名远播。国舅田弘发现她歌舞出色,诗画俱佳,神韵动人,花重金将她买下,想献给崇祯皇帝,以进一步发展与皇家的裙带关系。然而,这时崇祯皇帝被军国大事搅得头昏脑胀,根本没有心思重结新欢,他对陈圆圆只是欣赏,没有收纳之意。陈圆圆在宫中盘桓了两三个月,终究没能投入皇帝的怀中。

与此同时,明廷内忧外患的形势越来越严峻,李自成的势力已越过宁武关、居庸关,直逼京师,满清军队也从东北面发起进攻。危急关头,明朝廷下诏吴三桂以总兵身份统领大军镇守山海关,同时连带起用他父亲吴襄为京营提督。一时间,吴家父子兵权在握,成了京城里的热门人物,乱世之时谁都想得到军队的庇护,所以吴三桂离京赴任时,京城里的达官显贵纷纷设宴为他饯行,想为自己今后找个靠山。

周奎自然也不落后,在府中摆下珍肴美酒款待吴总兵。这天,除了数不清的山珍海味呈列在吴三桂面前外,还有田府中绝色的歌舞妓陈圆圆在席前奉歌献舞。一阵悠扬清新的丝竹声后,陈圆圆身披白纱舞衣从重重帘幕中缓缓飘出,她淡扫娥眉,轻点朱唇,淡雅中露出一种超尘脱俗的气韵;轻舒长袖,明眸含笑,一段轻舞后,在厅中站定,随着动人心弦的乐器声,她又唱起了轻柔的小调。这舞这歌,把上座的吴三桂迷醉了。

陈圆圆歌罢,奉田弘之命捧了银壶来为吴总兵斟酒,吴三桂心荡神移地接了酒,一饮而尽,陈圆圆拽着长裙飘然入内,吴三桂的目光随之而去,良久不曾收回。宴散前,吴三桂终于按捺不住,悄悄对田弘说:"倘以圆圆送我,战乱之时,我会先保贵府,再保大明江山!"田弘会心地点了点头。第二天,吴三桂派人带了千两黄金做聘礼,到田府求婚。田弘早已准备好丰盛的嫁妆,当天就亲自把陈圆圆送到了吴家。

## 恸哭六军尽缟素,冲冠一怒为红颜

此时边关战事告急,吴三桂王命在身,可他还是挤时间举办了隆重的纳妾之礼。婚后不久吴三桂即离开了京城。其后,闯王李自成便率大军攻入了北京,建立了大顺王朝。城中旧臣遗老全部遭到了搜捕,吴三桂的父亲吴襄及其全家也在其列,而陈圆圆被闯王的心腹大将刘宗敏看中,并夺为侍妾。"大顺帝"李自成逼迫吴襄写信给吴三桂,以其家人性命为要挟,劝他来京受降。见信后,吴三桂动了心,他深知大明皇朝已无重兴的可能,不如顺应时势,归附李自成,也好保全家人的性命。

但是,正当吴三桂积极准备入京"拜谒新主"时,得知李自成的第一勇将刘宗敏不但囚禁了自己的父亲及至亲三十余口,掠尽本家财物,"拷掠酷甚",还将爱妾陈圆圆掳藏于府中,视之为禁脔。于是,吴三桂"冲冠一怒为红颜",对李自成"降而又叛",走上以前途和生命作乾坤一掷的道路。他准备惩罚李自成的大顺王朝,以泄痛失圆圆之恨。吴三桂开关引清兵通往北京,而这正合多尔衮的心意,多尔衮立即发兵入关。李自成侦知清兵逼近的消息后,亲自率领20万大军向东迎去,同时带上吴襄做人质。由于清军与吴三桂的兵马并肩作战,致李自成大败,一怒之下,李自成马前斩杀了吴襄,并将他的首级悬挂在高竿上示众,回师京城后又杀了吴家老少共38口。清兵紧追不舍,李自成眼看大势已去,只好带上京城的金银财宝撤回陕西老巢。临走时本想带着陈圆圆,陈圆圆却认认真真地劝告说:"妾身若随大王西行,只怕吴将军为了妾身而穷追不舍;不如将妾身留在京师,还可作为缓兵之计!"李自成听了以为颇有道理,命运危急关头,他无心留恋美色,索性丢下陈圆圆跑了。

可惜那边吴三桂并不知道陈圆圆留在京城,他挥师紧追李自成的残部,一心夺回心爱的女人。一直追到山西绛州,忽然京师有人来报,说是已在京城寻获了陈圆圆,吴三桂喜不自胜,立刻停兵绛州,速派人前去接陈夫人来绛州相会。

陈圆圆来到绛州时,吴三桂命手下的人在大营前搭起了五彩楼牌,旗旗萧鼓整整排列了30里地,吴三桂穿着整齐的戎装亲自骑马出迎,其仪式之隆重绝不亚于迎接圣驾降临。

此时京城里也正热闹,多尔衮组织人马隆重地迎接清世祖顺治帝入关,在北京建立了大清朝廷,准备全盘控制整个江山。为了表彰吴三桂开关请兵之功,清朝廷册封他为平西王,并赏银万两,吴三桂接受了。这样一来,当初请兵相助的初衷完全改变。

崇祯帝自缢殉国后,福王朱由菘在南京重新组建了南明新朝廷。新朝廷深知吴三桂手握重兵,举足轻重,因而遣特使前往绛州,欲封吴三桂为蓟国公,并从海路运米30万担、银5万两犒劳吴军。不料吴三桂因已受封于清廷,不肯再接受南明皇朝的封赏,他已经决定彻底归附满清。陈圆圆曾起心劝吴三桂弃清返明,以尽忠义之道,吴三桂不为所动。

## 带发修行，自缢而终

清顺治二年，吴三桂继续协助清兵西讨，由山西渡黄河入潼关，攻克西安，将李自成的力量彻底消灭。随后，他又风尘仆仆，东征西伐，为清廷统一中国立下了汗马功劳。因缴杀永历帝父子于昆明逼死坡，吴三桂深得清政府厚爱，康熙命他总管云贵两省军政，让他成了雄霸西南一方的土皇帝。除了扩军扩权掠饷之外，吴三桂还穷奢极欲地享受荣华富贵。他嫌"平西亲王"王府不够豪华，下令将翠湖填之一半以造美轮美奂的新府；他纵情声色。陈圆圆无奈于这位当年为她不惜"冲冠一怒"的"白皙通侯"称帝野心的日夜膨胀。

康熙十二年，陈圆圆再次规劝吴三桂，恳请其允许她出家，她说："妾闻知足不辱，知止不殆，长此奢华，恐遭天忌，愿王爷赐一净室，妾茹素修斋以求夫君长幸……"吴三桂感泣不已，以"封为正妃"阻止她，然而，见陈圆圆情切意坚，只得允许她带发修行。这样，昆明凤鸣山上，吴三桂于康熙十年重建的金殿，也成了陈圆圆祈求上天赐福于吴三桂的常去之处。金灿灿的铜殿内，依陈圆圆心意，不仅供奉着"真武祖师"，还于金殿殿门上方高悬一块"南无无量寿佛"匾，以求道、佛诸神的护佑。

吴三桂开藩云南20多年后，终于按捺不住寂寞，又欺康熙皇帝年幼，起兵问鼎中原。兵败衡阳后，暴死在衡州。三年之后，清军攻占昆明，将已运回昆明安葬的吴三桂，从棺材里扒出来剁成肉泥焚毁。此时，陈圆圆自沉于莲花池，终年50余岁。孙旭的《吴三桂始末》则说清兵攻入云南时，陈圆圆是自缢身亡。吴三桂"冲冠一怒为红颜"，引清兵入关，数百年受到唾骂，陈圆圆也因此成为为人不齿的"红颜祸水"。

深一步分析，吴三桂的冲冠一怒，看似偶然，却是官僚地主阶级为了维护其根本利益的必然结果。他在清兵入关这一历史转折关头只是起了推波助澜的作用，充其量不过是个帮凶。因此，没有理由说吴三桂的"冲冠一怒"改变了历史发展的总趋势，那又何况一个歌妓陈圆圆呢？

### ❖ 读史话女人

作为不能完全主导自身命运的封建女性，陈圆圆是非常不幸和无辜的。吴梅村说得好："妻子岂应关大计？""女人是祸水"实是卫道者泼在女性身上的污水。但无论如何，由于吴三桂被激怒，在客观上，陈圆圆瞬间影响和改变了中国历史的面貌，她的故事永远值得后人体味和深思。

# 独孤皇后——挑战纳妾制度第一人

### ❖ 名人档案

文献皇后独孤氏姓独孤，名伽罗。北周大司马独孤信之女，杨坚之妻，长女为北周宣帝后。隋开皇元年（581），立为皇后。独孤皇后喜好读书，通达古今。其时多为文帝筹策，干预朝政，宫中称她为"二圣"。开皇二十年，与杨素等谋废太子杨勇为庶人，立晋王杨广为太子。独孤氏生性妒忌，不设三妃。卒谥文献。

## ❖ 历史背景

北周武帝天和元年，14岁的独孤氏嫁给26岁的杨坚。夫妻二人感情融洽，"誓无异生之子"。杨坚共有五男五女，皆为独孤氏所生。

开皇元年（581年，即北周大定元年），杨坚废掉周静帝，自称皇帝，即隋文帝，建立了隋王朝。独孤氏被立为皇后。成为皇后之后，在争取到隋文帝的授权下，独孤氏严厉整治后宫。她废除以往惯有的三妃六嫔的旧例，提倡简朴的生活，不但禁止后宫女子穿着华丽的服饰、打扮艳丽的妆饰，同时对她们的言行举止都有十分严格的规定，包括嫔妃们不得随意亲近皇帝。开皇二十年（600）十月，年届花甲的隋文帝在独孤皇后主张下，"戎服陈兵"御临武德殿，以"情溺宠爱，失于至理，仁孝无闻，昵近小人"的罪名而将嫡长子太子杨勇废为庶人，十一月立次子晋王杨广为皇太子。

## ❖ 生平大事记

# 四大措施之一：管住皇夫

隋文帝和独孤氏对前朝政治的得失有很深切的体会，认为北周政权之所以没落，其主要的原因就在于浮夸不实。所以隋朝建立之后，隋文帝就开始改革官仪，并大力地整顿朝纲，一心想要建立一个圣明繁华的新朝。而独孤皇后作为隋文帝杨坚的贤内助，目光也同样深远，她明白后宫家事处理得是否得当，对隋文帝治理国家有重大的影响。因而，她当了皇后之后，并不安心于享受母仪天下的荣华富贵，却开始了自己严治后官的计划。独孤氏的主要措施有：管住皇夫，管住儿子，管住大臣和管住妃子。

皇帝处于至高无上的地位，皇后不可能管住皇帝，也不应该管住皇帝。然而，独孤皇后却创造了历史奇迹——那就是用感情把丈夫"套牢"。

她十分注意保持与皇夫的感情。她深知必须以自己的柔情和体贴笼住皇夫，才能使他不致被其他女人所迷惑。于是，每当黎明钟鸣之际，独孤皇后就会叫醒沉睡中的隋文帝，小心翼翼地侍候皇夫洗漱穿戴，然后与他同坐一辇，把他一直送到朝阁。皇帝上朝，她则在殿下静静地等候，待散朝之后，又同辇返回内宫。这样的行动，她日复一日，不厌其烦地坚持着，使隋文帝从不敢怠慢朝政。

在内宫，她对皇夫的生活起居照顾得无微不至，皇帝每餐的食谱，每日的装束等事她都亲自过问，妥善安置，让文帝能毫不分心地专理朝政。每至深夜同寝的时候，她常在文帝耳旁回忆往事，细述夫妻的恩爱，用柔情蜜意来留住文帝的心。至于夫妻之间的事，只要隋文帝有所表示，她立即心领神会，积极响应，直至隋文帝心满意足。这千般温柔，万般体贴，赢得了文帝的心。

独孤氏和隋文帝的爱情有浪漫，但更多的是传统的美德。独孤皇后与隋文帝约定："此生永远相爱，海枯石烂，贞情不移，誓不愿有异生之子。"想到妻子与自己患难与共数十年，总是一心一意辅助自己，惠心可嘉，隋文帝心中一热，立即答应了皇后的誓约。事后，隋文帝还颇为自豪地对大臣夸耀道："朕旁无姬侍，五子同母，可谓真兄弟也！岂若前代，多诸内宠。"

其实，独孤皇后之所以限制文帝有异之子，也是出于提防异母之子夺位争权的考虑。当然，当时隋文帝正在致力于国家大事，无心在后宫脂粉堆中取乐，而贤惠干练的妻子所推行的种种措施，正与他的朝政改革密切配合，他自然极力支持。

## 四大措施之二：管住儿子

独孤皇后的这种性格和喜好，被他的次子晋王杨广所利用。杨广为夺嫡，先是伪装孝顺、俭朴，得到母亲独孤氏的欢心。而太子杨勇，身边的女人很多，生活也奢侈浪费。独孤氏虽然贵为皇后，但归根结底总是女人，总难免从女性心理去看待国家大事。独孤氏不许文帝另找别的女人，推而广之，也不喜欢自己的儿子和朝中大臣宠幸妻子之外的女人。杨广利用母亲的这一特点，装出仅仅喜欢妻子萧氏，别无所爱的样子来。于是，杨广得到了母亲的支持，得到了宫中的强援。她对隋文帝说："广儿大孝，每听到我们派遣的使节到他的守地，他必定出城恭迎；每次谈到远离朝廷、父母，他都悲泣伤感；他的新婚王妃也可怜得很，广儿忙于政务根本无暇顾及她。哪里像勇儿与云氏，终日设宴取乐。勇儿真是亲近了小人啊！"她在抬高杨广的同时，贬低了杨勇。由于独孤皇后的枕边风，杨勇的太子地位变得岌岌可危了。

偏偏在这时，独孤皇后为太子杨勇娶的元妃去世，而偏妃却生下了小王子。本来元妃的死就让独孤皇后耿耿于怀，如今太子又违反了她所订下的规矩——"后庭有之，皆不育之，示无私宠。"因此，偏妃生子成了太子杨勇的罪孽，使皇后对他大为不满。晋王杨广由他的守地扬州入京晋见母后，心怀叵测的他在独孤皇后面前火上浇油，暗暗挑拨道："太子对儿存有异心，屡次派人刺杀为儿，让儿十分惊恐。"独孤皇后本是一个非常精明的人，本不可能轻信杨广的惑言，但因为她已对杨勇产生了很深的成见，所以不假思索地就听信了杨广的一面之辞。怜爱和气愤的情绪一齐涌上她的心头，于是她坦白地对杨广说明了自己的心意："勇儿已不成器，抛开正室，专宠云氏，有我在他尚且敢欺负你们兄弟，倘若他成天子之后，太子竟是庶出，你们兄弟还得向偏妃云氏俯首称臣，讨得生路啊！"

因此，在开皇二十年十月，隋文帝在独孤皇后主张下，以太子"情溺宠爱，失于至理，仁孝无闻，昵近小人"的罪名而将他废为庶人。一个月后，在独孤皇后的授意下，晋王杨广被立为太子。

## 四大措施之三：管住大臣

高相国是隋国的开国元老，而且与独孤皇后娘家有深厚的交情，本是德高望重，但是皇后的制度也要对他生效。高相国的原配夫人去世之后，高相国伤心欲绝，曾忧伤地对独孤皇后说："瑟弦骤断，惟斋居诵经而已。"此言曾深受皇后的赞叹。谁知不久之后，相国府中锣鼓喧天，传出相国庆祝爱妾生子的消息。隋文帝祝贺相国晚年得子，独孤皇后却火冒三丈，认为高相国表里不一，表面上痛念亡妻，暗地里却宠爱小妾，竟致小妾生子。于是独孤皇后天天在枕边向文帝絮叨高相国的不是。隋文帝终于架不住皇后软硬兼施的请求，将当政20年、功绩显赫的高相国以"表里不一、不堪信任"之名，罢免了丞相之职，让他回乡养老去了。

## 四大措施之四：管住妃子

独孤皇后为了保证隋朝长治久安，首先想到的就是帮助皇夫杜绝后宫内让。她说服了隋文帝给自己以整治后宫的大权，开始了大力的治理。这些改革的措施包括：整理宫内体制，废除三妃六嫔之惯例；提倡简朴，禁止宫中女子浓妆华服，并对她们的言行举止都有严格的规定，不允许嫔妃随意亲近皇帝。整个后宫在独孤皇后的把持之下，凡事有制度规范，事事有章可循，形成了一种静谧肃穆的风格。

虽然文帝出于国政之需的考虑，对独孤皇后严治内宫的种种制度表示认可和服从，但随着国家政局的渐趋平静，隋文帝也开始对独孤皇后的清规戒律厌烦起来。同时，宫中的大臣、妃子及独孤氏的儿女虽然都表面上迎合，心里却都不服。当时的后宫，正有一种"山雨欲来风满楼"的气氛。

开皇二十一年秋天，独孤皇后卧病中宫。隋文帝带了一个小太监散步来到宫中后花园纳凉，信步走到仁寿宫时，忽然听到长廊的尽头响起了清脆的歌声。此女是北周旧将尉迟迥的孙女，尉迟迥被消灭后，该女被收入宫中。尉迟女有美色，隋文帝一下子被她的灵秀活泼吸引住了。长年埋头于枯燥繁重的国事中，身边又时时守着一位严谨的妻子，文帝多少有些乏味，这里猛一见到活泼可人的美女，他久已泯灭的春心不禁开始复苏，当天夜里就留宿在仁寿宫。第二天清晨，隋文帝猛然惊醒，发觉天已大亮，过了平时上朝的时间，他不忘自己的责任，匆匆起身赶往朝阁。尝到甜头后，刚刚下朝的文帝就又去私会尉迟女，不料到了昨日此门中，并没有见到尉迟女。文帝一问，才知道尉迟女已被独孤皇后乱棒打死。他顿觉伤心失意至极，心想：这皇后管得太宽了，我堂堂一朝天子竟然保护不了一个心爱的女子，真是太窝囊了！于是他拂袖而起，骑上一匹骏马，负气出走，跑到深山的一所寺庙中躲了起来。众大臣闻讯急忙寻到寺中，恳请隋文帝回宫，隋文帝感叹地说："朕贵为天子，而不得自由！"国不能一日无君，文帝在众人的央求下，无奈地随大臣返回宫中。

隋文帝盛怒之下，本想下诏废黜独孤皇后，但念及夫妻朝夕相处，患难与共，又想妻子之举也是为了辅助自己治国，出发点也是对的，就不了了之了。此后，独孤皇后也明显地有所收敛，不再过分干涉隋文帝的一举一动。却终日郁郁不安，病死在自己的宫中。

独孤皇后一死，隋文帝虽然感到失去了一条得力的臂膀，但也没了约束，开始宠幸宣华、容华二位夫人。毕竟是六十几岁的人，时间不长，到仁寿四年秋七月，文帝便病卧仁寿宫。躺在病榻上，他感慨万千地对左右道："假使皇后在，吾不及此！"有感念，有懊悔，更有辛酸，到这时他才真正领悟了贤明的独孤皇后的一片苦心。

### ❖ 读史话女人

独孤皇后对后宫的严格治理，使隋文帝能够专心于政事，对隋文帝时期国家的强盛有很大的帮助。她追求一夫一妻的婚姻，要求夫妻互相忠诚于对方，致使隋朝后宫佳丽三千形同虚设，文帝"惟皇后当室，旁无私宠"。她不单是不许自己的丈夫纳妾，也不准朝中大臣们娶小老婆，是一位标准的一夫一妻婚姻制度的崇尚者，这在古代的历史中是不多见的。但是也正因为如此，独孤皇后在后人的眼中成了一个十足的"妒妇"。清朝的赵翼就曾经在自己的著作中写道："独孤皇后善妒，殃及臣子。"

# 珍妃——命丧金井的贤德良妃

### ❖ 名人档案

恪顺皇贵妃（1876—1900）他他拉氏，满洲镶红旗人，人们一般习惯按她曾获封的珍妃来称呼她。清朝光绪皇帝的侧妃，也是最为受宠的妃子，生于光绪二年二月初三，为礼部左侍郎长叙之女。

## ❖ 历史背景

光绪十四年（1888）10月初五慈禧太后选定其弟，副都统桂祥的女儿叶赫那拉氏为光绪帝之后，同时封珍妃与她的姐姐瑾妃为嫔，时瑾嫔15岁，珍嫔13岁。光绪二十年，两人同时晋封为妃。珍妃其祖父乃陕甘总督裕泰，其父长叙曾任户部右侍郎，其伯父长善乃广州将军，珍妃与其姊瑾妃自幼随长善在广州长大。珍妃10岁那年，长善卸任广州将军，她与姊姊随同北返北京。1889年，珍妃两姊妹被入选宫中，13岁的她被封为珍嫔，15岁的姐姐封为瑾嫔，嫔为九等宫女序列中的第六等，直至光绪二十年甲午春（1894年），因慈禧太后七旬万寿加恩得晋嫔为妃，前面还有皇后、皇贵妃、贵妃三个等级。光绪二十六年（1900）8月初，八国联军集结兵力进攻北京，慈禧太后挟持光绪帝慌忙出逃。行前，命太监将幽禁于北三所寿药房中的珍妃唤出，推入位于慈宁宫后贞顺门的井中淹死。当时，珍妃年仅25岁。

## ❖ 生平大事记

### 郁闷皇帝选中珍妃

历代的宫女嫔妃多半是因艳而宠，因宠而贵，只要得到圣上的龙卒，她们就可以享尽荣华，权倾后宫。但是，凡事皆有例外，晚清的光绪皇帝，对待珍妃堪称是至极宠爱，心中眼里只有她。然而，正是因为皇上的恩宠，才导致了珍妃死于非命。这在中国历史上是极为罕见的，可在江河日下的晚清，皇上自身尚且难保，又如何能保宠妃的平安？这不过是大清王朝灭亡过程中，一段小小的插曲。

光绪皇帝载湉是咸丰皇帝的侄子、醇亲王的儿子。同治皇帝去世后，把持朝政的慈禧太后为了自己继续专权，半夜之中把这个吃奶的孩子抱进宫中，做了大清皇朝第九位皇帝。光绪身为一国之君，处境却可怜得很。不必说军国大事他做不了主，就连个人的婚事都必须由慈禧太后一手操办。

据说慈禧不甘心自己做女人，妄想成一个顶天立地的男子汉大丈夫，她不让光绪叫她亲妈妈，而称呼她亲爸爸。在她眼中，光绪自然不是什么至尊无上的皇帝，可以用"严父"的姿态随意加以训斥。

不过，慈禧对光绪的婚姻倒有几分认真。她挑来挑去，最后选中了她亲兄弟的女儿，名叫叶赫氏。一个亲外甥，一个亲侄女，结合成一体，掌握朝廷大权，大清江山岂不等于牢牢握在自己手中？

清宫中有一个相沿成习的做法，即皇帝娶皇后以前，先纳几个妃子。按照这种习惯，光绪在娶叶赫氏之后，应该有几个妃子了。慈禧有意不给皇帝纳妃，只给他娶皇后，一心指望光绪钟爱叶赫氏，实现自己的如意算盘。

可是，光绪从第一天认识叶赫氏起，就不喜欢她。清代的皇帝、皇后分开居住，各有自己的寝宫。据说这样做，一是防范皇帝不被后妃所害；二是保证皇帝的精力，免受嫔妃的骚扰。不料，光绪大婚之后，便将皇后搁置一边，钻进书斋埋头苦读，思考国事，叶赫氏冷冷清清地待在自己宫里，心中有说不出的痛苦。得知光绪与皇后感情不和，慈禧心中非常着急，她考虑最多的是皇权后继有人，如果不能生儿育女，皇位继承人就成了大问题。想到这些，她坐不住了，马上命李莲英着手为光绪选妃。

李莲英不愧是慈禧最忠实的奴仆，他几经筛选，从成千上万的满族姑娘中，确定六位如花似玉的姑娘作为候选人。

光绪并非好色之徒，他不喜欢叶赫氏皇后，并不是因为她不美。亲政后，他一心想着治理国家，更无心思贪恋女色，这次纳妃，他并不感兴趣，可慈禧让他选妃，他不能不从。然而那些位花枝招展的少女，没有一个让他动情中意的。关注光绪纳妃的人,除了慈禧、叶赫氏皇后,还有光绪的师傅翁同龢。他对光绪一片忠心,不仅竭尽全力辅佐他治理国家,对皇帝私生活的苦闷也非常关心。他想,该为皇上找一个情投意合的妃子,既可以为他的生活增添乐趣,又可以做他的得力助手。于是就有了广州将军长叙的两位千金的双双应选入宫,姐姐被册封为瑾妃,妹妹被册封为珍妃。

## 识大体却命死井中

光绪当政时期,正是多事之秋,列强时常进犯。特别是甲午中日战争的爆发,加剧了宫廷内部的斗争,出现了所谓主战派、主和派。珍妃原先的家庭教师、现任光绪侍读学士兼日讲起居注官的文廷式以及珍妃的长兄志锐等人都主张对日作战,支持光绪帝掌权。光绪帝提拔了珍妃的哥哥志锐,做了礼部右侍郎,这些举动触怒了慈禧手下的亲贵们,叶赫氏也坐卧不安,她对慈禧说:"珍妃怂恿皇上培植亲信,想替代朝内的一班老臣,她自己则想当皇后。"慈禧当即下一道懿旨,以"交通宫闱,扰乱朝纲"的罪名,将文廷式革职,志锐贬职戍边。

最使慈禧恼怒的是,珍妃竟敢当面规劝她要"以国事为重"。慈禧对中日开战并不关心,终日依然听戏取乐,一天,她把珍妃传去陪她听戏,珍妃知道目前大清水师有师无舰,有舰无兵,有兵无炮,有炮无弹,举步维艰,她趁着慈禧听戏的高兴劲儿,想劝太后不要把一门心思放在六十大寿的庆典上。她说道:"眼下国难当头,太后应以社稷为重,缩小祝寿规模,减少庆典开支,发布懿旨,动员朝廷官员、全国民众,齐心协力抗击楼寇,万民定会齐颂太后的功德。"

慈禧听罢,怒从心头起,心想:小小妃子竟敢教训起我了!难怪光绪三番五次想压缩我六十大寿的开支,说什么集中财力抗击外敌,原来都是珍妃吹的耳边风。她本欲发作,但想到寿期临近,她又强忍住了。

可是中日一开战,中方惨败。这下慈禧终于大发淫威,对光绪吼道:"你主战,却遭此厄运,还指责我和李鸿章主张议和,想把列祖列宗的江山葬送吗?与日本开战,都是瑾、珍二妃两个狐媚子蛊惑的,将二人召来见我!"

瑾妃觉得委屈,说道:"奴婢自入宫以来,未曾有一日陪皇上调笑取乐。"珍妃一看慈禧的表情知道事情不妙,赶忙叩头说道:"奴婢陪伴皇上,从来不敢干预朝政。"

慈禧见她为自己辩解,更是大怒:"还敢狡辩,我早就想收拾你!小李子,将这个狐媚子拉到外面,杖打四十!"这四十杖直把珍妃打得皮开肉绽,死去活来。慈禧还不解恨,又把瑾、珍二妃撤掉封号,降为贵人。

直到《马关条约》签订后,中日议和,慈禧认为天下太平,才又恢复了她们二人的妃位。

甲午战争失败后,民族危机日益严重。光绪皇帝在一批有识之士,如康有为、梁启超等人辅佐下,想励精图治,振兴国家,开始了百日维新运动。珍妃作为光绪的宠妃,又了解西方文明,对维新自然起到了积极的作用。可是,慈禧早已习惯了光绪对自己言听计从,施政纲领事事照旧,怎能容忍光绪变法维新的活动呢?她二话不说,索性把光绪监禁起来,再度垂帘听政。维新派自然得不到好结局,珍妃也劫难难逃,挨了一顿廷杖之后,被打入冷宫。

囚禁之中的光绪最大的痛苦,就是得不到珍妃的消息。几经打听,才得知珍妃被关在离自己被禁的瀛台一二里的御花园里。在心腹太监的掩护下,他总算见了日思夜想的珍妃。珍妃住的冷宫是几间破房子,已经闲置了三四十年,四面全是园地,百码以内,才能听到人声。里面连最起码的生活条件都没有,她头脸肮脏不堪,身上长满了虱子,形如乞丐。冷宫日夜锁住,只有两个窗口,光绪来看珍妃,只能是相对而视,互相拉拉手,见到珍妃的惨状,光绪既痛心,又羞愧。

1900年,八国联军攻陷北京。在逃离北京前,慈禧命人把珍妃从冷宫提出来,对她说道:"洋人打入京城,我只好离开,只是皇上不肯走。你若能劝他跟我走,过去的一切都算了,你也一起走。不然——"

"列强侵入,一国之主理应率领军民保家卫国,怎能逃之夭夭呢?皇上本不该走,奴婢绝不劝皇上弃城而逃。"

慈禧脸色阴沉,她想不到珍妃竟会如此桀骜不驯,对着李莲英说:"你去成全她吧!"光绪连忙下跪求饶,可李莲英早已指挥两个太监,把珍妃双手绑了,他将起衣袖,一把拽住珍妃的长发,往外便拖,一下推进殿前的一口大井里,犹恐不死,又接连扔下几块大石头,这才撒着双手,得意洋洋地走过来。可怜一代贤妃,就这样命丧金井。

### ❖ 读史话女人

100年前,史上著名的"傀儡"皇帝光绪与统治中国近半个世纪的慈禧太后在22小时内相继死去,成为清史上一大疑案,光绪的死因随后众说纷纭了100年。2008年,光绪死因之谜终于破解,在用法医学的手法历时5年研究之后,国家清史编纂委员会在北京举行清光绪帝死因研究工作报告会,正式宣布其死于急性砒霜中毒。

皇帝尚且难保性命,更何况招人嫉恨的珍妃。珍妃的不幸,自然始于她的入宫,始于她做了慈禧太后的儿媳妇。慈禧杀珍妃,不是因她"习尚奢华","屡有乞请",也不是因她"赞襄新政",而是因为她策划使光绪留京。光绪若能留京主持大局,则慈禧"西狩"便成流放,永无回京之望!自古以来,宫廷政治就是危险的游戏。珍妃胆敢顶撞和较量凌驾于天子之上的慈禧太后,无异于以卵击石。

# 深知身在情长在——奇情篇

在历史上,历代柔弱美女中不乏性情刚烈的女中豪杰,她们堪称巾帼不让须眉的奇女子。如女扮男装、侠肝义胆的红拂女,气节凛然的卓文君等,她们都是历史上女人中的奇葩。

# 冯嫽——随主西行游说乌就屠

### ❖ 名人档案

据《汉书·西域传》记载，冯嫽是我国史上第一位杰出的女外交家。史称她"能史书，习事，尝持节为公主使，行赏赐于城郭诸国，敬信之，号曰冯夫人"，说明她既有学识，又有政治才能，善于外交，在西域各国享有很高的声誉。由于出身微贱，只能以解忧公主侍女的身份做为陪嫁来到乌孙。实际上，她扮演的是解忧公主政治顾问的角色了。

### ❖ 历史背景

汉朝为了联合乌孙抗击匈奴，选解忧公主与乌孙和亲，冯嫽作为侍者跟随公主到了乌孙，嫁给乌孙右大将为妻。

甘露元年（前53），乌孙局势动荡，冯夫人乘锦车持汉节，传汉宣帝诏令命乌就屠到赤谷城见汉朝长罗侯常惠，并立肥王与解忧公主所生的嫡长子元贵靡为大昆弥，乌就屠为小昆弥。破羌将军辛武贤不出塞而撤军，避免了一场战事。

甘露三年（前51）冬，大昆弥元贵靡死，冯夫人送年近七十的解忧公主回汉地，又自愿请求返回乌孙，协助元贵靡之子、年幼的新立大昆弥星靡巩固地位。她深受乌孙人民的爱戴。

## 生平大事记

### 随主西行

在封建社会里，妇女被剥夺了参加政治活动的权力，许多人才都被埋没了，只是在个别情况下，有的妇女才得以施展才干。西汉时的冯嫽就是这样，她几次被朝廷任命为正式使节，出使西域，是我国最早的女使节。

汉武帝时，汉朝对长期南下侵扰的匈奴，接连进行了大规模的军事反击。同时，为了结成对抗匈奴的联盟，又与西域诸国中最强大的乌孙国（在今新疆伊犁河流域）联姻。解忧公主就是在这种情况下嫁给了乌孙的国王。解忧公主的一位随行侍者冯嫽，嫁给了乌孙权位很高的右大将。冯嫽胆识过人，才干出众，很会处理官方文书，既熟悉汉朝事务，又了解西域诸国风情，在西域诸国享有一定的声望，被当地人尊称为"冯夫人"。

### 游说乌就屠

汉昭帝末年到宣帝初年，匈奴屡侵乌孙，汉朝与乌孙合兵反击，大败匈奴。不久，乌孙国王去世，国内发生混乱。原国王的匈奴夫人生的儿子乌就屠，杀了新即位的国王，聚集一部分人马上了北山，并扬言要请匈奴兵来乌孙。这样，汉与乌孙对抗匈奴的联盟行将破裂。为此，汉朝派一万五千士兵进驻敦煌，密切注视着乌孙的动向。汉朝负责管理西域的长官西域都护郑吉，熟悉乌孙的情况，知道冯嫽的丈夫右大将与乌就屠关系很好,又了解冯嫽的才干,便请冯嫽去劝说乌就屠。为了维护汉与乌孙的团结,冯嫽慨然上路,不顾生命危险,亲至北山面见乌就屠,向他晓之以理,陈说利害;加上汉朝大军的威慑和国内人民的反对,乌就屠不得不开始转变。他请冯嫽从中斡旋,并希望汉朝加给他一个封号。汉宣帝得知此事后,征召冯嫽万里入朝,当面向她了解乌孙的情况。冯嫽侃侃而谈,透彻地陈述了自己的见解。宣帝对她十分器重,正式任命她为出使乌孙的使节。

冯嫽作为汉朝的使节,乘锦车,持汉节,率领副使和随从人员从都城长安出发,前往乌孙。到乌孙后,冯嫽代表皇帝,诏令乌就屠前来,正式册立解忧公主的儿子元贵靡为"大昆弥"(昆弥即国王),乌就屠为"小昆弥",并赐二人金印绶带。至此,乌孙的动乱得到了圆满解决,汉与乌孙的联盟得到恢复,冯嫽出色地完成了出使任务。

宣帝甘露三年(前51),因解忧公主年老,思归故土,冯嫽随同她一起返回都城长安。这时,乌孙大昆弥元贵靡的儿子星靡代行大昆弥事,由于星靡性情怯弱,国内又不稳定,冯嫽为此上书皇帝,请求再次出使乌孙。于是,已经年逾花甲的冯嫽,为了巩固汉与乌孙的联盟,又一次以汉朝使节的身份,不辞辛苦,踏上万里西行的征程。

## ❖ 读史话女人

冯嫽作为一个女子,几次被朝廷任命为正式使节,出使异邦,这种情况在几千年的封建社会中,是绝无仅有的。她为了加强汉族同西域少数民族的团结,可以说贡献了毕生精力,在民族团结史上,写下了光辉的一页。

# 阴丽华——娶妻当娶阴丽华

## ❖ 名人档案

阴丽华,东汉王朝的开国皇帝刘秀最宠爱的女人,也是东汉王朝真正的开国皇后。她美丽动人、贤德淑惠,"中兴之主"刘秀为她发出了"仕宦当做执金吾,娶妻当娶阴丽华"的誓言。乱世风云中,她和他谱写了前无古人、后无来者的帝后爱情。

## ❖ 历史背景

东汉光武帝刘秀,是西汉的宗室后裔。在反对王莽的农民起义中,他投身起义军,几经征战。在各种政治力量的角逐中,他战胜了众多的对手,前后用了12年的时间完成了继秦始皇和汉高祖之后中国封建社会上的第三次大一统,登上了皇帝的宝座。这样一位雄才大略的帝王,他一生的红颜知己只有一个,那就是阴丽华皇后。从刘秀起兵相识起数十年,夫妇从无相疑,危险之时夫妇默默相守,大业成就之时亦同欢同喜。

两千年过去了,最让人津津乐道的恐怕不是刘秀平定天下、中兴汉室的文治武功,而是刘秀对阴丽华忠贞不贰的感情,如果这换在平民之家也许没什么,可是发生在一个叱咤风云、马背上得天下的开国帝王身上,就不得不让后人为之钦羡含泪了。

## 生平大事记

### 仕宦当做执金吾，娶妻当娶阴丽华

阴丽华，南阳新野人，生于居摄元年（6年），据说还是春秋时代齐国政治家管仲的后代。管仲的七世孙管修由齐国迁往楚国，做过阴邑（今湖北光化县西）的大夫，就以地望为姓，始姓阴氏。秦汉之际，阴氏迁往新野，世居于此。西汉中后期，阴氏逐渐成为新野的富豪。据说从阴丽华的曾祖父阴之方开始暴富。不过，阴氏家族在政治上并无势力。因此，可以说阴丽华出身于"素封"之家，和一般平民百姓没什么区别。

阴丽华少年时代起就美貌过人，杏仁眼，柳叶眉，樱桃小嘴，一对浅浅的酒窝，显得温柔而恬静。虽然是久在深闺，却是早已名声在外，大家都知道她是世上少有的美人。

王莽末年，还在民间的刘秀，因为哥哥刘縯的宾客杀人连累到家族。为了避祸，刘秀投奔家住新野的姐夫邓晨家。邓氏和阴氏一样，也是新野的豪强大族，和阴氏素有来往。因此，刘秀得以偶然见到阴丽华，不禁大为思慕，认为她就是自己应该追求的终身伴侣。他又听说执金吾（皇宫的卫队长）车骑众多，服饰华美，以为是高爵显位了，于是慨然长叹："仕宦当做执金吾，娶妻当娶阴丽华"。

### 一波三折一生缘

然而两人的结合，却是好些年之后的事了。

在昆阳包围解除后，军事行动告一段落。刘秀与阴丽华完婚，阴丽华正当青春年少，风华绝代，刘秀多年的愿望终于实现，夫妻俩恩恩爱爱。刘秀曾娶过另一个女子郭圣通，但这种婚姻不是出于情爱，而是出于政治军事目的的考虑，因为郭家有田宅财产数百万，父亲曾仕军功曹，母亲又是景帝七代孙真定恭王刘普的女儿，算得上是大家闺秀了。但这种婚姻因为没有感情基础，郭圣通虽然在刘秀登基之后，当了几天的皇后，但很快就被阴丽华取而代之。

在刘秀的心目中，阴丽华自然是至高无上的，不但是天姿国色，而且又温淑贤达，岂能不得宠？

阴丽华当皇后以后，仍然是朴实无华，不喜骄奢，东汉是以孝治天下的，阴丽华在这方面堪称榜样，她父亲虽过世多年，但每每提起，她就伤心不已，泪眼汪汪。刘秀见此情形，也深为感动。

永平七年（64年），阴丽华辞世，死后谥曰光烈皇后，与刘秀合葬于原陵。

不管阴丽华是名门淑女，还是乡间良女，她能使刘秀立下"娶妻当娶阴丽华"的誓言，除了貌美过人之外，自然还有别的个性品质的因素。

## ❖ 读史话女人

做一个美女很难，做一个幸福的美女更难，做一个帝王身边的幸福美女更是难上加难，可是上天将这一切都赐给了阴丽华。

读史读到东汉，最让人感动的就是一代贤后阴丽华的为人、为妃、为后之道。皇帝的婚姻，少有幸福圆满的结果，而刘秀、阴丽华却和谐得令人羡慕，这固然是由于刘秀的宽仁厚德，惜念旧情，而阴丽华的貌美德高与安分守己，更是最重要的因素。两人从此开始一段千古流传、荡气回肠的爱情故事。

阴丽华是刘秀患难与共的美貌发妻，却在他登基之时，主动让出皇后宝座，甘居嫔妃之位。而在刘秀不舍旧情扶立为东宫之后，她却能真心善待被废除的皇后，使郭圣通成为中国历史上唯一一个不入冷宫反得尊崇的废后，郭氏家族也成为史上唯一一个非但没有遭殃丢命，反倒全家升官发财的废后家族。郭圣通与阴丽华这两个女人，虽然一废一立，但是她们都是中国后妃群中最幸运的人。

东汉开国之君光武帝刘秀，堪称中国帝王中的顶峰人物。文韬武略、相貌人品，都达到了再无人企及的程度。能成为这样一位帝王一生的伴侣，阴丽华此生足矣！他们是名副其实的千古帝后，人中龙凤，他们浪漫而执著的爱情千古传颂。

## 二乔——江南美女配英雄

### ❖ 名人档案

二乔，指大乔和小乔，是三国时期的主要女性人物之一，乔公的女儿。在史书《三国志》中名字写作"小桥"（古时乔桥二姓相通）。生卒年不详，庐江皖县（今安庆潜山）人。

### ❖ 历史背景

二乔在三国时归属吴国，国色流离、姿貌绝伦。是当时有名的东吴美女。

孙策与周瑜，都是三国时期少年英雄；大乔与小乔这对姊妹花同是江东国色。周瑜纳小乔，孙策纳大乔，雄姿英发的天下豪杰，得与乱世佳人相结合。

## ❖ 生平大事记

## 东风不与周郎便，铜雀春深锁二乔

常言说，战国皇帝多，三国英雄多。其实三国不但英雄多，而且美女也不少，单是名扬千古的绝代佳人就有甄氏女、貂蝉、大乔和小乔。当时就有"北方有甄姬，江南有二乔"的说法。

折戟沉沙铁未销，自将磨洗认前朝。

东风不与周郎便，铜雀春深锁二乔。

这是唐代著名诗人杜牧写的那首脍炙人口的诗——《赤壁》。最后两句意思是说如果周瑜不是借助东风发动火攻而打败了曹操，东吴很有可能战败，那样的话，江东二乔也会被掳到铜雀台充当曹操的玩偶了。虽然赤壁之战并不是为了二乔，但如果曹操打赢了掳走二乔也不是没有可能。这就给多情而又富有想象力的艺术家们想象空间，他们按照各自的美学观点去理解杜牧的诗，并大加引申，创造出形形色色有关二乔的绘画、诗词、戏曲、小说。其中，影响最大的自然是罗贯中在《三国演义》中的艺术虚构。

罗贯中并没有模糊赤壁之战的重要政治意义，但出于"尊刘贬曹"的思想倾向，他有意突出曹操"好色之徒"的形象，渲染了曹操窥靓二乔美色的主观意图。罗贯中在《三国演义》第44回和第48回两个篇章中，都不是要写二乔，但无意之中却从不同的侧面映衬出二乔惊人的美丽。对于二乔，罗贯中却始终惜墨如金，以至于后人只知其姓，不知其名，实在是一大憾事。此外，有关二乔的身世和归宿，《三国演义》中也交代不详，这就更使得两位美人的生平事迹充满了传奇色彩。

## 秋水并蒂开芙蓉，姐妹同嫁俊杰郎

话说江东庐江郡人乔玄有两个女儿，即大乔和小乔。姐妹俩天生丽质，美得像两朵花，特别令人叫绝的是，她们二人的美都本自天然，从不用涂脂抹粉，可是脸庞却总是似桃花鲜嫩，白净中透着红润。甚至她们洗过脸的水都是粉红粉红的，日久天长，把门口的井水都染红了，当地人于是称这口井是"胭脂井"。两人恰似仙女下凡，而小乔生得比姐姐更胜一筹，真是人见不愿走，鸟见不愿飞，月亮想与她比容，花儿欲与她赛貌。姐妹俩不仅窈窕多姿，还博学多才，精通文墨，非同一般女子，所以远近闻名。

再说东吴有两位声名显赫的英雄，周瑜和孙策。周瑜家住舒城，而汉末大乱，吴侯孙坚把家小送到舒城避乱，孙、周二家正是邻居。孙策和周瑜两个人，每天一出门便见面，一见面就在一起玩，成为非常要好的朋友。两人同年，孙策只大周瑜两个月，都长得魁梧英俊、仪表堂堂。两家一合计，共同为他们请了一个文武双全的老师，每日教他们习文练武，于是孙策和周瑜便成了师兄弟。

这一年，孙策和周瑜都已长到十八岁，学成业就，先生非常欢喜，跟周瑜和孙策的父母商量以后，带着两个弟子去乔家提亲。先生深知两个学生天资聪颖，又兼勤奋好学，日后定能成大器，非美女佳人不能匹配。乔玄见两个年轻人魁梧英俊，与两个女儿十分相配，心中暗许。

## 夫妻恩爱同破敌，青春守寡何凄惶

再说天下的两大美人成为两位英雄的夫人后，北方的曹操十分妒忌，扬言要大动干戈平掉东吴，把二乔夺去以娱晚年，还在漳河上修建了铜雀台，准备日后安置二乔。不久，曹操统兵八十三万顺江而下，向东吴压来。

风声传到柴桑都督府，周瑜火冒三丈，发誓与曹军决一死战。他在长江扎下水寨，日夜操练水军。

但是，毕竟敌我兵力悬殊太大，周瑜终日为破敌之策而茶饭不思。一日，他来到小乔的梳妆台。那是他特意为小乔修的，她在上面可以看到水军操练，因而实际上是她的瞭望台。这时小乔正坐在铜炉旁，摆弄红绿纸做的小纸船。周瑜走过去，脱去披风，不料披风带起一阵风，把纸船吹到铜炉里去了，一下子便化为灰烬。小乔猛一惊，两眼盯着烧着的纸船，顿时双眉舒展，神情激动。周瑜忙问："莫非夫人有了破敌良策？"小乔点点头，指着铜炉，兴奋地说道："看见那纸船了吗？一遇火马上就烧掉了，纸船可以烧，木船为什么不能？我看就用火攻！曹军都是北方人，不识水性，如果再烧他一把火，定叫曹操溃不成军！"周瑜连声称好，不禁拉住小乔的玉手，说道："瑜得夫人，如虎添翼！"周瑜依计而行，果然把曹军杀得大败。

在安徽潜山县，有一个关于"胭脂藕"的传说，其中涉及大、小乔的归宿问题。别处的藕是白色，而潜山的藕却带浅浅的粉红色，据说那一带原先不产藕，是由大、小乔兴起来的。

吴侯孙坚死了以后，传位给孙策。孙策骁勇善战，身先士卒。有道是大将难免阵前亡，他在一次交战中身负重伤，临死前，传位给弟弟孙权，嘱咐他一要将东吴治理好；二要把寡嫂照顾好。

古语说，"老嫂如母"。孙权对大乔十分敬重。不管国事多忙，每天都要前去向她问安。时间长了，大乔很过意不去，便提出要回归故里，安居乐业，孙权再三挽留，后来只好答应。

临行前，大乔什么也不要，只让孙权给准备好了一大车藕种。她说："我到建业这么些年，最喜爱这里的荷，它不但高洁无私，而且通身是宝，所以想把它带回家乡去种，也让乡亲们受点益。"

回到故里后，大乔在老宅附近，开了几十亩水塘种藕。她虽然不施粉黛，可洗脸水总是红色的，泼入荷塘，天长日久，藕也慢慢变成粉红色了。后来，周瑜因操劳国事，积劳成疾也死了。小乔跟大乔一样，也回到故里，跟姐姐一起精心培植莲藕，还年年把藕种分给乡亲。几年下来，荷塘越开越多，因为藕都是粉嘟嘟的，人们称它作"胭脂藕"。又因为这藕是二乔传下来的，人们又叫它"美人藕"。

## ❖ 读史话女人

女性读者品读《三国演义》，除了刀光剑影、金戈铁马之外，自然还会格外留意里面女性角色的命运。而印象中深刻的，却是三个不幸的女人，大乔、小乔和甄氏。她们的共同特点，都有倾国倾城的美貌，却又是多愁多难的命运。

说到大、小乔，不能不提起孙策和周瑜。大乔嫁孙策，小乔配周瑜，真是郎才女貌，令人艳羡。可是这两段美满姻缘却都没能相守到白头，孙策26岁便死了，当时大乔充其量20出头，青春守寡，身边只有极稚中的儿子孙绍，真是何其凄惶！从此以后，她只有朝朝啼痕，夜夜孤食，含辛茹苦，抚育遗孤。小乔的处境比姐姐好一些，她与周瑜琴瑟相谐，恩爱相处了11年。在这11年中，周瑜作为东吴的统兵大将，江夏击黄祖，赤壁破曹操，功勋赫赫，名扬天下；可惜年寿不永，在准备攻取益州时病死，年仅36岁。这时，小乔也不过30岁左右，乍失佳偶，其悲苦也可以想见。

岁月悠悠，红颜暗消，一代佳人，孤寂凋零！姐妹俩只有在无边寂寞、无穷追忆之中消磨余生了。"自古红颜多薄命"，相对死于非命者，二乔总的来说算不得大不幸，但她们同样也掌握不了自己的命运！

# 红拂女——侠女慧眼识英雄

## ❖ 名人档案

红拂女姓张，在南北朝的战乱中，流落长安，被卖入司空杨素府中为歌妓。因手执红色拂尘，故称作红拂女。

## ❖ 历史背景

"慧眼识英雄"，是人们所熟知的成语，但对它的来历，人们却未必尽知。它来源于隋末风尘三侠的故事。这个故事的主人公不是一位两鬓斑白的"老伯乐"，也不是一个选贤用能的大君主，而是奴婢出身的红拂女。这正是使她的经历充满传奇色彩的重要原因。

美女识英雄，自古被人们传为佳话。唐初美人红拂女独具慧眼，在芸芸众生中，辨识了两位英雄人物，一位是她的夫君李靖；另一位是她的结拜兄长虬髯客，三人结为莫逆之交，一同在风尘乱世中施展才华，被人们敬传为"风尘三侠"。

## 生平大事记

## 独具慧眼，为爱夜奔

红拂女，姓张名出尘，就这名字，便有几分脱俗，不同凡响。她原是隋炀帝的亲信大臣杨素蓄养的家妓。杨素生活豪华腐化，家中奴婢成群。红拂女就是专门为他手执红色拂子拭尘埃、驱蚊蝇的婢女，其名盖因此而得。

终日干着这样的差使，红拂女的地位是低得不能再低了。但是，她自幼生得一副花容月貌，美丽过人，本指望找个如意郎君过上个美满幸福的日子，哪料想那杨素是尚书令，封楚国公，拜司空，仗着皇上老儿的势力，欺男霸女，硬是把红拂女抢夺来充当婢女。可是，红拂女虽然地位卑贱，但要陪伴风烛残年的杨素一辈子，又如何愿意？于是，她久有脱离苦海之志，可又苦于找不到可心人以身心相托。她便利用侍奉杨素见客的机会，留意选择意中人，盼望有朝一日能摆脱杨某。

杨素官高爵显，目空一切，平时接见客人总是踞床而见，盘坐在床上，身子动都懒得动一下，态度非常傲慢。同时，为了显示自己的富贵，常常令美人簇拥而出，侍婢罗列，那派头似乎比皇上还要胜上几分。

一日，青年志士李靖来向杨素献计献策，他虽然是平民布衣，却胸怀大志，以社稷为重，怀着扶危持颠之心。可是，杨素并未把他放在眼中，依然是以傲慢的态度相见。李靖正是血气方刚的年纪，一见杨素那副模样，气不打一处来，当面指责杨素："时下国内动乱四起，各路豪杰竞相反叛，你身为国家重臣，理应以国事为先，广募天下英才，而不该像这般骄横！"

李靖的话不卑不亢，句句在理，说得杨素无言以对，他没想到一个普普通通的布衣百姓竟有如此的凌云之志，禁不住肃然起敬，态度一下子谦和了下来。他赶紧让李靖坐下，宾主两人畅谈了许久。

在他们谈话的过程中，红拂女一直在旁边侍候杨素。当李靖侃侃而谈时，红拂女全神贯注，听得很入神。她偷眼观瞧这位青年，只见他身材魁梧，精神饱满，眉宇间透着英气，相貌堂堂，气宇不凡。特别是他态度刚正，谈吐脱俗，不禁对他产生了几分钦慕。直到李靖起身告辞而去，她才如梦初醒。李靖走后，红拂女心中像有几只玉兔在上下跳跃，怎么也平静不下来，李靖的形象总是在她眼前晃来晃去。当年卓文君私奔嫁相如的故事，她是听说过的，心中对卓文君的胆识十分欣赏。她暗自寻思：自己虽远不及卓文君那般美艳，更没有她的满腹才学，李靖也不似司马相如那样才华横溢，但他胸怀大志，日后定能成就大事，自己何不效法卓文君，将自己的终身私托给李靖？这样也不枉自己的一生，总比整日驱蚊拭灰强得多。

主意一定，她没有表露声色，暗中辗转通过门吏问明李靖的住址。当天深夜，红拂女改扮男装，用手杖挑着一个细软包裹，直奔李靖所住的客店。此时，李靖似睡非睡，忽然听见低低的敲门声，他翻身起来开门，见门口站着一个紫衣戴帽的后生，肩上扛一包裹，正欲发问，红拂女已挤身进门，随手又把门关上。她脱下紫衣帽子，露出美女的本相，倒把李靖弄得措手不及，不知云中雾里。"咦，你不是杨府中的家妓吗？深夜来此何干？"因为白天在杨府待的时间不短，红拂女又一直在旁边，李靖也曾留意于她，但那只是因红拂女长得实在是光彩照人，他自然而然地多瞧了几眼，不过并未放在心上，心想她不过是杨府的漂亮摆设而已，压根就没想到她会深更半夜来敲他的门。

红拂女见李靖站着发愣，她倒很大方，给李靖施了个礼，说道："咱们白天已见过一回面，我正是杨素的家妓，叫张出尘，别人都称我红拂女。我侍奉杨司空多年，达官贵人也没少见，但都是些碌碌平庸之辈，没有一人可与您的气度和宏略相比。丝萝非独生，愿托乔木为伴，我特来投奔于你，万望不要嫌弃我！"说完倒身一拜。

李靖赶忙将她扶起，红拂女的几句话，说得他心里激动不已。借着灯光，他仔细端详起红拂女的面容来，但见她脸上未施朱敷粉，却清丽可人，眼睛似两汪秋水，流情顾盼，神态端庄，毫无一般女子的那种轻佻妖冶。李靖暗想：自己原以为女子多是头发长见识短，除了争宠献媚之外，就是涂脂抹粉，对于世事一概不闻不问，想不到眼前这位美女却秀外慧中，堪称是自己的红颜知己，禁不住心中升起爱意柔情。可是，他又转念一想：杨素权重京师，如果得了他的家妓，他能轻易放过，岂不要引火烧身？

红拂女好像看出他的心事似的，说道："杨某年老体衰，已形同一具行尸走肉，没有什么可怕的。不少家妓知道在他家中绝没有什么好结果，纷纷逃离，自谋出路，他根本就追逐不过来。"

听红拂女这么一说，李靖的脸一红，心中暗想：我堂堂七尺男儿，顶天立地，胆量竟不敌一个绝色女子吗？她既然有心于我，我还有什么可担惊受怕的？是夜，两人促膝而坐，说不尽的贴心话，表不完的情和爱，互托终身，真是风情无限。

第二天，客店的其他住户听说李靖住处来了一个天仙似的美女，都怀着好奇心来到窗前偷看。他俩为了避免杨府的追缉，一道骑上骏马，投奔太原而去。

## 结拜义兄成就大业

一天傍晚，他们来到灵石（今山西省灵石县）一家旅舍投宿。李靖在院中刷马，红拂女站在床前梳理她的秀发。这时忽见一个中等身材、嘴边长满盘曲如龙形胡须的汉子，骑着跛驴来到店内。他一放下革囊，取出枕头，便斜躺着看红拂女梳头。李靖见到这种情形，心中老大的不痛快，但他强自忍了忍，仍然不停地洗刷他的宝马。

红拂女见此人一言不发，只管看自己梳头发，看那神态又不像是怀有歹意，便将一只手藏在身后，暗中示意李靖先不要动怒。她加快节奏，把头梳完，拾掇了一下衣襟，转身看了虬髯客一眼，见他长相奇特，有道是非常之相定是非常之人。于是，她趋前几步与他打招呼，"敢问壮士贵姓？"那人答道："姓张。"红拂女见与自己同姓，又问："你排行第几？"那人答道："第三。"两人一问一答，很快便友善起来，以兄妹相称了。红拂女赶忙招呼李靖过来，与她的这位"三兄"相见。

三个人围着饭桌坐下，边喝酒吃肉，边交谈聊天。红拂女问虬髯客道："贤兄，你这是往哪去？"虬髯客摇了摇头，说道："眼下时局动乱，群雄纷纷举起义旗，我是天马行空，独来独往。"说着说着，他从革囊中取出一个人的心肝，掏出匕首边切边下酒，接着说道："我这人就爱管点不平之事，这小子横行乡里，让我一刀给劈啦。"

虬髯客放下刀子，问红拂女二人的来历，见来客很坦率，李靖他们也就不遮遮掩掩了，便把红拂女如何与自己私奔的事一五一十叙说了一遍。虬髯客一听，双挑大拇指，连声夸赞红拂女的侠肝义胆，举杯祝贺他们二人的美满结合。他又问："你们打算去哪儿？"李靖说："到太原去投奔李世民。"虬髯客连声说好，当即决定将自己的全部家产赠送给他们，作为日后起兵反隋之用。他说："非贤妹不能识李郎，非李郎不能荣贤妹。"祝福他们早成大事，一路顺风。李靖在落魄之中得到红拂女的纯洁爱情和虬髯客的资助，生活境遇迅速好转，真是如虎添翼。后来，他随李世民斩奸除恶，东征西伐，成为唐王朝的开国功臣之一。

## ❖ 读史话女人

一个妙龄少女与自己梦中的白马王子一见钟情，相约私奔。这在今天的人们看来尚能理解，但在当时是视为伤风败俗的行为。一个侍妓，风尘之中慧眼识俊杰，并大胆追求主动表白，真可谓惊世骇俗之举！

《旧唐书》说李靖年轻时"姿貌瑰伟",是个翩翩美少年。而红拂女更是一个倾国倾城的绝代佳人。李靖之得红拂女,极富传奇色彩,可谓千古佳话。美女识英雄,英雄遇美女,真是相得益彰!她没有卓文君的学识才华,却更多一分飒爽英姿,她们都是敢爱又会爱的奇女子。

红拂女虽出身低贱,却志存高远,尤其有慧眼识英雄的本领和义无反顾的勇气。这种胆识和勇气,就是如今21世纪的女性恐怕也难胜出其右。

# 卓文君——才女私奔嫁相如

## ❖ 名人档案

卓文君,汉代才女,西汉临邛人,与汉代著名文人司马相如的一段爱情佳话至今还被人津津乐道。也有不少佳作流传后世。

## ❖ 历史背景

《史记·司马相如列传》记载,临邛有一富家卓王孙之女文君新寡,爱慕司马相如,与之私奔到四川成都。因家徒四壁,文君家开始又不予资助,两人复回临邛,尽卖其车骑后,买了一酒舍酤酒。文君当垆,司马相如也与保庸杂作,涤器于市中。这个故事后来成为夫妇爱情坚贞不渝的佳话。

历史上临邛也成为酿酒之乡,名酒倍出。文君酒成为历史名酒,唐代罗隐的《桃花》诗曰:"数枝艳拂文君酒",传说中还有"文君井",

陆游《文君井》诗曰："落魄西州泥酒杯，酒酣几度上琴台，青鞋自笑无羁束，又向文君井畔来。"

## ❖ 生平大事记

### 绿绮传情"凤求凰"

　　司马相如，字长卿，蜀郡成都人。少时好读书，尤攻词赋，深受父母宠爱。长大以后，因为羡慕战国时赵国大臣蔺相如的君子之风，遂把自己的名字改为相如。他年轻时曾在官学任教，后往游长安，入朝为官，任武骑常侍。他虽也练过几番击剑，但毕竟不是行武中人。因此，担任武职，不但屈了他的才，也有违他的心愿。时值汉景帝刘启在位，对吟词作赋很不重视。有一回，受封于梁的梁孝王刘武来京朝见景帝。梁孝王一向喜好宾客，结交文士。跟梁孝王一起来京的还有邹阳、牧乘等人，都是当时名声显赫的文学大家。司马相如和他们结交以后，十分欣赏他们的文才，于是向景帝托病辞官，随同梁孝王和他的门客一起到了梁国。梁孝王建有名园——梁园，他常在园中和宾客们谈词论赋。一次，司马相如写了一篇《玉如意赋》，梁王阅后，十分欣赏，还赐给他一台贵重的琴，名为"绿绮琴"，上面刻着四个精美的铭文："桐梓合精"。《子虚赋》便是这段时间写成的，四处传播，享誉一时。

　　相如在梁国住了几年，不幸的是，梁王得病而亡。相如一下子失去了依托，只好回到老家。此番回来，绝非是衣锦还乡。而且他家是家道衰落，空空如也，父母早已亡故，生活难以为继。相如与临邛县令王吉相友善，于是前往他家做客，住在城边的亭舍中。王吉因赏识他才华，对他还算敬重。

　　临邛一带的富豪，首推卓王孙。卓家蓄养的家童数以百计，良田美宅无数。卓王孙有一个女儿，便是大名鼎鼎的卓文君。卓文君面目姣好，眉色如望远山，脸际常若芙蓉，肌肤柔滑如脂，是临邛一带出了名的美女。她不仅长得漂亮，而且很有才学，精通音乐，擅长弹琴弄曲。当时只有17岁，恰处妙龄。可是，命运却不济，婚后不久丈夫亡故，此时正在娘家寡居。

卓王孙是个势利小人，平素最喜欢攀权附贵，与王吉县令处得不错。他见王吉对司马相如非同一般，判定县令的客人一定身份很高，于是备下丰盛的宴席，邀请县令和司马相如到家中做客。司马相如因与卓王孙素无交往，便想称病推辞，无奈卓王孙再三相请，只得带上珍贵的绿绮琴来到卓家。

宾客约有百余人，但多是些官吏富豪，司马相如往席间一坐，马上就显出与众不同的风度来。他那雍容文雅、潇洒风流的神采，令满堂生辉，众人无不为之倾倒。

酒过三巡、菜过五味之后，大家都已有了几分醉意。王吉心想：今天宾客云集，何不让相如施展一番，让这些人也见识见识我朋友的才华？想到这儿，他端起酒杯，走到司马相如跟前，说道："今天大家都很快活，我早听说你的琴声悠扬，词赋高雅，你又带了琴来，为我们弹上一曲以助酒兴，如何？"司马相如不好推辞，于是抚琴调弦，弹了起来。他的指法灵活，琴声悦耳。卓王孙等人，尽是些庸俗势利的富豪，胸无点墨，更不懂什么音乐艺术，只是故作高雅。他们看见王吉那个摇头晃脑的样子，也齐声喝彩。

司马相如弹兴正浓，忽闻屏后有环佩之声，留心窥看，原来是卓王孙之女卓文君在屏后偷听。卓文君对司马相如的名字早有耳闻，知道这位才子今天正在自己家中做客，但又不便出来见面，只好坐在内室听外面的动静。相如一弹琴，她一听那琴声，或如行云流水，或如凤凰和鸣，声声动人心弦，情不自禁，缓步潜立屏后。当她从屏缝中窥见相如的风姿，越发为他的风度、才情所吸引。司马相如发现卓文君偷听之后，琴弹得更加起劲。他早已听说文君的才貌出众，对她新近的遭遇也略知一二。于是，一曲终了，他又弹起第二支曲子，边弹边唱：

凤兮凤兮归故乡，遨游四海求其凰。时未遇兮无所将，何悟今夕升斯堂。有艳淑女在闺房，室迩人遐毒我肠。何缘交颈为鸳鸯，相颉颃兮共翱翔。

凰兮凰兮从我栖，得托孳尾永为妃。交情通意心和谐，中夜相从知者谁？双翼俱起翻高飞，无感我思使余悲！

文君是何等聪明的人物，她侧耳静听，很快就听出了曲调中的寓意，更听出了司马相如的弦外之音，不觉大为感动，只担心自己配不上。

酒席散后，客人纷纷辞去。司马相如备下厚礼，让人送给卓文君左右的侍从，求他们转达自己对文君的爱慕之情。卓文君反复思量，如果明媒正娶，司马相如不是显贵，父亲断然不会应允。可是一旦错过良机，自己将饮恨终身。焦急中，她猛然记起《凤求凰》中，有"中夜相从"一语。于是，当夜见家人安歇之后，偷偷溜出家门，私奔往司马相如的住处，司马相如一见文君到来，不仅为她的姿色所动，更为她的勇敢而敬佩，连夜备下车马，日夜兼程返回成都。

## 文君当垆和弦瑟

卓王孙闻讯后，鼻子都气歪了，心想：我真是引狼入室啊！愤愤地说："文君竟然胆大包天，不顾廉耻，我虽不忍心杀她，但也休想从我这取走分文。"文君和相如在成都待了一段时间后，家徒四壁，穷困潦倒。有一天，相如取出自己心爱的一件裘皮衣服，到酒店里换来一些衣食，两人一起借酒消愁。文君不无悲哀地慨叹："我向来过着富裕奢华的生活，想不到今日却要去用衣服赊酒来喝！"尽管如此，文君并不觉得后悔，她只要能与相如在一起，什么苦都可以吃。

因为生计问题,他们又不得不返回临邛。但事已至此,文君并未向父亲伸手要钱。他们卖掉车马,凑了几个钱,开了一家小酒店。司马相如一扫文人的斯文,自己当酒保,穿着犊鼻裈,提壶洗碗,做杂活。文君则淡妆素抹,亲自当垆卖酒。一个文人,一个才女,走到如此地步。临邛的人谁不知道文君是卓王孙的女儿呢?人们议论纷纷,都指责卓王孙薄情寡义。卓王孙是又羞又恼,羞的是女儿违背父命与人私奔;恼的是女儿竟敢回到自己眼皮子底下,丢人现眼。于是,索性大门紧闭,深居简出。

卓王孙的兄弟知道这个情况后,便赶来劝他:"你不过生了两儿一女,文君少年丧偶,如今找到相如这样的才子,你应该高兴才是。相如也曾是官场中人,只是一时落魄,你能保他日后就没有出头之日?况且他又是县令的好友,怎好这般屈辱于他呢?再者,女儿当垆卖酒,你这临邛首富脸上无光啊!"卓王孙无奈之下,只好分给文君童仆百人,金钱百万,并将她当初出嫁的衣物全部给她。就这样,文君与司马相如满载而归,从临邛又回到成都,置田宅,购园圃,过上了富足的生活。

《榔环记》中有这样一则趣闻。县令王吉一天梦见一膨蜞在都亭学人语说道:"明天住在此处。"王吉很觉怪异,第二天便派人在都亭等候,正巧司马相如来访。因而,天下人都把膨蜞称为长卿。而卓文君呢,一辈子再也没有吃过膨蜞这种东西。

后来,汉景帝去世,武帝刘彻即位。侍从杨得意也是蜀郡人,他向刘彻推荐了司马相如早年所写的《子虚赋》。武帝读罢,深感此赋是传世之作,忙问作者是谁。杨得意说:"蜀郡人氏司马相如所作。"武帝当即召见司马相如,见他仪表不凡,封他做了郎官,即帝王的侍从官。数年后,武帝又拜他为中郎将,代表朝廷持节赴蜀,通使西南诸部落,招抚为汉朝蜀国,按汉制设置郡、县,由朝廷派官协助管理。

相如作为朝廷命官一入蜀郡,太守以下俱出郊远迎,县令亲自背着弓箭骑马在头前开路。卓王孙也一反常态,不计前嫌,争献牛酒。他看到司马相如一朝得势,衣锦还乡,声威显赫,冠盖辉煌,不禁怅然长叹，恨自己当年有眼无珠，更恨自己嫁文君给相如太晚。于是，按照与儿子一样的数目重新分给文君一份家产。

## 风流千古《白头吟》

几个月后，司马相如完成了安抚西南夷的任务，回到京城。汉武帝非常满意，拜司马相如为孝文园令。从此，司马相如官高爵显，童仆满门，生活优裕，与往日大不相同。

司马相如久居京城，赏尽风尘美女，加上官场得意，竟然产生了弃妻纳妾之意。曾经患难与共，情深意笃的日子此刻早已忘却。哪里还记得千里之外还有一位日夜倍思丈夫的妻子。

终于某日，司马相如给妻子送出了一封十三字的信：一二三四五六七八九十百千万。聪明的卓文君读后，泪流满面。一行数字中唯独少了一个"亿"，无亿岂不是表示夫君对自己"无意"的暗示？她，心凉如水。怀着十分悲痛的心情，回了一封《怨郎诗》。司马相如看完妻子的信，惊叹妻子之才华横溢，遥想昔日夫妻恩爱之情，不禁羞愧万分。

汉武帝元鼎二年，年已六旬的司马相如告老辞官，移家茂陵，修了一座大花园，清幽雅致。司马相如经常徜徉其间，吟诗作赋，饮酒赏花，安享山林泉下之乐。不过有一事使他常感不快，那就是文君额添皱纹，两鬓如霜，羞对灼灼桃花、盈盈莲荷，见了不免有些令人生厌。日子一长，他对文君又有些冷淡了。这时茂陵有个商人的女儿，正当豆蔻年华，有沉鱼落雁之容，闭月羞花之貌，更兼能歌善舞，又会写诗作画。求婚者摩肩接踵，不绝于门，商人均相不中，一概回绝。司马相如闻知消息后，便托人重礼登门求婚，欲纳为妾，商人虽嫌相如是白头老翁，却又爱其才学地位，不顾其女反对，慨然答应。相如十分高兴，只待良辰吉日，准备迎娶。

司马相如的所作所为，可苦了卓文君。自从移家茂陵之后，文君即感相如日渐冷淡。这回又听说相如有意纳妾，她既恼怒，又伤心，回想往事，禁不住泪流满面。她望着铜镜中自己的满头白发，满脸皱纹，深感年华易逝，岁月无情，老了竟遭良人冷遇，这心底的怨愤如何能平？她提起笔来，写了一首《白头吟》：

皑如山上雪，皎若云间月。

闻君有两意，故来相决绝。

今日斗酒会，明旦沟水头；

躞蹀御沟上，沟水东西流。

凄凄复凄凄，嫁娶不须啼；

愿得一心人，白头不相离。

竹竿何袅袅，鱼尾何簁簁。

男儿重意气，何用钱刀为！

司马相如读到这首诗后，就像一条鞭子抽在自己身上一般。他想起月夜私奔、文君当垆的往事，想起文君平时对自己温存体贴的种种好处，想起两人共同吟诗作赋的美好日子，觉得自己对不起文君，深感惭愧。他暗下决心：一定及早派人去退亲，今后再不娶妾，誓与文君白头偕老，共度余生。他满怀内疚，带着自责对文君说："文君，我对不起你！看在多年夫妻的份儿上，你饶恕我吧！"文君见他确有惭愧自责之意，便原谅了他，两人和好如初。

## ❖ 读史话女人

卓文君，一个有思想、有勇气、敢爱敢恨的才女，她敢爱，敢于违抗父命为自己争取幸福；她会爱，用自己的智慧挽回了丈夫的感情。她与司马相如的婚姻也历经了七年之痒的考验，感情由浓烈转为平淡。在丈夫有外心的时候，她没有忍气吞声顾影自怜，而是以其才智诗赋劝感丈夫，一首《白头吟》，"……闻君有二意，故来相决绝。愿得一人心，白头不相离……"表达了她对爱情的执著和向往以及一个女子独特的坚定和坚韧,也为他们的故事增添了几分美丽的哀伤。卓文君以她的聪明心智和绝代才华,用心经营着自己的爱情和婚姻,终于苦尽甘来。他们之间最终没有背弃最初的爱恋和最后的坚守,这也使得他们的故事千回百转。这一点,不仅在古时候非常不易,就是在现代,也是令人钦佩的。

卓文君是我国第一个勇敢冲破封建礼教束缚的女性。她敢于反抗父命,追求爱情,坚持爱情专一,反对一夫多妻,这在两千多年的封建社会中是极为罕见的,她是我国古代女性中的一位光辉形象。

## 紫薇夫人——知音帅府救罕郎

### ❖ 名人档案

紫薇夫人,颇具倾城之貌,乃明末辽东总兵、勋爵李成梁的如夫人。

### ❖ 历史背景

努尔哈赤,这个名字在中国历史上掷地有声。他的一生极具戏剧性和开拓性,更极具让后人仰望和向往的英雄气概,他传奇般的身世为他金戈铁马的一生涂上了浓重的辉煌色彩。他为满清王朝的兴起立下了汗马功劳,但他的基业却得益于一位纤弱女子——紫薇夫人。

明朝万历年间,胸怀大志的努尔哈赤,为了部族的强大,学习汉文化。他隐姓埋名屈尊为奴,投进辽阳府研习兵法。紫薇夫人得知真相后，把早年所学的用兵之道尽皆传授给了努尔哈赤。总兵李成梁曾经一度对努尔哈赤动了杀机；紫薇夫人及时通风报信，逃跑途中，为了不拖累努尔哈赤，她将自己吊死在一棵歪脖子梨树上。努尔哈赤成了大金国的天命皇帝之后，册封紫薇为满人的歪梨娘娘，世代供奉！

## ❖ 生平大事记

### 忠良之女，结缘卓越汗王

紫薇夫人家本是世代武举，她父亲原任边关守备之职，因为得罪了奸相严嵩被扣上通盗杀良的罪名，他一怒之下，便带家将，反上山去做了寨主。每日里，紫薇跟着父亲在山上读书习武，向往做个巾帼豪杰。不料，有一年，辽东重镇辽阳城的总兵李成梁奉命平叛，她全家尽被杀戮，唯有紫薇因有几分姿色，被李总兵带回帅府，强行非礼纳为第六妾。

紫薇本想以死明志，但又想自己既已失身，做鬼也愧对九泉父母，莫不如忍辱偷生，以图待机雪恨。然而，她哪里知道，李总兵绝非庸夫俗辈，他智勇过人，武艺超群，威镇边关，连皇帝都敬畏他三分。因此，报仇雪恨竟有些渺茫了。紫薇常常暗自流泪，自悲自叹。

一天，李总兵带着亲兵卫队，进山狩猎。他只身策马追射一只苍鹰。突然从密林深处蹿出一只猛虎，他开弓便射，老虎受伤倒地。他翻身下马，抽出宝剑奔上前去。哪料想，受伤的老虎一声长啸，凶悍地扑上来，李总兵躲闪不及，被撞翻在地。老虎又是一个跳跃，居高临下直扑面门。就在这千钧一发之际，"哗嘟嘟"一声脆响，一柄钢叉凌空飞起，正扎进老虎张开的血盆大口，老虎立时惨叫而亡。

随后，从树丛中跳出一个英俊的青年。李总兵赶紧起身行礼："本帅谢壮士救命之恩！"他把这个打虎英雄上下打量一番，见他一身豪气，笑着问道："壮士，该怎么称呼你？"

青年毕恭毕敬地答道:"小人世居赫图阿拉,是个满人,只有个小名叫罕郎,别人都叫我为憨郎。"

李总兵沉吟片刻,问道:"憨郎,本帅念你救命之恩,欲将你收留帐下,你可愿意?"

憨郎听了喜出望外,忙跪倒在地,连磕了三个响头:"奴才愿侍候大帅,万死不辞。"

就这样,憨郎随李总兵到了大帅府。一顿宴请之后,李总兵让憨郎常住剑楼,为紫薇夫人等人所住的藏春院把守门户。这种安排,为故事的发展,创造了极好的条件。

原来憨郎真实姓名叫爱新觉罗·努尔哈赤。女真部落首领。

## 舍身相救,清史世代留芳

从这以后,紫薇与努尔哈赤交往更密切。紫薇夫人把早年所学的用兵之道尽皆传授给了努尔哈赤,又把李总兵那些兵书向他细细地解说,什么淝水之战,什么曹刿论战,等等。而努尔哈赤本来就是个天资聪颖的人,听了紫薇夫人简单明了的讲解,茅塞顿开,学识大长。紫薇夫人还把自己的一本《三国演义》送给努尔哈赤:"这部书通俗易懂,里边有很多战争实例,对你今后会大有好处。"就在这一教一学之中,他们更加了解对方,更加仰慕对方。

忽有一日,李总兵得到一道密旨:钦天监夜观天象,发现辽东地面升起真龙天子的祥云瑞气,限期缉拿追捕。拿住钦犯,赐世袭王位,逾期不获,辽东百官都要严加治罪。

这真龙天子之气,本是妄说。但在当时的人们却是深信不疑。得到这一旨令,李总兵浑身直冒冷汗。偌大辽东,人海茫茫,去何处缉拿?突然,他一个闪念:这憨郎的来历不明,家世一概不知,还有,他是真憨还是假憨？想到这儿，李总兵是又惊又喜。

李总兵对紫薇是颇为宠爱的，于是，他把自己的怀疑告诉了紫薇夫人。听说这事，紫薇夫人的心砰砰乱跳。待把李总兵稳住之后，她趁着夜深人静，来到书房，一把抓住憨郎的手："快跟我来！"如坠云里雾中的憨郎，被紫薇拉出书房，直奔马棚。路上，紫薇把事情一五一十地告诉了他，末了，把令牌塞进他手中："憨郎，快骑上大青马，逃命去吧！"

不料，马蹄声惊醒了李总兵，翻身一看，不见了紫薇夫人，他立即明白了怎么回事。他马上召集人马，领兵追杀出来。

坐在马上的紫薇夫人，心急如焚，她知道一匹马骑两个人是难以逃脱的。她情急生计，以解手为由，翻身下马，往岔道的一个山坳跑去。

努尔哈赤等了一会儿，不见紫薇出来，觉得不妙，慌忙下马。等他找到紫薇夫人，她已经吊死在一棵歪梨树上了。他捶胸顿足，哭喊着解下紫薇。紫薇再也不会醒了。可是她的香魂却永远伴随着努尔哈赤。

### ❖ 读史话女人

千金易得，知音难求。一个部落首领、一个忠良之后，一个肩负振兴之责、一个深怀灭门之恨，努尔哈赤与紫薇夫人，上演了不老的爱情绝唱。

清太祖努尔哈赤，满族，爱新觉罗氏，后金（清）的建立者，史称清太祖，中国历史上卓越的政治家、军事家、战略家、统帅，在这位英雄的心灵深处却始终活跃着一位美丽的女子——紫薇夫人。美女救英雄，一个永远说不完道不尽的美丽话题。发生在他们身上的爱情故事是那样荡气回肠，而一个义举改变了一个人的命运甚至一个民族及国家的命运，又是怎样地让人击节长叹！试想，如果努尔哈赤没有遇上深明大义、才色俱佳的紫薇夫人，中国历史在清朝这一段或许要重新改写。历史在紫薇夫人这里拐了一个弯，这当然是当年在总兵府教习努尔哈赤兵书的紫薇所始料未及的。当然，一个女人最大的幸福，就是永远活在她所爱的男人心中。

# 莫道女子无才德——权谋篇

中国历代有『女子无才便是德』的观念，这限制了女性受教育的权利，使得知书达理、秀外慧中的才女得不到发挥。而能在这种观念下崭露头角，并最终干出一番惊天政世的女子，千百年来被烙出历史的痕迹，成为善权谋的杰出女性。

# 妇好——中国最早的女统帅

## ❖ 名人档案

妇好,名好,"妇"为亲属称谓。铜器铭文中又称她为"后母辛"(因为她的庙号称辛,即乙辛周祭卜辞中所称的姚辛)。她生活于公元前12世纪前半叶武丁重整商王朝时期,是商王武丁60多位妻子中的一位,且为三个法定配偶之一。作为武丁统治集团的重要成员,她主持过祭祀与朗读祭文,也曾被封于外地,担负守土、从征的重任,她为"殷国大治"立下赫赫战功,是我国最早的女政治家和军事家。

## ❖ 历史背景

妇好曾多次率兵征伐土方、羌方、人方、巴方等国。在一次征伐羌方的战争中,她统领了13000人的庞大队伍,是迄今所见商代对外征伐中用兵最多的一次。在对巴方作战中,妇好率领军队布阵设伏,断巴方军退路,待武丁自东面击溃巴方军,将其驱入伏地,予以歼灭。这是中国战争史上记载最早的伏击战。在"国之大事,在祀与戎"的商代,妇好经常受命主持祭天、祭先祖、祭神泉等各类祭典,又任占卜之官,为武丁统治集团的重要成员。

她曾率兵镇压奴隶反抗斗争,深受武丁宠幸,被封于外地,担负守土、从征的重任。妇好死于武丁晚年。武丁为她建有独葬的巨大墓穴,而且有拜祭的隆礼。这在商朝时期非常少见。

### ❖ 生平大事记

## 一生戎马天下

公元前12世纪时，正是中国殷商时期。由于频繁的战乱，商王朝留给今人的痕迹已经非常稀少，但是就在这些为数不多的遗物中，却有相当一部分属于一位特殊的女人。她的名字叫"妇好"，是公元前12世纪上半叶的商王武丁之妻。

武丁见于史料的"诸妇"多达60多位，其中只有3人拥有王后的地位，妇好则是第一位。在现存于世的甲骨文献中，"妇好"的名字频频出现，仅在安阳殷墟某甲骨穴中出土的一万余片甲骨中，她就出现过200多次！而且武丁在这些占卜中向上天祈告的内容，包括妇好征战、生育、疾病、去世甚至祭奠等各个生活侧面的状况，这足见武丁对妇好用心之深。

妇好并不姓妇，她的父姓是一个亚形中画兑形的标志。当她嫁给武丁成为王妻之后，武丁给了她相当丰厚的封土和士民，在她的封地上，她得到了"好"的氏名，尊称为"妇好"，或者"后妇好"。妇好的庙号为"辛"，商王朝的后人们尊称她为"母辛""姚辛""后母辛"。她嫁给武丁之前，是商王国下属或周边部落的母系部族首领或公主，具有非同一般的出身和见识。妇好十分聪慧，也有着异乎寻常的勇气和气魄。她臂力过人，其所用的一件兵器重达9公斤，足见她的身体强壮；而该兵器为大斧，更可见她的骁勇。商王朝武功最盛的君王武丁是她的丈夫，而武丁时代的赫赫武功中，有着妇好相当一部分的功劳。

妇好和武丁是一对志同道合的夫妻。起初，武丁对妇好领兵作战的能力不是非常了解，这年夏天，北方边境发生外敌入侵，派去征讨的将领久久不能解决问题，妇好便主动请缨，要求率兵前往助战。武丁对妻子的要求非常犹豫，考虑很久之后，还是通过占卜才决定让王后出征。妇好一到前线，调度指挥有方，而且身先士卒，很快就击败敌人，取得了胜利。武丁从此对妻子刮目相看，封妇好为商王朝的统帅，让她指挥作战。从此以后，妇好率领军队征讨作战，前后击败了北土方、南夷国、南巴方，以及鬼方等 20 多个小国，为商王朝开疆拓土立下了不朽战功。其中，在对羌方一役中，武丁将商王朝一半以上的兵力（13000余人）都交给了她，而妇好一役毕全功，解决了多年以来商王朝西北边境的战乱骚扰，取得了最后也是最大的胜利，并且使敌人归附服从。这场自卫战的胜利，是武丁时期出兵规模最大的一次，同时也是一场奠定中国文明历史进程的决战。史学家认为，妇好此战的意义，不亚于传说中的黄帝与蚩尤之战，其对于殷商王朝乃至于整个中华历史，都具有伟大的划时代意义。

在攻打巴方国（今湖北西南部）的时候，武丁和妇好一起领军，并且分工合作——妇好在西南方设下埋伏之阵，武丁则率领各路侯伯从东面发动攻势，最终将敌人赶入妇好的铁桶阵中，大获全胜。

## 受封疆土，冥婚追思

除了率军作战，妇好还掌握着商王朝的祭祀占卜之典。她经常主持这类典礼，是名副其实的神职人员，最高祭司。在妇好立下赫赫功绩之后，武丁给她划分了封地。妇好在自己的封地上，主持封地范围内的一切事务，拥有田地的收入和奴隶仆人。她还向丈夫武丁交纳一定的贡品，一切都按照国王和诸侯的礼仪来办理，绝不因私废公。妇好的封地一定是商王朝最富庶的地方之一，因为在她的封地上，她拥有自己独立的嫡系部队3000余人。(在那个年代,普通小国的全部兵力也不一定能够达到这个数目)为了管理自己的封地,妇好经常离开王宫,到封地去生活。由于经济独立,妇好能够为自己铸造大规模的青铜制品,现存于世的妇好偶方鼎就是其中之一。

由于难产或战争等原因,妇好33岁就死去了,她为武丁留下了一个儿子,名叫孝己,女儿不详。虽然相对于那个时代,她的享年已经不短,但是相对于她享年长达59岁的丈夫武丁,却过于短暂。她的不幸去世,使武丁非常痛心,武丁将她下葬在自己处理军政大事的宫室旁边,让自己随时都能看到妻子,日夜守护着她。即使如此,武丁仍然觉得自己守护的力量不够,不足以深达幽冥。于是,他率领儿孙们为妇好举行了一次又一次大规模的祭祀,并且为妇好举行了多次冥婚,将她的幽魂先后许配给了三位先商王:武丁的六世祖祖乙、十一世祖大甲、十三世祖成汤。在最后将妇好许配给成汤之后,武丁终于放下了心,认为有三位伟大的先人共同照看,妇好在阴间能够得到安全和关怀。

从历史记载可以发现,妇好去世多年之后,武丁仍然对她念念不忘。按照国家制度,武丁在妇好去世后又册立了新的王后。然而这位王后虚有其名,武丁眼前心底,仍然只有妇好一人,对新王后视若无睹。不久,这位王后就在抑郁中离开了人世。于是第三位王后又应运而生……

每当国家有战事,武丁都要亲率子孙大臣,为妇好举行大规模的祭礼,请她的在天之灵保佑自己能够旗开得胜。妇好以她的文治武功赢得了武丁和后世的景仰与尊重。

## 绝世风华,再现天日

上世纪,安阳小屯村的殷墟被陆续发掘,然而几位曾定居安阳的商王大墓已成了11座空陵,在三千年的历史中早被盗得空空如也。但谁也没有想到，保存完好如初的却是妇好墓。

墓位于丙组基址西南，是1928年以来殷墟宫殿宗庙区最重要的考古发现之一，也是殷墟科学发掘以来发现的唯一保存完整的商代王室成员墓葬。该墓南北长5.6米，东西宽4米，深7.5米，墓上建有被甲骨卜辞称为"母辛宗"的享堂。墓中出土了4面铜镜，还有4件铜钱以及130件青铜兵器。除了以一对司母辛大方鼎为首的200余件青铜礼器，还有15种共156件酒器，以及来自新疆等地的玉器佩饰755件，来自海南甚至更远处的海贝7000多枚，各色宝石制品47件，以及各种陶器石器海螺等。除此之外，还有为妇好殉葬的16名殉人、6条殉狗。

如此丰厚的陪葬品，不仅体现了武丁对妻子的敬爱之情，更体现了妇好生前丰富多彩的生活。她不但是一位将领，能征善战且善饮，也是一位尊贵的贵妇人，爱美而且擅于修饰，更是一位拥有独立经济能力的贵族领主，拥有庞大的奴隶群。

## ❖ 读史话女人

奴隶社会的商朝，宗法制度尚未健全，还保留了一些母系氏族社会的遗风，像妇好这样的贵族妇女还能在一定程度上发挥她的聪明才智，立下显赫的战功。作为武丁统治集团的重要成员，妇好有很好的文化修养，她一生戎马天下，主持过祭祀与朗读祭文，也曾被封于外地，担负守土、从征的重任。她为"殷国大治"立下赫赫战功，是我国有文字记载的最早的女政治家和军事家。

# 贾南风——貌丑而性妒的女权谋家

## ❖ 名人档案

贾南风，生于三国魏高贵乡公甘露元年（256）。卒于晋惠帝永康元年（300），平阳襄陵（今山西襄汾）人，西晋惠帝司马衷之妻，又称惠贾皇后。她天生貌丑，但一生惯于玩弄权术。

泰始八年（272），在父亲贾充的支持下，被册封为太子妃。设计协助皇太子得以保存太子位，并顺利取得皇位。

## ❖ 历史背景

太熙元年（290）四月，晋武帝去世，太子司马衷即皇帝位，是为晋惠帝，贾南风被册立为皇后。惠帝羸弱无能，国家政事，皆由贾南风干预。滥杀无辜，诛灭异己，一手制造"八王之乱"。

永康元年（300）四月，梁王司马肜、赵王司马伦等率兵入宫，废贾南风为庶人，诛杀了贾南风的党羽数十人。不几日，赵王司马伦又将贾南风杀死。

## ❖ 生平大事记

## 出身显赫，荣封太子妃

贾南风出身于功臣名门，她的父亲贾充在晋朝初期，历任司空、司中、尚书令、太尉等职，是西晋第一代皇帝司马炎——也就是后来贾南风的公公的心腹大臣。据史料记载，贾充颇有刀笔之才，很能体察帝王心意，所以深得司马炎的宠信，俸禄也优于群僚。泰始八年，即公元272年，太子司马衷已满13岁，晋武帝和杨皇后决定给太子选妃。当时贾南风已经15岁，因她其貌不扬，晋武帝称她"丑而短黑"，不宜做太子妃。贾南风的父亲及其党羽为了巩固贾家的势力，精心策划，为贾南风做上太子妃展开了激烈的斗争；贾南风的母亲也亲自出马，极力奉承杨皇后，并不断赠送重礼加以笼络；此外，朝中一些大臣受到贾家舆论的影响，再加上杨皇后也坚持要选贾家女儿为太子妃，武帝就同意了。泰始八年二月，贾南风被册封为太子妃。做太子妃期间，贾南风残酷暴戾，极具妒忌的生性得以显现，她甚至曾亲手杀过人。据《晋书后妃传》记载，贾妃不但借刺客之手杀害异己，甚至还以剑戟直刺太子其他妊娠的嫔妃，致使婴儿随刃坠地，惨不忍睹。对此，晋武帝十分愤慨，一度想将她废掉，但因外戚杨珧提醒他："陛下忘贾公闾耶？"考虑到贾充在西晋政权中的地位和影响，废妃之事最终不了了之。

贾南风本人虽是女流，但她善于钻营，精于权术，史称"妒忌多权诈"，使得司马衷既害怕她，又受她的诱惑，喜欢她。晋武帝和朝臣们对太子司马衷的才识和能力，是很了解的，认为他"纯质"，"不能亲政事"。晋武帝与大臣们曾一起"密封疑事，使太子决之"。贾南风怕暴露出丈夫的无能，便想出一条让外人替太子做答案的诡计，才算蒙混过关，使太子之位得以保存，并在以后顺利取得皇位。太熙元年（290）四月，晋武帝去世，太子司马衷即皇帝位，是为晋惠帝，贾南风被册立为皇后。惠帝黯弱无能，国家政事，皆由贾南风干预。故西晋政权，从贾南风立为皇后之日起，政局便处于动荡不安中。

## 一手制造"八王之乱"

贾南风为了掌握朝政大权，采取滥杀无辜，诛灭异己的办法，巩固惠帝的统治地位。晋惠帝的辅政大臣、太傅杨骏就惨死在贾南风之手。杨骏是晋武帝的皇后杨氏之父。晋武帝自太康灭吴之后，天下无事，遂不再留心朝政，整日沉浸在酒色之中，朝中事务依赖后党杨氏。此时杨骏、杨姚、杨济位居三公，时号称"三杨"，可谓权倾一时。对杨骏其人，尚书褚䂮、郭奕曾上书晋武帝，说："（杨）骏小器，不可以任社稷之重。"武帝不以为然。司马衷即帝位，任杨骏为太傅，做辅政大臣。凡朝中之事，杨骏必亲自过问，"百官总己"；由于害怕"左右间己，乃以其甥段广、张勋为近侍之职"、"又多树余党，皆领禁兵"；然而杨骏在处理一些重要事情上，"谙古义，动违旧典"，于是出现了"公室怨望，天下愤然矣"的局面。在对待贾南风的问题上，"骏知贾后情性难制，甚畏惮之"，而"贾后欲预政事，而惮骏未得逞其所欲，又不肯以妇道事太后"。一味专权的杨骏与权力欲熏心的贾南风之间形成了不可调合的矛盾。经过激烈的明争暗斗，贾南风终于在永平元年三月借汝南王司马亮和楚王司马玮之手、诛杀了太傅杨骏及卫将军杨姚、太子太保杨济、中护军张助、散骑常侍段广、杨邈、左将军刘预、河南尹李斌、中书令蒋陵、东夷校尉文淑、尚书武茂等，"皆夷三族"。之后，贾南风又矫诏废皇太后杨氏为庶人，徙于金墉城，第二年迫害致死。

诛杀杨骏之后，贾南风任用大司马、汝南王司马亮为太宰，与太保卫瓘共同辅政。西晋初期，晋武帝大行分封宗室，然而受封的诸王并没有去藩镇，而是留在京师，有些藩王还掌握有相当的兵权。如楚王司马玮就是一例。诸王的存在，对皇帝的统治极为不利。这时辅政大臣汝南王司马亮，为消弱诸王的权势，力主"遣诸王还藩"，太保卫瓘也完全赞成此举。这就引起楚王司马玮对汝南王亮和卫瓘的极大不满。贾充对贾南风说："卫瓘老奴，几破汝家。"因此，贾南风对卫瓘一直存有"宿怨"，加上卫瓘现任太保，使得贾南风"不得骋己淫虐"。为把朝政大权紧紧掌握在手中，贾南风便"谤瓘与亮欲为尹霍之事"。永平元年（291）六月，贾南风终于又导演了一场"矫诏使楚王玮杀太宰、汝南王亮，太保、淄阳公卫瓘"的事件。后又以"擅杀"罪名，诛杀了楚王司马玮。这就是影响中国历史发展的"八王之乱"的开始。

贾南风大权独揽，将朝廷完全置于自己控制之下，遂大肆委用亲信、党羽，派他们担任重要官职。贾南风的族兄贾模和从舅郭彰，分掌朝政，后母广城君养孙贾温干预国事，惠帝完全成为贾南风任意摆布的一个傀儡。贾南风为了达到长期有效地控制朝政的目的，"诈有身，内置物为产物"，好长时期深居内宫，不见外人，暗地里把妹夫韩寿之子韩慰祖收养起来。元康九年（299）阴谋废掉太子，而代立她所收养之子。

贾南风的"暴戾"和"专制天下"及废黜太子的阴谋，终于引起司马氏宗室诸王的强烈不满和反对。于是右军将军赵王司马伦、孙秀等人"因众怨谋欲废后"。贾南风得知有人打着拥护太子的旗号想废掉她时，很害怕，于永康元年（300）三月，借口太子谋反，杀死太子，"以绝众望"。但适得其反，激起了宗室诸王的反抗。永康元年（300）四月，梁王司马彤、赵王司马伦等率兵入宫，废贾南风为庶人，诛杀了贾南风的党羽数十人。不几日，赵王司马伦又将贾南风杀死。然而，从这年八月淮南王司乌允举兵讨伐赵王伦起，西晋宗室之间也开始了互相残杀。贾南风的干政终于导致了"八王之乱",更使西晋"宗室日衰"。大一统的中国,从此陷入了三百多年的分裂割据局面。

## 残暴善妒,褒贬不一

贾南风的父亲贾充,其第一夫人李氏因为父案牵连而被放逐,贾南风的母亲郭槐只是贾充的第二夫人。郭槐生性嫉妒心极重,即使连自己儿子的乳母也时时防范,捕风捉影,肆行妒杀。一次乳母抱着郭氏三岁的长子在阁廊玩耍,贾充路过,看见自己的儿子很可爱,便逗着玩了一会。不料这情景正巧被郭槐撞见,她认为贾充和乳母有私情,顿时妒火中烧,便暗地派人把乳母鞭殴致死。可笑的是,这个大儿子却因想念乳母不久夭亡。同样,郭氏二儿子的乳母也因被猜忌和贾充私通而被迫致死,二儿子也因乳母的逝去而离开人世。贾充从此以后再也没有儿子,这就是历史上"郭女绝嗣"故事的由来。

郭槐还有两个女儿,分别是大女儿贾南风和二女儿贾午。贾午在做姑娘时,就经常躲在客厅的屏风后面窥视来访的宾客。有一次,她发现司空椽韩寿风流潇洒,便一见钟情,托伺婢转给韩寿情书和信物,后来贾午还叫婢女"呼寿夕入",韩寿便"逾坦而入,家人莫知"。当时皇上曾经把西域国使者进贡的一种芬芳的香水赠给贾充一些,贾午又把香水偷着给了情郎韩寿,韩寿在入官府办事时,便到处留下香气,这就是"韩寿偷香"故事的由来。《幼学故事琼林》中有这样两句话:郭女绝夫之嗣,此女中之妒者;贾午偷韩寿之香,此女中之淫者。这说的就是贾充的妻子和女儿的奇闻逸事。

贾南风在这样的家庭环境影响下,逐渐也养成了善妒的性格。太熙元年(290)四月,晋武帝离开人世以后,贾南风不但更加肆无忌惮地使用阴谋手段独揽朝政,而且在生活上也开始奢侈糜烂,尽情地搜罗一些青春美男供自己消遣，然后又秘密杀掉。当时曾发生过这样一件事：

一个供职于洛阳城南衙门的小吏，长得英俊儒雅，但是家中贫寒，穿着也比较寒酸。一天在街上行走时，遇到一个穿戴不俗的老妇。老妇对他上下打量了一番，说有事请他帮忙，老妇说："家中有人生病，算命先生说到城南找一个少年便可以辟邪，相烦和我走一趟，事后必定重金酬谢。"小吏看老妇人像是有钱人家的仆人，认为如果能就此挣一些钱，也是好事，就跟着去了。不料老妇人把他领到一个偏僻的地方，让他上了一辆围有布幔的车，车上的人不由分说就把他塞进一个大箱子里，吓得小吏胆战心惊，猜想肯定是遇到了强盗。黑暗中，车子当当大概走了十几里路，又过了七八处门槛，停在了一个地方。这时有人把箱子打开，扶他下了车。小吏睁眼一看，简直惊呆了，只见亭台楼榭、假山流水、花草树木，像是到了天堂。几个身着锦缎的漂亮女子过来迎接他，小吏忙问："这是什么地方？叫我来有什么事？"一个女子笑着说："这是天上啊，人间哪有这么好的地方？叫你来肯定有好事，你不用害怕。"随后，几个女子带他香汤沐浴，锦衣玉食，然后领他到一间内室，这里更是华丽无比，金碧辉煌，小吏看见有一个三十五六岁的贵妇人在里边，个子不高，皮肤青黑色，眉间有疤，拉着他的手高兴地说："果然是个美人儿。"然后盛情挽留，日日共寝欢宴。如此住了几天后，贵妇人依依不舍地送给小吏许多华丽的衣服和珠宝，然后他又被以同样的方式送了出去。

当时，洛阳城南区常常发生盗窃案，小吏的暴富引起人们的怀疑，贾家亲属也有被盗的，就命令尉部审问。小吏据实讲了自己的奇遇，旁听席上的贾家亲属根据所描述的贵妇人形态，断定是贾后无疑，于是讪笑着不了了之而去，而参与庭审的尉部官吏也都心领神会，只好草草收场。这个小吏可能是得到了贾后的特别厚爱，才侥幸没有被灭口，算是很幸运了。

### ❖ 读史话女人

由于政治原因而被册封为太子妃的贾南风，继承了父亲善于观测宫廷争斗和分析权谋之争的特点，在皇宫内院错综复杂的政治斗争中审时度势，培养自己的党羽和亲信，拉拢宠臣成为自己的心腹，玩弄权术，逐渐在皇宫里面树立了自己的威信。此外，由于当朝太子的无能和懦弱，贾南风虽然没有倾国倾城的容貌，生性又暴虐，却得以权倾朝野。贾南风没有为皇帝生下皇子，却有着所有女人通常都会有的嫉妒心理。当历史把她推进充满勾心斗角、人性扭曲的皇宫里时，她果断地选择了屠弑太子，铲除太后一族，诛杀臣子，违礼纵欲等暴虐行径。虽然处事阴狠权诈，但她对一些忠良老臣还是非常敬重，在她当权的数十年，虽然凌驾于皇帝之上而主事，但整个朝野还是比较安定的。尽管非议不少，贾南风仍以其超人的治国权谋之术，在历代权谋家中争得了一席之地，成为中国一位女性权谋家。

# 孝元皇后——一手成就了王莽的女政治家

### ❖ 名人档案

王政君（前70—13），魏郡元城（今河北大名东）人，汉元帝刘奭皇后，汉成帝刘骜生母。她是中国历史上寿命最长的皇后之一。其身居后位（包含皇后、皇太后、太皇太后）时间长达61年（公元前49年—公元13年在位），仅次于清朝的孝惠章皇后（64年）。王莽篡汉时，

225

王政君曾大怒将玉玺砸在地上，致使传国玉玺还崩碎了一角，不久忧愤而亡，与汉元帝刘奭合葬渭陵。

## ❖ 历史背景

王政君在宣帝时选为宫女，后为太子刘奭所幸。刘奭嗣位为元帝，立政君为皇后，成帝嗣位尊为皇太后，以其兄王凤为大司马大将军领尚书事，位在三公之上。外戚王氏专权即以此为肇端。哀帝即位尊为太皇太后。哀帝死，政君召其侄王莽为大司马，共议立平帝，自己则临朝称制，而委政于莽。王莽毒死平帝，立二岁的孺子婴，自称假皇帝，不三年即篡汉自立，改国号为"新"，迫政君更名为"新室文母皇太后"。

## ❖ 生平大事记

## 母以子贵，吉人天相

宣帝在位时期，励精图治，选贤任能，百姓安居乐业，好一派太平景象。甘露元年（前53），18岁的王政君被选入皇宫，做了一名地位很低的宫人——家人子。这虽然与算命先生所说的大贵相距遥遥，但王政君的人生之旅从此出现了转折。

然而，王政君入宫一年有余，皇上也没多看她一眼，更别提当宠妃生贵子了。正在意气消沉的时候，命运却将她推进了太子妃的候选人之中。

司马良娣临终前，拉着太子刘奭的手，哀哀陈诉："妾将不久于世，永违殿下，实在令人伤感。只是妾死非天命，是殿下那些姬妾嫉妒我受殿下恩宠，天天用妖法诅咒我。妾实在是死不瞑目呀！"司马良娣死后，刘奭因悲痛过度而精神颓靡、郁郁寡欢，常常无缘无故地大发脾气，迁怒于其他姬妾，所以她们都不敢进见。日子久了，宣帝了解到事情真相，很为太子担忧。为了顺适太子的心情，特命皇后从后宫家人子中选择可以服侍太子者，任由太子选入宫中，好让太子慢慢忘掉司马良娣，重新欢乐起来。一天，太子入朝见父皇，皇后乘机将已经挑选好的五位家人子引入。可巧，王政君正在其中。皇后私下里安排在旁供奉的长御，让她问问太子到底中意哪一位。其实，太子此刻还沉湎于对司马良娣的无限思念之中，对皇后煞费苦心为他挑选的五位佳人，几乎没有任何兴趣。但又不好驳皇后的面子，不得已勉强回答说："其中一位还可以。"此时王政君的座位离太子最近，五人中又单单她一人穿着绛色花边的大掖衣。长御闻言，以为装束与众不同的王政君被选中，便转告皇后。于是，皇后命令侍中杜辅、掖庭令浊贤将王政君送到太子东宫，在丙殿拜谒太子。这样，王政君由宣帝宫中的家人子成了太子的妃子。

礼毕当日，太子与王政君同会阳台，这在古代称为"御幸"。王政君命该交运，太子妻妾数十人，有的御幸长达七八年，都没有生育，王政君这一次机会便身怀有孕，真算是福星高照。十月怀胎，一朝分娩。宣帝甘露三年（前51），王政君在甲馆画堂生一男婴。年近中年的宣帝得到嫡长皇孙，一番苦心终于没有付诸东流，喜悦之情自不必说。宣帝亲自为他取名"骜"（千里马），字太孙，常把他带在身边，异常钟爱。黄龙元年（前49），宣帝死去。太子刘奭即位，这就是汉元帝。年仅3岁的太孙刘骜被立为太子。王政君先由太子之妃升为婕妤，三天之后，又立为皇后。王政君因为"母凭子贵"而坐上皇后宝座，然而又曾因其子使自己受到牵连，皇后宝座差点被掀翻，多亏有贵人相助，才化险为夷。

王政君的皇后生涯是冷清孤独的。自从她生下刘骜，很少被刘奭召幸。在王政君遭受冷遇的时候，元帝对傅昭仪却是非常宠幸，因此对傅昭仪所生的儿子定陶王刘康十分钟爱，认为他多才多艺，"坐则侧席，行则同辇"，形影不离。渐渐地，对王政君所生的太子刘骜就不那么满意了。尤其是后来太子常饮酒作乐，不务正业，元帝更觉得他无德无能，不堪大任。因而，常常想废掉刘骜，改立刘康为太子。这使王政君与太子都忧惧不安，茶饭无味。

王政君母子找到元帝的宠臣史丹，双双跪倒在史丹面前，请求史丹相助。史丹见皇后和太子给自己跪下，自然不敢接受，立即也跪倒在地，同时搀扶起他们，说："我是拥护刘骜为太子的，誓死相助！"

史丹多方斡旋，鼎力相助。一次，汉元帝病重，于宫中休息，史丹在旁周到侍候，后来众人退去后，室内只剩元帝一人独寝，史丹关闭屋门，突然跪于汉元帝卧榻之旁。涕泣满面，非常虔诚而且委婉地说："皇太子以嫡长子而立，已十几年了，天下臣民，无不归心。现在外面流言纷纷，说陛下要改立定陶王为太子而废刘骜，果真如此，公卿定然不会奉诏，与其如此，臣愿先被赐死。"

史丹是汉元帝的宠臣，对汉元帝一直忠心耿耿，而且智谋过人，很多大事的决策元帝都听他的建议。此时，汉元帝见他情真意切，也为之动容，知道行废立之事阻力很大，只好喟然长叹："哎，我也是左右为难呀。太子与定陶王都是我的爱子，我怎能不替他们考虑呢？但念皇后王政君为人谨慎谦恭，遵法循礼，不愧一代贤后；先帝又喜爱太子，我岂能有违先帝于九泉之下啊？你不用多言了。我的病恐怕难以痊愈，到时候，还望你们好好辅佐太子，别让我失望才好啊。"

就这样，太子之位保住了，王政君也当然随之渡过险关，依然做当朝皇后，母仪天下。竟宁元年（前33）5月，年仅43岁的汉元帝病死，太子刘骜即位，是为汉成帝。王政君被尊为皇太后。

## 裙带政治，严控后宫

王政君认为，权力必须牢牢掌握在自己的手中，至少要掌握在自己的家族手中。成帝即位后，依旧沉湎酒色，皇太后王政君乘机操纵了朝政。她得势之后，重用外戚，长兄王凤被任命为大司马大将军领尚书事。从王凤开始，在王政君的裙带提携下，外戚迅速崛起，拉开了西汉王朝外戚专权的帷幕。

王氏兄弟五人同日受封，有"五侯"之称，后来兄弟皆为列侯，其子弟辈也以卿大夫侍中诸曹"分据势官满朝廷"。作为政府百官首脑的"大司马大将军领尚书事"一职，王凤之后，依次为王音、王商、王根、王莽，几乎全为王氏垄断，基本上形成了王氏外戚把持朝政的局面。

王氏子弟以"五侯"为首，在皇太后王政君的羽翼下，声色犬马，纵情自乐，并大置宅第，其宅第规模宏大，数里之间相望不断。他们广占民田，盘剥百姓，弄得朝政腐败，民怨载道，各地相继爆发了农民起义。

成帝处在皇太后及其家族的操纵下，从此不再关心朝政，反而更加追求荒淫腐朽的生活。有意思的是，就连他的私生活，也常常会受到王政君的干涉。

成帝即位后，立许氏为皇后。许皇后是元帝时大司马车骑将军平恩侯许嘉之女，成帝为太子时由元帝选配为妻。许皇后聪慧智达，善写文章，又擅于书法，加上年轻貌美，从太子妃到立为皇后，深得成帝的宠幸，后宫其他妃子很少能得到召幸。因此，皇后之父许嘉权势日隆，使同时辅政的大司马大将军阳平侯王凤等人深感不安。汉家的传统，后父重于帝舅。当时有位叫杜钦的人劝说王凤："车骑将军（许嘉）是皇后之父，将军身为国舅，要对他尊敬，不要让他有何不快。'小不忍则乱大谋'，不可不慎。况且前车之鉴，有目共睹，愿将军明察。"对此态势，皇太后王政君和她的王氏兄弟们不甘坐视，以许皇后专宠会影响皇帝继嗣不广为借口，减少了后宫的用度开支，借以打压许皇后的势力。当时，全国各地出现了连续大灾，灾害严重，灾民涌起，这正给王政君与王氏兄弟对付许氏家族提供了证据。他们群起而攻之，借机捏造陷害许皇后的事实，说这些大灾都应当归咎于后宫失德。三人成虎，人们都这样说，就连汉成帝也无话可说。此后许后渐渐失宠。这时，汉成帝写诏书，让许嘉辞退。许嘉只好找个借口退出辅政大臣之位。

与此同时，许后的姐姐平安刚侯夫人许谒等以媚道之法诅咒后宫怀有身孕的王美人与王凤等人。恰被早已对皇后之位垂涎三尺的赵飞燕、赵合德姐妹发现。她们立即向王政君予以揭发。身为皇太后的王政君极为震怒，结果，许谒被诛杀，许皇后被废黜于上林苑中的昭台宫。

许后被废后，成帝想立赵飞燕为后，王政君又百般阻碍赵飞燕的发展。

赵飞燕很聪明，她认为许后被废以后，自己到了非常时刻。但是，要想当皇后，首先要过皇太后这一关，否则一事无成。她采取迂回战术，千方百计拉拢太后的姐姐，让太后的姐姐帮她说话．终于得到皇太后的认可。

永始元年四月，即公元前16年，成帝册立赵飞燕为皇后，赵合德则被封为昭仪，从此赵氏姐妹此唱彼和，一同受宠。但是，她们没能因此而一劳永逸。绥和二年（前7年），汉成帝暴死于未央宫。消息传出，朝廷民间俱为震惊，认为赵昭仪是害死成帝的罪魁祸首，王政君下令，赵合德也就自杀谢罪了。汉成帝死后，汉哀帝即位。因为赵飞燕有恩于汉哀帝，汉哀帝继续让她当了皇太后。但好景不长，哀帝一死，王氏家族的一员也逼迫赵飞燕自杀了。许后被废，赵氏姐妹先后自杀，此后一段时间没人和王氏家族竞争，其势力牢固如铁桶一般。

## 自掘坟墓，造就王莽

王莽，是王政君三弟王曼的儿子，后来王氏势力的核心人物之一。他的发迹，恰是王政君裙带政治的结果。王莽家境贫寒，但对长辈

"曲有礼意",当年王凤生病,王莽服侍左右,忙里忙外,以至于"乱首垢面"。后来,在众人推举之下,王政君给他封官加爵,但他"节操愈谦"、"折节力行"。王莽非常聪明,政治头脑成熟,手段高超。他牢牢抱住王政君这棵大树,当然也从王政君那里捞足了政治资本,为其最后当皇帝做了充足的准备。

汉成帝驾崩以后,汉哀帝即位。这时,王政君又下诏让王莽辅政,给了王莽绝好的施展才华、扩大政治势力的机会。

哀帝对王氏家族不满,对王氏家族实施打击。他说:"先帝十分厚待王根、王况,而今乃背忘恩义!"因为王根曾经有功于国家,于是只是将其还遣封国,免为庶人,归故郡。王根及王况之父王商所荐举为官的人,皆予以罢免。这样,王氏外戚的势力受到削弱,王莽当然在退出辅政的大臣之列。后来,哀帝迫于朝野上下的压力,不得不以王政君为名,下诏将王莽召回,并予以执政。因此可以说,当时王政君还是实际掌权者。

元寿二年(前1),汉哀帝死于未央宫,哀帝无子,王政君立即入宫,掌握了象征最高权力的传国玉玺。她起用王莽,委以军政大权,逼死董贤,立中山孝王9岁的儿子刘衍即位,是为汉平帝。

王政君虽然高高在上,东山再起的王莽却逐渐地将她架空,掌握了实际权力。以致最终王莽逼宫夺玉玺,王政君只能咬牙顿足,拿出传国玉玺掷到地上痛骂不已。东汉班彪曾说:"王莽得势,正是王政君历汉四世,飨国六十余年中,倚重外戚的结果。当权势不再的时候,她还心怀恋惜,握着汉家传国玺,不想交给王莽。妇人之仁,可悲啊!"建国五年(13)二月,王政君以84岁的高寿离开人世。新朝皇帝王莽宣布为她服丧三年,并将她葬于元帝渭陵(位于今陕西西安北)陵城的司马门内。

## ❖ 读史话女人

从历史来看，如果没有王政君，没有王政君一手缔造的王氏集团，就不会有王莽做皇帝。其实，王政君缔造了王氏集团，也造就了王莽。

王政君从元帝时出现在政治舞台上，先后以皇太后、太皇太后的身份把持朝政，并一度临朝称制、俯视四海。富有讽刺意味的是，这位历经四朝、贵为天下国母、享年84岁的寿星皇太后，不仅目睹了西汉衰败亡国的全过程，而且是她把西汉传国玉玺交给了王莽。王政君从出现在西汉政治舞台伊始，就是以挽歌手的姿态走向西汉政治权力核心的，她本人也在难言之中结束了自己的传奇一生。

# 长孙皇后——君主背后最贤惠的女人

## ❖ 名人档案

长孙皇后（601—636），长安人，祖先为北魏拓跋氏，隋朝骁卫将军长孙晟的女儿，唐太宗李世民的正妻。她一生尽守妇道，贤良恭俭，协助唐太宗开创李唐江山和"贞观之治"，成就千古一帝的伟业。

## ❖ 历史背景

长孙皇后13岁时嫁给李世民悉心侍奉公婆，相夫教子，深得丈夫和公婆的欢心。立为皇后之后，仍然尽心侍奉高祖，礼让后宫嫔妃，贤良恭俭，护法爱国。

贞观八年（634），长孙皇后同唐太宗一起去九成宫避暑时，身染疾病，但她严辞拒绝太子承乾以大赦囚徒并将他们送入道观来为母后祈福祛疾的想法。

贞观十年（636），36岁的长孙皇后病重，临终留下遗嘱：依山而葬，不用造坟，也不用棺椁（套在棺材外面的大棺材），以木器瓦器俭薄送终。同时规劝太宗纳忠容谏，不受谗言，节制游乐打猎和役使百姓。

❖ **生平大事记**

## 贤良恭俭，淑惠有德

李世民少年有为，文武双全，21岁随父亲李渊在太原起兵，亲率大军攻下隋都长安，使李渊登上天子宝座。李渊称帝后，封李世民为秦王，负责节制关东兵马。数年之内，李世民就挥兵扫平了中原一带的割据势力，完成了大唐统一大业。在李世民征战南北期间，长孙王妃紧紧追随着丈夫四处奔波，照料他生活起居，使李世民在繁忙的战事之余能得到温柔的体贴和抚慰。

然而唐朝初年，太子李建成和李世民为争夺皇位，发生了激烈的争斗。贪酒好色的无能太子李建成一伙常在唐高祖李渊面前陷害李世民，企图借刀杀人。高祖听信了他们，疑忌甚至憎恶李世民。长孙氏"孝事高祖，谨承诸妃"，在险恶的形势下尽力排解高祖对李世民的嫌猜。另一方面，迫于无奈，在大舅子长孙无忌和谋臣房玄龄的力劝下，李世民终于痛下决心，发动"玄武门之变"除掉李建成，此时长孙氏又挺身而出，激励士气，促成了事变成功。

唐高祖武德九年八月，李渊因年事已高而禅位给太子李世民，李世民就成了唐太宗。水涨船高，长孙王妃也随即立为母仪天下的长孙皇后。做了至高无上的皇后，长孙氏并不因之而骄矜自傲，她一如既往地保持着贤良恭俭的美德。对于年老赋闲的太上皇李渊，她十分恭敬而细致地侍奉，每日早晚必去请安，时时提醒太上皇身旁的宫女怎样调节他的生活起居，像一个普通的儿媳那样力尽着孝道。对后宫的妃嫔，长孙皇后也非常宽容和顺，她并不一心争得专宠，反而常规劝李世民要公平地对待每一位妃嫔。她对妃嫔生的子女"慈爱逾于己生"，妃嫔害了病，她甚至把自己正在服用的药送去，因而"宫中无不爱戴"。

　　长孙皇后与唐太宗的长子李承乾自幼便被立为太子，由他的乳母遂安夫人总管太子东宫的日常用度。当时宫中实行节俭开支的制度，太子宫中也不例外，费用十分紧凑。遂安夫人时常在长孙皇后面前嘀咕，说什么"太子贵为未来君王，理应受天下之供养，然而现在用度捉襟见肘，一应器物都很寒酸"，因而屡次要求增加费用。但长孙皇后并不因为是自己的爱子就网开一面，她说："身为储君，来日方长，所患者德不立而名不扬，何患器物之短缺与用度之不足啊！"她的公正与明智，再次深得宫中各类人物的敬佩。

　　因为长孙皇后的所作所为端直有道，唐太宗也就对她十分器重，回到后宫，常与她谈起一些军国大事及赏罚细节；长孙皇后虽然是一个很有见地的女人，但她不愿以自己特殊的身份干预国家大事，她有自己的一套处事原则，认为男女有别，应各司其职，因而她说："母鸡司晨，终非正道，妇人预闻政事，亦为不祥。"唐太宗却坚持要听她的看法，长孙皇后拗不过，说出了自己经过深思熟虑而得出的见解："居安思危，任贤纳谏而已，其他妾就不了解了。"她提出的是原则，而不愿用细枝末节的建议来束缚皇夫，她十分相信李世民手下的谋臣贤士。

　　长孙无忌是长孙皇后的哥哥，文武双全，早年即与李世民是至交，并辅佐李世民赢取天下，立下了卓卓功勋，本应位居高官，但因为他的皇后妹妹，反而处处避嫌，以免给别人留下话柄。唐太宗原想让长孙无忌担任宰相，长孙皇后却奏称："妾既然已托身皇宫，位极至尊，实在不愿意兄弟再布列朝廷，以成一家之象，汉代吕后之行可作前车之鉴。万望圣明，不要以妾兄为宰相！"唐太宗不想听从，他觉得让长孙无忌任宰相凭的是他的功勋与才干，完全可以"任人不避亲疏，唯才是用"。而长孙无忌也很顾忌妹妹的想法，不愿意位极人臣。万不得已，唐太宗只好让他做开府仪同三司，位置清高而实际不掌管政事，长孙无忌仍要推辞，理由是："臣为外戚，任臣为高官，恐天下人说陛下为私。"唐太宗正色道："朕为官择人。唯才是用，如果无才虽亲不用，襄邑王神符是例子；如果有才，虽仇不避，魏征是例子。今日之举，并非私亲也。"长孙无忌这才答应下来。由此可见，他们兄妹两人都是清廉无私的高洁之人。

## 规劝太宗，力挺魏徵

关于任贤纳谏，唐太宗深受其益，因而也执行得尤为彻底，他常对左右说："人要看到自己的容貌，必须借助于明镜；君王要知道自己的过失，必须依靠直言的谏臣。"

唐太宗的谏议大夫魏徵是一个敢于犯颜直谏的耿介之士。魏徵常对唐太宗一些不当的行为和政策，直截了当地当面指出，并力劝他改正，唐太宗对他颇为敬畏，常称他是"忠谏之臣"。但有时在一些小事上魏征也不放过，让唐太宗常觉得面子上过不去。一次，唐太宗兴致突发，带了一大群护卫近臣，要到郊外狩猎。正待出宫门时，迎面遇上了魏徵，魏徵问明了情况，当即对唐太宗进言道："眼下时值仲春，万物萌生，禽兽哺幼，不宜狩猎，还请陛下返宫。"唐太宗当时兴趣正浓，心想："我一个富拥天下的堂堂天子，好不容易抽时间出去消遣一次，就是打些哺幼的禽兽又怎么样呢？"于是请魏徵让到一旁，自己仍坚持这一次出游。魏徵却不肯妥协，站在路中坚决拦住唐太宗狩猎的去路，唐太宗怒不可遏，下马气冲冲地返回宫中，左右的人见了都替魏徵捏一把汗。

唐太宗回宫见到了长孙皇后，犹自义愤填膺地说："一定要杀掉魏征这个老顽固，才能一泄我心头之恨！"长孙皇后柔声问明了原由，也不说什么，只悄悄地回到内室穿上礼服，然后面容庄重地来到唐太宗面前，叩首即拜，口中直称："恭祝陛下！"她这一举措弄得唐太宗满头雾水，不知她葫芦里卖的什么药，因而吃惊地问："何事如此慎重？"长孙皇后一本正经地回答："妾闻主明才有臣直，今魏徵直谏，由此可见陛下明，妾故恭祝陛下。"唐太宗听了心中一怔，觉得皇后说的甚是在理，于是满天阴云随之而消，魏徵也就得以保住了地位和性命。由此可见，长孙皇后不但气度宽宏，而且还有过人的机智。

还有一件事情上，长孙皇后依然力挺魏徵。长乐公主是唐太宗与长孙皇后的掌上明珠，从小养尊处优，是一个娇贵的金枝玉叶。将出嫁时，她向父母撒娇提出，所配嫁妆要比永嘉公主加倍。永嘉公主是唐太宗的姐姐，正逢唐初百业待兴之际出嫁，嫁妆因而比较简朴；长乐公主出嫁时已值贞观盛世，国力强盛，要求增添些嫁妆本不过分。但魏徵听说了此事，上朝时谏道："长乐公主之礼若过于永嘉公主，于情于理皆不合，长幼有序，规制有定，还望陛下不要授人话柄！"唐太宗本来对这番话不以为然。时代不同，情况有变，未必就非要死守陈规。回宫后，唐太宗随口把魏徵的话告诉了长孙皇后，长孙皇后却对此十分重视，她称赞道："常闻陛下礼重魏徵，殊未知其故；今闻其谏言，实乃引礼义抑人主之私情，乃知真社稷之臣也。妾与陛下结发为夫妇，情深意重，仍恐陛下高位，每言必先察陛下颜色，不敢轻易冒犯；魏徵以人臣之疏远，能抗言如此，实为难得，陛下不可不从啊。"于是，在长孙皇后的操持下，长乐公主带着不太丰厚的嫁妆出嫁了。

长孙皇后不仅是口头上称赞魏徵，而且还派中使赐给魏徵绢四百匹、钱四百缗，并传口讯说："闻公正直，如今见之，故以相赏；公宜常秉此心，不要转移。"魏徵得到长孙皇后的支持和鼓励，更加尽忠尽力，经常在朝廷上犯颜直谏，丝毫不怕得罪皇帝和重臣。也正因为有他这样一位赤胆忠心的谏臣，才使唐太宗避免了许多过失，成为一位圣明君王，说到底，这中间实际上有长孙皇后的一份大功劳。

## 妇女典范，"文心顺圣皇后"

贞观八年，长孙皇后随唐太宗巡幸九成宫，回来路上受了风寒，又引动了旧日病疾，病情日渐加重。太子承乾请求以大赦囚徒并将他们送入道观来为母后祈福祛疾，群臣感念皇后盛德都随声附和，就连耿直的魏徵也没有提出异议。但长孙皇后自己坚决反对，她说："生死有命，富贵在天，非人力所能左右。若修福可以延寿，吾向来不做恶事；若行善无效，那么求福何用？赦免囚徒是国家大事，道观也是清静之地，不必因为我而搅扰，何必因我一妇人，而乱天下之法度！"她深明大义，终生不为自己而影响国事，众人听了都感动得落下了眼泪。唐太宗也只好依照她的意思而作罢。

长孙皇后的病拖了两年时间，终于在贞观十年盛暑中崩逝于立政殿，享年36岁。她弥留之际尚殷殷嘱咐唐太宗纳忠容谏，不受谗言，不要让外戚位居显要，并请求死后薄葬，一切从简。唐太宗非常悲痛，感到从此"失一良佐"。他也没有完全遵照长孙皇后的意思办理后事，下令建筑了气势十分雄伟宏大的昭陵，并在墓园中特意修了一座楼台，以便皇后的英魂随时凭高远眺。这位圣明的皇帝想以这种方式来表达自己对贤妻的敬慕和怀念。长孙皇后以她贤淑的品性和无私的行为，不仅赢得了唐太宗及宫内外知情人士的敬仰，而且为后世树立了贤妻良后的典范，到了高宗时，尊号她为"文心顺圣皇后"。

### ❖ 读史话女人

大唐王朝，与"盛世"同时浮现在世人脑海中的，恐怕莫过于牡丹。牡丹又被称为花中之王，贞观一朝，能称得上牡丹之名的女人，莫过于唐太宗李世民的结发妻子文德皇后长孙氏。与牡丹的经历相同,长孙氏能够最后登上人间巅峰并流芳百世,是历经磨难苦砺之后的结果。像她的丈夫成为诸帝王的首领那样,在她的映照下其他女人都变得黯淡无光,她毫无疑问地成为群芳中的王者。这一切,不但使她成为世人景仰的绝顶贤淑的人物,更使得她早已远去的身影格外引人遐思。

# 孝庄皇后——奠定清朝百年基业的国母

## ❖ 名人档案

孝庄文皇后(1613—1688),姓博尔济吉特,名布木布泰,生于蒙古科尔沁贵族世家,是"黄金家族"成吉思汗的后裔。13岁嫁给后金国的四贝勒皇太极。皇太极称帝后,她被封为庄妃。顺治、康熙时,她被尊为皇太后、太皇太后。孝庄皇后先后辅佐了顺治、康熙两位幼主;一生为大清国呕心沥血,对调和清宫内部矛盾、稳定清初社会秩序、促进国家巩固和统一,作出了巨大贡献;不愧为蒙古族杰出的女政治家和"清代国母"的称号。

## ❖ 历史背景

天命十年(1625),博尔济吉特氏年仅13岁,嫁给清太宗皇太极为侧室福晋。

1636年皇太极称帝,封博尔济吉特氏为永福宫庄妃。1638年,庄妃生皇九子福临。1643年,皇太极暴卒,孝庄六岁的儿子福临继承皇位，改元顺治。"母以子贵"，孝庄晋封为皇太后。

顺治24岁病逝，8岁的康熙继承皇位，康熙尊其为太皇太后。康熙二十六年（1688）12月25日，孝庄病逝，终年75岁。葬入清东陵风水墙外的昭西陵。

❖ 生平大事记

## 辅佐顺治，险处求生

孝庄天质姿丽，性坚毅，喜读书，聪明能干，多有谋略。皇太极执政时，她就是得力助手，"赞助内政，既越有年""佐太宗文皇帝肇造培基"。她协助皇太极继承了努尔哈赤的事功，继续统一女真各部，连续对朝鲜及明朝用兵，稳固了皇太极的统治地位，为进入关内奠定了基础。

孝庄文皇后乃中宫孝端文皇后的亲侄女，东宫哀妃海兰珠之妹，三人同出于蒙古科尔沁部。天命十年（1625），13岁的她嫁给了年长自己20岁，后金国的四贝勒皇太极为侧福晋。最初，她与皇太极之间不乏恩爱。天聪三年（1628）至天聪七年（1632）短短4年间，她接连为皇太极生下三个女儿就是最好的证明。但自从姐姐海兰珠入宫后，她就不再有怀孕的消息。崇德元年（1636）册封后妃时，她位次列于最末，被封为次西宫侧福晋，称永福宫庄妃。但庄妃的肚子十分争气，崇德三年（1638）正月，就在哀妃所生之皇太子夭折的第二天，庄妃生下了皇九子福临，是为顺治皇帝。福临的诞生，使庄妃的命运出现了转机，甚至可以说，福临的降生将她推到了历史舞台的最前沿，使其后半生鞠躬尽瘁哺育皇子皇孙，不仅造就了顺治、康熙两代帝王由幼稚走向成熟的辉煌，自己也成为一代贤妃贤后而百世流芳。

崇德八年（1643）九月二十六日，登基大典再次在盛京皇宫的大政殿举行，第一次在此登基的是丈夫皇太极，而今天则是庄妃年仅6岁的儿子福临。福临登基，母亲庄妃发挥了很大的作用。皇太极崩逝后，由于未及时确立皇位继承人，在满族贵族诸王兄弟之间，引起激烈的王位之争。那时，最有权势和实力的睿亲王多尔衮与肃亲王豪格都有夺取皇位的欲望，且旗鼓相当，相互不服，如不妥善解决，满族就有可能发生内讧与分裂。为此，孝庄在孝端皇后的支持下，利用多尔衮与豪格之间的权力之争，巧妙周旋，左右说服，使多尔衮与豪格势单力薄，难以服众，双方不得不达成妥协，提出由皇太极之九子、年方6岁的福临即位，并议定八旗军兵，由多尔衮与郑亲王济尔哈朗各掌其半，左右辅政，待福临年长后，立即归政。这一折中方案，既使福临继承了皇位，也避免了清政权因内争而导致分裂，对于入关前夜的清朝来说是至关重要的一着。当然，福临能够登基，还有其他重要因素，如一国之尊中宫皇后哲哲为维护母家科尔沁的利益而推举庄妃所生的福临；两位黄旗大臣态度转变，冒死鼎立相助等。但这都离不开庄妃不遗余力的政治努力。

顺治元年五月（1644年6月），多尔衮率清军进占北京，同年九月孝庄陪同顺治进入北京，福临作为清朝的开国皇帝定都北京。然而，多尔衮由于战功卓著，权势越来越大，根本不把年幼的顺治放在眼里，明目张胆地独揽大权，结党营私，排斥异己，谋占皇位之心不死，时刻威胁着顺治的地位。为此，孝庄又施展谋略，对多尔衮软硬兼施，既笼络，又控制。一方面尽量让其致力于清朝的统一大业，服务于顺治帝的统治，连续封其为摄政王、皇叔父摄政王，直至皇父摄政王，使之位高权重，满足其欲望；另一方面又设法牵制其野心膨胀，利用各种力量不使其谋位之心得逞，直至顺治七年（1650），多尔衮病逝，顺治帝开始亲政。

顺治亲政时，也还是一个十三四岁的少年，孝庄既是母后，也是他强有力的保护者和导师。为尽快扫清明残余势力及各种抗清力量，她百般笼络一批有实力的汉族上层势力，设法使已归顺清朝的孔有德、吴三桂、耿精忠等效忠清朝，为他们封王进爵。还将平南王孔有德的女儿孔四贞，育之宫中，以郡主视之，招为义女。又把皇太极的女儿和硕公主嫁给平西王吴三桂之子吴应熊,以联姻结亲手段,对之既拉拢,又控制。另外,由于清初的长期战乱,社会生产遭到严重破坏,大量灾民流离失所,社会极不安定。为此,孝庄在宫中一再提倡节俭,并多次将宫中节余银钱赈济灾民。这既有利于缓和社会矛盾,维护社会安定,也有利于稳固顺治的统治地位。清初的社会矛盾错综复杂,既有尖锐的满、汉民族间的矛盾,也有满族内部的权益均衡的冲突。在如此错综复杂、矛盾交织的形势下,清朝能较快地实现对全国的统治,原因固然是多方面的,而孝庄对顺治的辅佐则功不可没。

顺治帝是位少年天子、痴情帝君,而且性情极易冲动。终其一朝,孝庄文皇后始终以国事为重,识大体顾大局地妥善处理与儿子的矛盾关系。最为著名的,一是顺治帝的两次废后,二是顺治帝对董鄂妃的疯狂爱恋。孝庄文皇后对此都采取了明智的态度,废后无法挽回就加以补救,在顺治帝坚决摒弃的第一位皇后博尔济吉特氏(庄妃的亲侄女)被贬为静妃后,又紧接着在科尔沁部重选了一位同姓博尔济吉特氏的皇后(庄妃的侄孙女),以巩固与蒙古的联盟关系。对于后者,孝庄文皇后则加以容忍宽容,同意董鄂妃进宫,同意其在短短4个月中由妃品级一路直线上升为皇贵妃品级,让顺治帝的情感得以宣泄而不致影响到清政权稳定的大局,表现出孝庄文皇后在执掌国政方面所特有的宽广胸怀与远见卓识。

顺治十八年(1651)正月初七,24岁的顺治帝因出天花,英年早逝。悲痛中的孝庄文皇后只得把全部精力放到孙子玄烨身上。

## 培育康熙,治国辅政

顺治去世之后,在孝庄的主持下,宣布先帝遗诏,由年仅8岁的玄烨即位,是为康熙皇帝,而孝庄文皇后则从此被尊为太皇太后。康熙失父之哀刚刚过去，10岁时又失去了生身之母。孝庄本来就十分疼爱孙儿玄烨，眼看着爱孙先后失去父母，对之更加爱护关心，义无反顾地担当了对他的抚育培养之责。正如玄烨日后所回忆："朕自幼龄学步能言时，奉圣祖母慈训，凡饮食、动履、言语，皆有矩度。虽平居独处，亦教以敢越轨，少不然即加督过，赖是以克有成。"可见，孝庄对玄烨的饮食起居，言行举止，都悉心照料，而且要求十分严格，完全按照帝王的标准训练这个爱孙。为使玄烨自幼就接受满族的文化教育，她又指示自己的侍女苏嘛喇姑，既照料玄烨的生活，又教他说写满语、满文。同时又让其入书房，请名师讲读儒家的《四书》、《五经》，且"必使字字成诵，从不敢自欺"，培养他具有中国传统文化的深厚根基。在学习满汉文化的同时，孝庄还灌输给他"祖宗骑射开基，武备不可弛"的思想，让侍卫教练玄烨的骑射本领，如同读书写字一样，日有课程，终使玄烨弓马娴熟，箭无虚发，深深理解"念祖宗以来，以武功定暴乱，文德致太平，岂宜一日不事讲习"，而发奋学习文韬武略，为日后亲政治国奠定扎实的基础。

由于康熙年幼即位，因由索尼、苏克萨哈、遏必隆、鳌拜四大臣辅政。孝庄也教导玄烨参加辅臣议政，学习执政经验，并经常向玄烨灌输"得众则得国"的治国思想，要求玄烨"宽裕慈仁，温良恭敬"，时刻谨慎，勤于朝政，以巩固其祖父和父亲留下的基业，逐渐使玄烨在政治上成熟起来。由于辅政四大臣中的鳌拜思想顽固守旧，且独断专横，擅自弄权，康熙显然不满，终于在康熙八年，智擒鳌拜，结束了辅政时期，由康熙正式亲政。在铲除权臣鳌拜的过程中，史书虽未明说这是在孝庄指导下完成的，但从在此期间康熙帝频繁出入太皇太后寝宫记载的背后，不能不让人得出这是孝庄文皇后指点江山的结果。

康熙亲政之后，有关军国大事，仍常常向孝庄请教商议，正像《清史稿孝庄文皇后传》中所说："太后不预政，朝廷有黜陟，上多告而后行。"因此，孝庄在世时，康熙朝前期发生的许多重大事件，孝庄多参与谋划决策。如康熙十四年（1675），正当三藩作乱时，蒙古察哈尔部布尔尼乘机叛乱，严重威胁京师的安全，康熙十分忧虑。孝庄则适时向康熙推荐说："图海才能出众，盍任之"，康熙即诏图海"授以将印"，领兵前往，很快平定布尔尼叛乱，使局势转危为安。这一切都说明孝庄文皇后不仅才干过人，而且眼力过人、胆识过人，只是不肆张扬、甘居幕后罢了。

身为一国之母，孝庄还以身作则，克己奉公地支持儿孙成就大业。顺治朝时，在国库发往灾区的赈济银款项中，就有孝庄文皇后官中节省下来的上万两白银；到了康熙平定三藩之乱时，孝庄又先后两次拿出宫中银两、缎匹犒赏官兵，赢得了人们的尊敬。因此平定三藩后，康熙帝亲到太皇太后宫中报告胜利的喜讯，是有着恭贺祖母大功的意味的。

终孝庄文皇后一生，其拥有"太后不予政"的美名。康熙晚年曾深情回忆说："忆自弱龄，早失怙恃，趋承祖母膝下30余年，鞠养教诲，以致有成。设无祖母太皇太后，断不能有今日成立"。康熙对祖母也一往情深，他几乎每天上朝前，下朝后，都要到孝庄那里请示问安。当孝庄病重时，康熙精心侍奉，日夜不离。孝庄病逝后，康熙几乎痛不欲生。康熙之所以能成为一代有所为的封建君主，与孝庄的精心培育、辅佐密不可分。

康熙二十六年（1687），孝庄文皇后病危。康熙帝五内俱焚，宁愿折己寿而为祖母添寿，亲自步行去天坛祈祷以示心诚。因时至寒冬，玄烨向苍天祈求时流下的泪水竟冻在了脸上，可见祖孙情深似海。但此时孝庄文皇后毕竟年事已高，12月25日，历清初三朝更迭，为大清国殚精竭虑、鞠躬尽瘁了一生的孝庄文皇后，病逝于北京故宫的慈宁宫，享年75岁。在弥留之际，孝庄文皇后仍不忘国事，谆谆叮嘱皇孙不要过于悲伤，要以国事为重，丧事处理要从简，皇帝除了丧服后就要听政，以免耽误了国家大事……孝庄文皇后的最后要求还是那么深明大义，怎能不赢得其后世子孙由衷的敬重呢？最后，孝庄文皇后被谥为"孝庄仁宣诚宪恭懿至德纯徽翊天启圣文皇后",葬于清东陵(今河北省遵化)之昭西陵。

## 孝庄文皇后的传闻逸事

由于孝庄文皇后名气甚高,故关于她的传闻轶事也为数不少,诸如耳熟能详的"庄妃劝畴""太后下嫁"等,不一而足。所谓"庄妃劝畴",是说清太宗皇太极为得一率清入关的领路人洪承畴而使了美人计,美人计的主角就是庄妃。"庄妃劝畴"出自民间传说,其文学色彩浓而历史真实少。从当时的宫闱制度以及以后发生的史实看,这种可能性不大。正史记载是皇太极礼贤下士的诚心感动了洪承畴,才使得他肝脑涂地地报答大清。这种说法还比较可信,当然,利益的保障才是最核心的问题。

"太后下嫁"指的是身为皇太后的庄妃,为了保住儿子的皇位,嫁给了掌握实权的摄政王多尔衮。虽然史学界为此争论不休,但目前并没有确切的证据来证明太后下嫁过。至于孝庄文皇后不与太宗文皇帝皇太极合葬而葬在清东陵的风水墙外被说成是太后下嫁的有力证据,是不了解情况所致。且不说布木布泰(孝庄文皇后的名字)谥号"文",陵寝称"昭",既是太宗的谥,又是与清昭陵同一体系的理由;且不说正史中记载的孝庄文皇后生前有要葬在遵化的遗嘱在先,是因为她想卑不动尊,让太宗安寝,且十分留恋儿子福临和孙子玄烨。就从昭西陵自身说起,孝庄文皇后崩于康熙年间,此时其子顺治早已安葬在清东陵之孝陵,而孝陵是清东陵的主陵,其子孙帝后陵是以孝陵为中心而左昭右穆排列的,若将孝庄文皇后的昭西陵葬在清东陵的风水墙以内,在方位上必卑于其子,孝庄文皇后就成了为其子顺治帝看陵的了,这才是滑天下之大稽呢。这大概也是康熙帝几十年奉祖母于暂安奉殿的原因。而昭西陵位于清东陵之风水墙外，正是为了区别两者属于不同的帝陵体系，也只有这样才使孝庄文皇后之陵既不卑于顺治帝的孝陵，又别于以后诸位皇帝的祭陵。同时昭西陵的许多特点都说明其在清陵中地位是最尊的，如只有昭西陵的大殿是级别最高的庑殿顶，而其他皇帝陵的大殿均是歇山顶，两者相比，帝陵反而降了一格；只有昭西陵的风水墙是两重围墙，而其他皇帝陵的风水墙为单重；其他后陵与皇帝共同拥有一个神道碑亭，而孝庄文皇后的昭西陵则破例增建了神道碑亭……总之，孝庄文皇后终清一世是备受历代皇帝尊崇的。

### ❖ 读史话女人

其实，今人大可不必为太后是否下嫁而争论不休，因为无论孝庄文皇后下嫁与否，都不能抹杀其在清朝历史上的地位与作用。一位丈夫新丧年仅30岁的宫闱女性，要斡旋于王公大臣中间，费尽心机地促成冲龄幼子得继大统。在教诲儿子施以仁政的同时，还要平息统治阶级内部各派势力的纷争，以保证大清的江山不至功败垂成。国事种种已足令孝庄文皇后心力交瘁，可屋漏偏逢连夜雨，顺治帝的早逝，使清朝产生了第二位冲龄幼帝，孝庄文皇后不得不再次挑起辅佐皇孙治理国家的重任。从某种意义上讲，康熙帝能除去鳌拜，重掌皇权，平定长达八年之久的三藩之乱，实是仰仗祖母孝庄文皇后身居幕后为其运筹帷幄、指点江山。作为生长在封建社会后宫中的女性，能做到上述这一切是不容易的，可孝庄文皇后做到了，而且做得成绩斐然。顺治、康熙两朝实行舒缓的统治政策，战乱逐渐平息，生产逐渐恢复，人民生活趋于安定，保持了大清一统江山的稳定发展。总之，作为一位历经清初三朝的杰出女性，孝庄文皇后是中国历史上非常著名的一代贤妃贤后。